WOLFGANG KENNTEMICH (HRSG.)
Die Jahrhundertflut

Wolfgang Kenntemich (Hrsg.)

Die Jahrhundertflut

Das offizielle ARD-Buch
zur Flutkatastrophe

C. Bertelsmann

Umwelthinweis:
Dieses Buch und der Schutzumschlag wurden
auf chlorfrei gebleichtem Papier gedruckt.
Die Einschrumpffolie (zum Schutz vor Verschmutzung)
ist aus umweltschonender und recyclingfähiger PE-Folie.

1. Auflage
© 2002 by C. Bertelsmann Verlag, München,
einem Unternehmen der
Verlagsgruppe Random House GmbH
Umschlaggestaltung: Design Team München
Satz: pmb-münchen
Druck und Bindung: GGP Media, Pößneck
Printed in Germany
ISBN 3-570-00731-6
www.bertelsmann-verlag.de

Der Damm zerreißt, das Feld erbraus't
Die Fluten spülen, die Fläche saus't

J. W. GOETHE,
»JOHANNA SEBUS«
(1809)

Inhalt

Die Jahrhundertflut 11
Wolfgang Kenntemich

Eine nationale Herausforderung 17
Bundespräsident Johannes Rau

Die Katastrophe in Tschechien 23
Václav Havel

Vor uns die Sintflut? 26
Jörg Kachelmann

Zehn Tage im August – Die Flut in Tschechien 34
Georg Schmolz

Am schlimmsten? 50
Lenka Reinerova

Das Hochwasser in Bayern 58
Andreas Bönte, Markus Rosch

Verwundete Heimat – Zeugen und Berichte 90
Stefan Militzer

»War es von Gott gewollt?« 100
Henrik Wöhler

Inhalt

Ausnahmezustand in Dresden 109
Alexander Ihme

Das Gedächtnis der Mulde – Die Flut in
Sachsen-Anhalt 116
Arndt Ginzel

»Wir machen doch bloß unseren Job« 130
Christoph Peters, Bastian Wierzioch

Der Held von Roßlau 146
Thomas Delekat

Ein Land trotzt der Flut .153
Susanne Triegel

Zwischen Distanz und Mitgefühl 165
Minou Amir-Sehhi

Wenn nichts mehr zu retten ist 179
Anke Müller

Vierzig Jahre danach 191
Helmut Schmidt

»Ihr, die ihr auftauchen werdet aus der
Flut ...« – Die Flutkatastrophe 2002 und
die deutsche Einheit 197
Friedrich Schorlemmer

INHALT

Eine Lektion in Nachhaltigkeit? 210
   Uwe Möller, Club of Rome

Nicht das Klima spielt verrückt, sondern
der Mensch 227
   Hans Joachim Schellnhuber

Was sagt uns die Geologie zu Flutkatastrophen
und Klima? 245
   Friedrich-Wilhelm Wellmer, Ulrich Berner, Carsten
   Schwarz

Stadt, Land, Fluss 286
   Hansjörg Küster

Die Hoffnung stirbt zuletzt 314
   Udo Reiter

Anhang 316
   »Land unter« – Chronik der Flut (Stefan Militzer) 316
   Die Autoren dieses Buches 334
   Bildnachweis 336

Die Jahrhundertflut

WOLFGANG KENNTEMICH

Den Opfern, die alles verloren haben,
aber die Hoffnung nicht

Der Rest einer Mauer mit drei Fenstern inmitten von Schlamm, Geröll, Möbeltrümmern. Ein trotziges Stück Stein im völlig zerstörten Örtchen Weesenstein im mittleren Erzgebirge: Symbol und Denkmal der Jahrhundertflut für viele Millionen Menschen, die die Bilder im Brennpunkt der ARD sehen. Dreizehn Stunden hatte die Familie Jäpel ausgeharrt, auf Rettung gewartet, als die sonst idyllische Müglitz zum tosenden Strom wurde und alles mit sich riss, was sich die Menschen hier mühsam aufgebaut hatten.

Mehr noch als der hochwasserumspülte historische Zwinger, die Millionen Sandsäcke an den Elbe-Deichen, die versunkenen Dörfer und die evakuierten Städte mahnt die einsame Mauer in Weesenstein zum Innehalten. Als einige Tage später der Bundeskanzler, der Außenminister und der EU-Ratspräsident in Weesenstein stehen, ist der Ort längst ein Mahnmal gegen das Vergessen geworden. Und die Jäpels stehen stellvertretend für zehntausende, denen die Jahrhundertflut oft alles geraubt hat, außer der Hoffnung.

»Die Hoffnung stirbt zuletzt«, hieß eine großartige Benefiz-Gala für die Flutopfer, mit der der Mitteldeutsche Rundfunk in der ARD mit rund 30 Millionen Euro Spenden eine Welle der Solidarität auslöste. Auch sie waren am Ende nicht mehr zu zählen: die vielen tausend freiwilligen und professionellen Helfer aus ganz Deutschland, die mit Sandsack um Sandsack retteten, was noch zu retten war – aber auch spüren mussten, dass die entfesselten Naturgewalten stärker wurden als ihr unbändiger Wille zum Widerstand.

Als das Wasser schon weg war, blieben die Sorgen und die Ängste, aber auch viele, um beim Aufräumen mit anzupacken. »Wir danken euch«, schrieben die Menschen im Krisengebiet auf Transparente und Hauswände: Gedenktafeln für die neu gewonnene »Einheit der Herzen« (Bundeskanzler Schröder).

Die Deutschen erlebten in diesen Tagen der Not die Wiedergeburt des Gemeinschaftsgefühls. In acht aufeinander folgenden »Brennpunkten« im Ersten, von ungezählten Sondersendungen, in über 100 Beiträgen für Tagesschau und Tagesthemen, in ergreifenden Reportagen und Dokumentationen in Radio, Fernsehen und Internet haben unsere Reporter über das unbeschreibliche Leid der Opfer, den Mut der Helfer und die Diskussion über Ursachen und Folgen der Jahrhundertflut berichtet. Sie sahen aber auch Chaos bei Behörden und Hilfsdiensten, hörten Gerüchte und gezielte Falschmeldungen, erlebten unterlassene Hilfeleistungen und erfuhren, wie sich manche dreist am Leid der Flutopfer bereichern wollten.

DIE JAHRHUNDERTFLUT

Kein Trost für die Menschen an Elbe und Mulde: Wir erfuhren eine Katastrophe von europäischer Dimension, die Passau überflutete, Ybbs in Österreich einschloss und Menschen in Ungarn und Rumänien in Angst und Schrecken versetzte. Wir sahen, wie die Moldau vom schönen Prag Besitz ergriff und weiter flussabwärts in der Giftfabrik Solana zur Ökobombe zu werden drohte; Schlammlawinen in den Alpen, die Dörfer tagelang von der Außenwelt abschnitten. Eine zivile Katastrophe, wie sie die Menschen in tausend Jahren in Europa nicht gekannt hatten.

Dieses Buch ist ein nüchterner Report über das, was geschah in den Tagen der Jahrhundertflut. Aber auch ein Dokument von Verzweiflung und Überlebenswillen, von Mut und Enttäuschung, von Hilflosigkeit ebenso wie von Fantasie und Hilfsbereitschaft. Ein Buch, das mahnen und warnen soll.

Als wir dieses Projekt planten, haben wir vor allem überlegt, wie wir über die schnellen Fernsehbilder hinaus einen Beitrag zur Nachhaltigkeit leisten können. Dutzende Reporter, die in den Augusttagen im Notstandsgebiet unterwegs waren, haben uns ihre bewegendsten Erlebnisse geschildert. Namhafte Persönlichkeiten und Experten haben sich bereit erklärt, ihre Gedanken zur Jahrhundertflut niederzuschreiben; Fotoreporter haben ihre eindrücklichsten Bilder zur Verfügung gestellt.

Das Wasser stand noch in Straßen und Kellern, da wurde schon klar, dass die in Not Geratenen sich nicht unterkriegen lassen werden, dass sie sich nach der Wende ein zweites Mal daran machen müssen, eine geschundene Infrastruktur wieder aufzubauen, ihr Leben neu zu organisieren. Dieses Buch will auch dazu einen kleinen Beitrag leisten: Zwei Euro eines jeden verkauften Exemplars gehen direkt an die Flutopfer.

Dieses Buch in Rekordzeit fertig zu stellen war nicht einfach. Wir danken Thomas Karlauf dafür, dass er uns Mut gemacht hat, das Projekt zu realisieren, und dafür sehr schnell einen engagierten Verlag gefunden hat. Wir danken dem Bertelsmann-Verlag dafür, dass er mit all seinen professionellen Ressourcen das Buch über alle Widerstände hinweg produziert hat. Zu danken ist vor allem den dutzenden Reportern und Autoren, die es direkt oder indirekt mit ihrer journalistischen Leistung möglich gemacht haben, die schrecklichen Erlebnisse noch intensiver erfahrbar zu machen. Als Mahnung über die Katastrophentage hinaus, die Demut vor der Natur, vor der Schöpfung, nicht zu verlieren.

Wenige Tage nach dem Hochwasser begann in Johannesburg in Südafrika der Weltgipfel für nachhaltige Entwicklung. Tausende Delegierte aus aller Welt haben sich zehn Jahre nach Rio de Janeiro erneut in die Hand versprochen, unsere Erde für die nachfolgenden Generationen lebenswert zu machen: lobenswerte, oft nicht mehr als liebenswerte Ansätze, begleitet von vielen mahnenden Worten, aber immer noch zu wenig durchgreifenden Taten. Dabei gibt es genügend Beispiele dafür, dass ökonomisches Wachstum und ökologische Verantwortung für die Natur, in der wir leben und arbeiten, kein Widerspruch sein müssen. Saubere Luft, gesunde

DIE JAHRHUNDERTFLUT

Pflanzen, lebendige Gewässer sind im Gegenteil unabdingbare Voraussetzungen dafür, dass menschliches Zusammenleben in einer globalisierten Welt möglich bleibt.

Wasser kennt keine Balken, sagt der Volksmund. Und Umweltkatastrophen kennen keine Grenzen, wie wir gesehen haben. Dieses Buch ist deshalb auch eine Mahnung an unsere Politiker, uns mit Sonntagsreden und kleinlichem Parteiengezänk zu verschonen. Die Welt, in der wir leben, ist zu kostbar, als dass sie auf dem Altar tagespolitischer Hektik geopfert werden darf. Spätestens die unübersehbaren Milliardenschäden der neuen Sintflut machen jedem klar, dass sich eine überparteiliche Kraftanstrengung zum besseren Schutz vor neuen Flutkatastrophen durchaus rechnet.

Eine nationale Herausforderung

BUNDESPRÄSIDENT JOHANNES RAU

Eine große Katastrophe hat uns im Sommer dieses Jahres heimgesucht. Inzwischen wissen wir: Es ist die größte, die Deutschland nach dem Krieg getroffen hat. Weit über vier Millionen Menschen sind von den schrecklichen Überschwemmungen betroffen, die nach schweren Unwettern über Wochen weite Teile von Bayern, Sachsen, Sachsen-Anhalt, Brandenburg, Mecklenburg-Vorpommern und Niedersachsen überflutet hatten. Hunderttausende mussten vor dem Wasser fliehen und evakuiert werden, viele tausend beklagen die Zerstörung ihrer Wohnungen und Häuser, sie haben ihr Hab und Gut verloren. Geschäftsleute und Unternehmer sehen ihre Existenz vernichtet. Unschätzbare Kunstschätze sind zerstört oder schwer beschädigt, gerade in den neuen Ländern, wo in den vergangenen Jahren so viel Aufbau- und Rekonstruktionsarbeit geleistet worden ist.

Wir waren von der Katastrophe nicht allein betroffen. Vergessen wir nicht die schweren Zerstörungen, die auch in Österreich, in Tschechien, in der Slowakei und in Russland, aber auch im fernen China zu beklagen waren. Als ein Zeichen der Verbundenheit in der Not eröffnet der Präsident der Tschechischen Republik, Václav Havel, gemeinsam mit mir dieses Buch.

BUNDESPRÄSIDENT JOHANNES RAU

Ich konnte mir selber ein Bild von Orten wie Döbeln, Riesa, Bitterfeld und Magdeburg machen und war erschüttert über das Ausmaß der gewaltigen Zerstörung.

Die Naturgewalt hat Brücken und Straßen genauso hinweggefegt wie Eisenbahnschienen, wie Strom- und Telefonleitungen. Ganze Städte und Stadtteile standen unter meterhohem Wasser, manche Dörfer sind ganz zerstört.

Ich habe viele Menschen getroffen, die tief verzweifelt waren. Viele hatten gerade etwas aufgebaut, einen Betrieb, ein Haus – und nun ist alles dahin. Die Wohnung zu verlieren, also die eigenen vier Wände, die Sicherheit des Privaten, den Hort der Familie – das ist eine furchtbare Erfahrung.

Gott sei Dank konnten wir in diesen Tagen der großen Flut auch die Erfahrung großer Solidarität und Hilfsbereitschaft machen. Feuerwehr, Polizei, Bundeswehr und Hilfsdienste haben getan, was sie konnten, oft mehr, oft über die eigenen Kräfte hinaus. Und dazu kommen die vielen freiwilligen und ehrenamtlichen Helfer, die nicht nur aus der engeren Nachbarschaft, sondern zum Teil von weit her gekommen waren, um anzupacken und mitzuhelfen, so weit es irgendwie ging. Sie haben eingeschlossene Menschen aus ihren Häusern gerettet, Notunterkünfte und Verpflegung organisiert, sie haben bis zur Erschöpfung Sandsäcke gefüllt und mitgeholfen, Hilfsdämme zu bauen. Sie haben versucht, vom Hausrat zu retten, was zu retten war. Ohne diese ganz selbstlose Hilfe tausender Freiwilliger wäre die Lage noch schlimmer gewesen, als sie ohnehin schon war.

Eine nationale Herausforderung

Im Namen unseres Volkes sage ich allen Helfern meinen großen Dank.

Wir haben in dieser Lage gespürt. Wir müssen jetzt alle zusammenstehen. Diese Flut hat nicht nur einigen Städten und Ländern große Not gebracht. Die Flut hat ganz Deutschland getroffen. Sie ist eine nationale Herausforderung.

Wir sind dankbar für die internationale Hilfe, die wir erfahren haben. In vielen Ländern der Erde, bis hin nach Nordamerika, gab es Spendenkonten für die Opfer der Flut in Deutschland. Die internationalen Beweise der Solidarität haben uns bewegt – und sie sollten uns alle hier in Deutschland dazu bewegen, nicht nachzulassen in unserer Hilfsbereitschaft.

Die Katastrophe ist nicht vorbei, wenn die Wasser abgeflossen sind. Oft wird erst dann sichtbar, welche Schäden angerichtet wurden und welche Arbeit nun noch lange Zeit vor uns allen liegt.

Wer vor Ort ist, der hilft nach seinen Kräften gewiss auch weiterhin ganz praktisch mit. Diese Hilfe wird immer noch gebraucht. Wer anderswo lebt, wer in seiner sicheren Wohnung immer wieder neue Bilder von Not und Zerstörung im Fernsehen gesehen hat und jetzt die Folgen sieht, zeigt seine Solidarität durch Spenden und wird das auch weiterhin tun. Ein Beispiel für bleibende praktische Solidarität: Jugendgruppen aus ganz Deutschland werden mithelfen, Sportplätze wieder benutzbar zu machen.

Die Zerstörungen sind gewaltig. Der Wiederaufbau wird lange dauern und wird viel Geld kosten. Die Betroffenen brauchten schnelle Hilfe – und sie haben sie bekommen, so weit es irgend ging. Aber sie werden auch noch lange Zeit Unterstützung brauchen. Die Konsequenzen aus dieser Katastrophe – und nicht nur die wirtschaftlichen und finanziellen, auch die sozialen und die seelischen Folgen – werden uns alle noch lange beschäftigen.

Es ist sicher falsch, jetzt bestimmte einzelne Ursachen für die Flutwelle benennen zu wollen. Wetter und Klima sind auch in früheren Jahrhunderten schwere Bedrohungen für die Menschen gewesen – und oft in der Geschichte hat es schlimme Katastrophen gegeben. Wir müssen aber alles prüfen, was eventuell oder sogar sicher durch menschliches Tun dazu beigetragen hat, dass es jetzt so schlimm kommen konnte. Ob wir an die Flussregulierungen denken oder an die Klimaveränderung durch unseren Energieverbrauch – was durch Menschen verursacht ist, müssen wir durch entschlossenes politisches Handeln ändern. Nicht nur in den betroffenen Ländern, nicht nur bei uns in Deutschland. Um wirkungsvoll solchen Katastrophen vorbeugen zu können, brauchen wir auch internationale Zusammenarbeit. Wetter und Klima kümmern sich nicht um nationale Grenzen. Das haben wir im August gemeinsam mit unseren Nachbarn erfahren.

Wir sind gemeinsam von der Katastrophe betroffen – und wir müssen auch gemeinsam daraus Konsequenzen ziehen.

In der ersten Stunde der Not, als die Bilder der Katastrophe noch neu waren und uns alle erschüttert ha-

Eine nationale Herausforderung

ben, haben wir bewiesen, dass wir ein solidarisches Volk sind. Gerade jetzt, wo erst das Allernotwendigste getan werden konnte, das meiste aber noch vor den Menschen liegt, gleichzeitig aber das Zeitgeschehen schon längst wieder andere Themen auf die Tagesordnung der Aktualität gesetzt hat, gerade jetzt dürfen wir mit unserer Hilfsbereitschaft und in unserer Solidarität nicht nachlassen.

Die Herausforderung hat uns alle betroffen, und sie betrifft uns alle weiterhin. Ich glaube, dass wir in Deutschland diese Herausforderung bestehen – wenn wir zusammenstehen in der Not und wenn jeder tut, was er kann.

Die Katastrophe in Tschechien

Václav Havel

Im August dieses Jahres wurde unser Land von vernichtenden Überschwemmungen heimgesucht, schon das zweite Mal in der kurzen Geschichte der Tschechischen Republik.

Die Tschechische Republik liegt ganz in der Mitte Europas, und ihre natürlichen Grenzen werden zum großen Teil von Bergen gebildet. Wir sind eigentlich eine große Ebene, die von Bergen umgeben, ja buchstäblich umschlossen ist.

In diesen Bergen haben auch die zwei böhmischen Hauptflüsse ihre Quelle, die Moldau und die Elbe, und ihre Zuflüsse bilden dutzende und hunderte von Flüssen und Bächen. Von den Bergen fließt das Wasser in das Binnenland, und die vervielfältigte Kraft all dieser Wasserläufe hat die entlang dieser Flüsse oder in deren Umgebung konzentrierten menschlichen Wohnungen, historischen Denkmäler sowie Industrieunternehmen buchstäblich weggespült oder ernsthaft beschädigt. Mehr als 210 000 Menschen mussten ihre Häuser verlassen, die Schadenschätzungen sprechen sehr vorläufig von etwa 3,5 Milliarden Euro).

Betroffen sind zahllose Familien, Wohnungen, Häuser, deren Eigentümer, die unterschiedlichsten Institutionen, zum Beispiel auch Theater, Bibliotheken und Archive, Gemeinden und Städte.

Ich bewundere die Tapferkeit, mit der sich unsere Gesellschaft der Katastrophe gestellt hat, ich bewundere die unheimliche Welle der Solidarität, die sie begleitet. Es erfolgen verschiedenste finanzielle sowie materielle Sammlungen, es werden Gruppen von Freiwilligen organisiert, die Rettungsmannschaften und weitere Professionelle arbeiten tags und nachts. In diesen Tagen kann ich nicht anders als an die Atmosphäre nach der sowjetischen Invasion im August 1968 denken. Es gibt einfach Momente, da unsere Gemeinschaft, einer großen Gefahr ausgesetzt, sich fest zusammenschließt und dieser Gefahr in einer bewundernswerten Weise widersteht. Eine solche Zeit erleben wir jetzt wieder.

Das zweite und für mich nicht weniger ermutigende Element der Solidarität ist die internationale Solidarität, die Hilfe vieler Staaten und Weltinstitutionen. Ich schätze all das Interesse und die Hilfe hoch ein. Beides zeigt uns, wie wichtig es für diejenigen ist, die in einer offenen Welt leben, Mitverantwortung dafür zu tragen, was hinter dem Horizont der eigenen Hügel geschieht, und zugleich sich über das Entgegenkommen der Nachbarn und Freunde zu freuen, die hinter diesen Hügeln leben.

Als im Jahr 1997 Mähren und überhaupt die östlichen Teile unserer Republik von Überschwemmungen heimgesucht wurden, habe ich über das Ausmaß der Verantwortung des menschlichen Tuns nachgedacht. Es ist notwendig, darüber nachzudenken, ob die oft etwas hochmütige zivilisatorische Entwicklung, die langfristige Reduzierung der natürlichen Landschaftsstruktur, deren Nutzung und Ausnutzung insbesondere in der kommunistischen Ära, als man gigantische Feldflächen herstellte und Flüsse in Betontröge einsperrte, die vernichtende Kraft der Wasserströme nicht provozierten. Auf meine Initiative, die im Übrigen ein nicht geringes Interesse und Unterstützung bei Prinz Charles gefunden hat, ist damals ein Kreis führender tschechischer Landschafts- und Umweltexperten, Architekten sowie weiterer Fachleute entstanden, die mehrere Expertentreffen veranstaltet und einen ganzen Zyklus von Seminaren und Konferenzen unter dem Titel »Das Antlitz unseres Landes« gestartet haben. Heute haben wir leider einen weiteren Beweis dafür bekommen, wie wichtig das tiefe Durchdenken der langfristigen Pflege der Landschaft und des Antlitzes unseres Landes ist. Es ist selbstverständlich, dass selbst der empfindlichste und aufgeklärteste Umgang mit unserer Landschaft derartige Katastrophen nicht ganz ausschließt. Ich glaube jedoch, dass er sie mildern kann.

Vor uns die Sintflut?

JÖRG KACHELMANN

Nein, Meteorologen sind keine Zyniker. Aber eine Vb-Wetterlage im Sommer – das war schon etwas Besonderes. Auch Erdbebenforscher wollen Erdbeben. Vulkanologen wollen Vulkanausbrüche. Meteorologen wollen auch mal ein Unwetter. Und so freuten wir uns ein bisschen, als Anfang August die ersten Computermodelle etwas andeuteten, was von der Wetterlage her eher in den Winter passte als in die so genannten Hundstage: In 5500 Metern Höhe sollte sehr kalte Luft mit Temperaturen unter minus 20 Grad ins westliche Mittelmeer fließen; dort, wo an den diversen Costas deutsche Urlauber ihre schönsten Wochen des Jahres verbrachten – bei Wassertemperaturen von weit über 20, manchmal 25 Grad. Zuwenig, um einen Hurricane oder Taifun zu produzieren; aber genug, um Tage danach das östliche Mitteleuropa unter Wasser zu setzen.

Faustregeln und die Meteorologie

Die moderne Meteorologie ist trotz aller Technik mit Satelliten und Radar voll von Faustregeln. Beträgt der Temperaturunterschied zwischen 5500 Metern und 1500 Metern Höhe 30 Grad und mehr, dann herrscht

VOR UNS DIE SINTFLUT?

Unwettergefahr. Und wir ahnten wie die Großcomputer der Welt, was passieren würde, wenn in der Höhe kalte Luft übers warme westliche Mittelmeer zog: ein Vb-Tief nach einer alten Klassifizierung von verschiedenen Zugbahnen, die Tiefs über Europa einschlagen können. Alle anderen Zugbahnen sind in Vergessenheit geraten, die Vb-Zugbahn blieb in den Köpfen. Sie ist die gefährlichste.

Es kam, wie es kommen musste. Es hagelte an der spanischen Mittelmeerküste, in manchen Sendern war auch von Schnee die Rede. Wir Meteorologen haben uns daran gewöhnen müssen, dass Journalistenkollegen mit unserem Wetter machen, was sie wollen. Tornados heißen in Deutschland verniedlichend Windhosen, dafür wird manchmal eine normale Gewitterböe zum Wirbelsturm wie im Sommer in Berlin; nach der Flut war sogar in Bayern im Zusammenhang von Gewittern von Sturmfluten die Rede.

Es war halt ein kräftiges Mittelmeer-Tief. Anfangs sah es noch so aus, als würde es nur eine halbe Vb sein. Rauf nach Österreich, und dann nach Osten weg. Hochwasser in Österreich, das war klar, und noch lange bevor es dort losging mit dem Dauerregen, am 4. August, warnten wir die Österreicher im Wetterbericht nach den ARD-Tagesthemen vor einer Gefährdung ihres Landes durch Starkregen: etwas, worauf die Menschen in unserem Nachbarland zu Hause selbst noch am Tag, als der Regen kam, vergeblich gewartet haben.

Vorausschauendes Verhalten oder Panikmache?

Vor uns die Sintflut: Sie wurde zu einem Debakel für die Warnbehörden, die immer noch denken, das Wetter sei bei uns weniger gefährlich als in den USA. Nein, wir gehen nur unprofessioneller damit um. Droht in den USA ein Hurricane mit 500 Litern Regen pro Quadratmeter und Windgeschwindigkeiten um 300 Stundenkilometer, stirbt normalerweise niemand. Ganze Landstriche werden sicherheitshalber evakuiert, es kommen allenfalls leere Häuser zu Schaden.

In diesem Sommer habe ich gelernt, dass solch professionelles und vorausschauendes Verhalten der Behörden wie in den USA hier Panikmache genannt wird. Der staatliche Wetterdienst in Deutschland warnte zuerst nur in einer unverbindlichen Vorwarnung, dann vor viel zu wenig Regen im Vergleich zu dem, was da runterkam, ja runterkommen musste.

Oben kalt, unten viel feuchte Wärme

Denn unser Tief, von der Freien Universität Berlin Ilse getauft, entwickelte sich über dem Mittelmeer zum perfekten Tief. Oben kalt, unten viel feuchte Wärme, ließ es am 8. August die Pegel in Österreich steigen. Dann die Tschechische Republik, die Slowakei.

Wir Meteorologen sind nun nicht mehr so sicher, ob wir wirklich Unwetter wollen. So war es doch nicht gemeint. Die Faszination über die Möglichkeiten der Natur weicht der Sorge und der Angst um die Menschen,

die von unserem Wetter, dem wir in Leidenschaft verbunden sind, gefährdet werden. Wir haben Respekt vor
diesem Monstrum, und die neuesten Unterlagen zeigen, dass es nichts wird mit dem Wegziehen von Ilse
nach Osten. Es wird eine klassische Vb, Ostdeutschland
wird voll erwischt.

Es kommen die Tage, in denen die Meteorologen in
ihrem MDR-Wetterstudio in Oderwitz, einem beschaulichen Örtchen im Oberlausitzer Bergland mit Aussicht
zur Lausche und Hochwaldbaude, jenseits der Grenze
bei guter Sicht auch zum Jeschken, die Dienstpläne
nicht mehr ansehen müssen. Alle sind Tag und Nacht
da, und am 9. und 10. August ist bereits von Dauerregen
in den Wetterberichten die Rede.

Nichts passiert

Am Sonntag, dem 11. August, entscheidet sich der dienst-
habende Meteorologe Donald Bäcker, ein eher bedäch-
tiger Brandenburger, eine Warnung an die Sender des
Mitteldeutschen Rundfunks auszugeben.

Um 12.45 Uhr gehen die Faxe raus, von flächendeckendem Regen mit über 100 Litern pro Quadratmeter
und den Folgen, Überschwemmungen und Erdrut-
schen, ist die Rede. Weil aber bisher Landratsämter, Gemeinden und Krisenstäbe nur auf behördliche Warnungen reagieren, passiert nichts. Kurz vor 14 Uhr
erreicht nur eine Vorwarnung des staatlichen Wetterdienstes die Behörden; die Fußnote, dass die Prognose
noch nicht genau sei und am Montagvormittag mehr De-

tails zu erwarten seien, versetzt die Adressaten der Vorwarnung verständlicherweise nicht in Alarmbereit-
schaft. Kurz vor Mitternacht gibt es dann doch noch
eine veritable Unwetterwarnung, zum großen Unglück
sind aber plötzlich die vorhergesagten Regenmengen
viel geringer als noch in der unverbindlichen Vorwarnung. Nun ist nur noch 20 bis 40 Liter Regen pro Quadratmeter innerhalb von zwölf Stunden die Rede, selbst
in der darauf folgenden Warnung, gültig für zwölf bis
24 Uhr, soll nach Meinung des staatlichen Wetterdienstes nicht mehr fallen.

Ein fataler Irrtum

Tatsächlich treten die Flüsse in Bayern schon verbreitet
über die Ufer. Kein Wunder: Große Regenmengen fallen
in den oberbayerischen Bergen, im Böhmerwald, ja eigentlich überall, wo bayerische Flüsse ihr Wasser her-
bekommen. Und die Regenmengen übersetzen sich
eins zu eins nach Sachsen, in die Tschechische Republik. Der Starkregen zieht von Südwest nach Nordost
auf, und als am Montag die Leiterin des Wetterstudios
Oderwitz, Sabina Vollstädt, eine Dessauerin, die später
in ihrer Heimat Sandsäcke füllen wird, mit Donald Bäcker die Regenmengen aus dem Vogtland sieht, geht
ein neues Bulletin an den MDR raus: Von »Jahrhundertflut« und einer »Katastrophe ungeahnten Ausmaßes« ist jetzt die Rede.

Meteorologen wollen in der Regel durchaus, dass sie
recht bekommen. Nun ist es zum ersten Mal anders. Es

kommt, wie es nicht hätte kommen müssen: Menschen werden vom Hochwasser überrascht.

Nach der Sintflut ist vor der Sintflut. Am Dienstag, Mittwoch und Donnerstag ergreift eine diffuse Angst vor angeblicher Panik manche Behörden in unserem Land. In den ARD-Brennpunkten, nach der Tagesschau am Dienstag und Mittwoch, rufen wir die Menschen in den elbabwärts liegenden Bundesländern Sachsen-Anhalt, Brandenburg, Niedersachsen und Mecklenburg-Vorpommern auf, sich auf ein schlimmes Hochwasser vorzubereiten. Am Donnerstag warnt unser Hochwasserexperte Andreas Wagner, ein zeit seines Lebens hochwassergeplagter früherer Wasserbaumeister aus Trier, vor Pegelständen in Dresden von über neun Metern – eine Vorhersage, die von der Realität bestätigt, aber noch zwölf Stunden vor ihrem Eintreffen vom Leiter eines staatlichen Amtes in Sachsen als unseriös bezeichnet wird. Auch Dresden wird immer wieder von der Höhe der Pegel überrascht. Keine Panik, keine Panik.

Lieber nichts sagen als die bittere Wahrheit?

Panik ist, wenn die Menschen zwischen dem Ausrufen der Stufe 4 und der Evakuierung nur eine Stunde Zeit haben. Panik ist, wenn Menschen ihr Hab und Gut nicht in Sicherheit bringen können, weil sie niemand vor dem Hochwasser gewarnt hat. Panik ist, wenn etwas überraschend kommt. Panik ist, wenn Hochwasserzentralen manchmal zwölf Stunden kein neues Bulletin veröffentlichen und mit Hinweisen auf fortgespülte und funktions-, weil stromlose Pegel – wer hat die eigentlich geplant – lieber nichts als die bittere Wahrheit sagen.

Keine Panik entsteht, wenn regelmäßig, zumindest stündlich, über Wetter und Hochwasser und die aktuelle Situation informiert wird und nicht immer, wie in diesem Sommer, fast ohne Ausnahme vom besten Fall, sondern vom unangenehmsten Fall ausgegangen wird.

Die USA zeigen exemplarisch, wie man mit Unwettern umgeht. Fällt dort in einem ähnlichen Einzugsgebiet ein starker Regen, wird im Stundentakt informiert und auch den Leuten gesagt, was zu tun ist – auf Landkreisgröße heruntergebrochen und mit wichtigen Tipps – unter http://iwin.nws.noaa.gov/iwin/us/flashflood.html findet man das nachzuahmende Beispiel. Und da wäre noch eigentlich die vornehme Aufgabe eines Ministers oder eines mediengewandten Wissenschaftlers, Tag und Nacht mit richtigen Einschätzungen und Ratschlägen in den Medien sichtbar zu sein, den Menschen Mut zu machen, aber sie nicht in falscher Sicherheit zu wiegen. Bei der Oderflut ist das damals gelungen, diesmal nicht.

Nach der Sintflut ist vor der Sintflut

Es ist wichtig, dass den Menschen geholfen wird. Die Solidarität in Deutschland mit den Flutopfern ist wunderbar, Regierung und Banken können und müssen helfen. Aber die Vorbereitungszeit für das nächste Hochwasser läuft: Zeit, hoffentlich, um Konsequenzen zu ziehen.

Das Hochwasser-Tief war ein Ereignis, das so vielleicht nur alle 300 Jahre vorkommt. Das kann auch heißen, wieder in einer Woche, dafür ist dann 600 Jahre Ruhe. Wir müssen lernen, was den Umgang mit Naturkatastrophen angeht. Das Warnen in Sachen Wetter und auch in Sachen Hochwasser ist um Jahrzehnte hinter dem Stand zurückgeblieben, der in den USA erreicht ist. In den USA verschwinden die Namen von Hurricans, die Menschenleben gekostet haben, für immer von der Wetterkarte. Ob es bei uns nie mehr ein Tief Ilse geben wird, ist weniger wichtig als die Tatsache, dass wir das Schicksal von Menschen nicht Beamten in die Hand geben dürfen, deren Horizont im Verhindern von angeblicher Panik endet. Ein Hochwasser mit flächendeckendem Regen durch ein Vb-Tief kann nicht überraschend kommen.

Das wird nicht mehr passieren, hoffentlich.

Das darf nicht mehr passieren.

Zehn Tage im August – Die Flut in Tschechien

Georg Schmolz

Prolog 15. Juni 2002 – Es passiert am zweiten Tag der tschechischen Parlamentswahlen: Die acht Glöckner des Prager Veits-Doms beginnen wie gewohnt die vier Glocken der Kathedrale zu läuten, alles erscheint ganz normal. Zikmund, die 15 Tonnen schwere Glocke gibt ihre üblichen tiefen Töne von sich. Doch plötzlich folgen einige Misstöne, dann verstummt die größte Glocke Tschechiens! Ihr Herz durchschlägt den darunter befindlichen Boden, und das mehr als 300 Kilogramm schwere Bruchstück des gebrochenen Klöppels, wie das Herz auf deutsch heißt, kommt erst zwei Etagen unterhalb zu liegen. Für viele Tschechen ein böses Omen. Denn bereits mehrmals seit 1549, als die Glocke gegossen wurde, sei das »Herz« gebrochen. Immer gefolgt von Katastrophen, so sagt der Volksmund.

Freitag, 9. August

Zwei Tage hatte es ununterbrochen geregnet. Die Bierstadt Budweis erlebte ein nie dagewesenes Hochwasser. Ein Viertel der Stadt war ohne Strom, weite Teile Südböhmens wurden überflutet, Häuser überschwemmt und ein Teil der Bevölkerung evakuiert. Sechs Menschen sterben

Die Moldau, der sonst eher liebliche kleine Fluss, hatte sich binnen 48 Stunden zum reißenden Strom entwickelt. Im tschechisch-österreichisch-bayerischen Grenzgebiet, wo auch die Moldau entspringt, mussten die Flüsse in diesen 48 Stunden die gleiche Wassermenge fassen, die es sonst im Verlauf von drei Monaten regnet.

Schon bald darauf glaubt man, das Schlimmste sei überstanden. Die Behörden melden sinkende Pegelstände, die Regierung denkt laut über eine Änderung des Staatshaushalts nach, um den Opfern helfen zu können.

Sonntag, 11. August

Nun sprechen die Behörden von einer Entspannung der Hochwasserlage. Zwar steigt in Nordböhmen, elbabwärts in Ústí nad Labem, zu deutsch Aussig, der Wasserpegel auf 6,3 Meter, doch die dritte Hochwasserwarnstufe wird landesweit aufgehoben. Aus Tschechien werden Hilfskräfte ins benachbarte Niederösterreich geschickt, um dort zu helfen.

Am Nachmittag setzen in Südböhmen die schweren Regenfälle wieder ein. Das Erdreich ist vollgesogen wie ein Schwamm, die bereits durchnässte Erde kann weiteres Wasser nicht mehr halten. Ganz früher war die Moldau, wie zum Beispiel auch die Isar, ein unberechenbarer Gebirgsfluss. Dann wurden oberhalb von Prag drei große Stauseen angelegt: der Lipno-, der Or-

lik- und der Slapy-Stausee. Diese Stauseen am Oberlauf
der Moldau beginnen überzulaufen. Die eigentliche
Tragödie nimmt ihren Lauf talwärts.

Ceský Krumlov, zu deutsch Krumau, ein kleines mit-
telalterliches Städtchen am gewundenen Oberlauf der
Moldau und Weltkulturerbe der UNESCO, ertrinkt im
2,8 Meter hohen Wasser. Nur das Schloss, hoch auf einem mächtigen Felsen und berühmt für seine Renais-
sance-Bauten, wird von den Fluten verschont bleiben.

Doch die Welle schiebt sich unaufhaltsam weiter, 259
Städte und Gemeinden werden betroffen. Budweis, die
Stadt mit ihren 100 000 Einwohnern, wird innerhalb
weniger Tage zum zweiten Mal überflutet. Nun trifft es
auch die Altstadt: Einer der größten Stadtplätze Europas, berühmt für die nahezu lückenlose Renaissance-
Bebauung, wird zu einem Teich. Die Evakuierung der
Menschen wird wieder aufgenommen. Am Ende werden es landesweit über 220 000 Menschen sein, die ihre
Häuser und Wohnungen verlassen müssen. Über eine
Million Menschen werden von den Wassermassen, die
sich durch das böhmische Becken schieben, betroffen
sein; mehr als ein Zehntel der tschechischen Bevölkerung. Ganze Landstriche verwandeln sich in Seenland-
schaften.

Montag, 12.August

In der Goldenen Stadt Prag beginnen die Behörden zu
realisieren, dass eine seit Menschengedenken nie dagewesene Flut droht. Eine ungewohnte Gefahr für die

ZEHN TAGE IM AUGUST

tschechische Hauptstadt. Beim letzten großen Hochwasser im Jahr 1954 rettete der 40 Kilometer südlich von Prag neu gebaute und deshalb noch leere Stausee von Slapy die Stadt vor dem Wasser. Noch spricht niemand von einem Jahrhunderthochwasser, doch der Pegel steigt beständig, und der Regen lässt nicht nach. In Prag passiert ein folgenschwerer Fehler: Die Prager Metro, Anfang der Siebzigerjahre des vergangenen Jahrhunderts in Rekordzeit gebaut, ist zwar technisch für den Fall einer Überflutung vorbereitet, doch die Anordnung, den Betrieb stillzulegen und die vorhandenen Schotten zu schließen, erfolgt nach Meinung von Kritikern zu spät. Man befürchtet, der Verkehr in der Millionenstadt könnte vollends zusammenbrechen. Außerdem verlässt man sich auf die Funktionstüchtigkeit der Fluttore: Auch dies ist verhängnisvoll. Erst am Dienstag wird der Metro-Betrieb auf den meisten Teilstrecken eingestellt. Doch da ist es bereits zu spät. Siebzehn Metrostationen in Moldaunähe laufen voll, der Schaden geht in astronomische Höhen, Experten sprechen von 50 Millionen Euro. Vom volkswirtschaftlichen Schaden ganz zu schweigen, denn das wirtschaftliche Zentrum des Landes wird auf Monate hinaus ohne Untergrundbahn auskommen müssen; ein Desaster für die vielen Pendler der Stadt. Nach der Flut wird man feststellen, dass die Flutmassen die schlimmsten Erwartungen übertreffen und die Schotten deshalb technisch unzureichend waren.

Obwohl noch immer niemand von einem Jahrhundertereignis spricht, ruft am Abend die Regierung unter Ministerpräsident Vladimir Spidla für die betroffenen Gebiete den Notstand aus. Neben der Hauptstadt Prag sind das die Regierungsbezirke Mittel- und Südböhmen sowie Ústí nad Labem und Pilsen.

Die Lage spitzt sich zu. Die Pegel steigen überall schneller und höher, als es sich Verantwortliche und Fachleute vorstellen konnten. Normalerweise fließen etwa 143 Kubikmeter Wasser pro Sekunde durch Prag; innerhalb von 20 Stunden steigt diese Wassermenge auf 20-mal soviel, nämlich 3150 Kubikmeter.

Bei 3700 Kubikmeter würde ein Jahrhunderthochwasser erreicht. Langsam realisieren die Behörden, dass der Hauptstadt eine echte Bedrohung bevorsteht. Jetzt werden die Katastrophenschutzpläne, die man nach dem Hochwasser in Nordmähren vor fünf Jahren entwickelt hat, auf die betroffenen Gebiete übertragen.

Dienstag, 13. August

In Prag müssen die Einwohner der fünf in Moldaunähe liegenden Stadtviertel ihre Wohnungen räumen. In den frühen Morgenstunden heulen Luftschutzsirenen, Lautsprecherwagen fahren durch die Seitenstraßen des Flussufers, Lastwagen fahren vor. Für viele Prager werden drückende Erinnerungen an den Krieg wach. Neben den Durchsagen werden an den meisten Häusern Informationsplakate aufgehängt, Listen mit Evakuierungsorten und Telephonnummern, an die sich die Menschen mit ihren Fragen wenden können. Auch die großen internationalen Hotels werden geräumt. Viele Menschen ver-

suchen noch rasch Schutzwälle aus Sandsäcken vor den
Eingängen ihrer Geschäfte zu errichten. Manche sprü-
hen dosenweise schnelltrocknenden Schaumkleber in
die Fugen der Türen und Fenster. Ob es helfen wird?
Niemand weiß es, aber immerhin – man hat etwas
unternommen. Und manche wollen erst gar nicht weg.
Die Angst vor Plünderungen geht um, und wer nicht
viel hat, dem ist die eigene Wohnung eine sichere Burg.
Doch Polizei und Militär sind unerbittlich. Es gilt die
verlorene Zeit, bis man den Grad der Bedrohung begriffen hat, einzuholen und keine potenziellen Opfer
zurückzulassen. Wer nicht bei Freunden oder Verwandten unterkommt, fährt in seine Chata – das Wo-
chenendhäuschen auf dem Land. Für die, die gar nicht
wissen wohin, haben die Behörden in den etwas höher
gelegenen Stadtbezirken wie Holešovice, Notunterkünfte
eingerichtet. Spontan tauchen Helfer auf, bringen Wasser und Lebensmittel. Viele der Spender haben selber
nicht viel, viele sind Studenten.

Bis auf zwei werden sämtliche Moldaubrücken für
den Pkw-Verkehr geschlossen. Nur die Trambahnen
und die Fußgänger dürfen die Flussseite wechseln. So
erlebt die Touristenmetropole Prag eine neue Attrak-
tion: Hochwasser-schauen-gehen. Auf den Brücken
und am Ufer schieben sich die Schaulustigen in Massen.
Dort wo sonst Touristen aus aller Herren Länder entlang flanieren, ist der Zutritt verboten: Die Karlsbrücke,
weltberühmtes Bauwerk aus dem Mittelalter, wird für
die Passanten geschlossen. Stattdessen stehen dort jetzt
Bagger. Sie sollen verhindern, dass sich Treibgut an der

Brücke verkeilt und das Wasser aufgestaut wird. Denn
dem Druck könnte das mittelalterliche Bauwerk vermutlich nicht standhalten. Die letzte Jahrhundertflut zerstörte im Jahr 1890 sieben Pfeiler der Karlsbrücke, die
ganze Altstadt wurde damals meterhoch überflutet. Auf
der Kleinseite, dem Viertel zwischen Hradschin und Moldau, wird die so genannte Kampa überflutet. Hotels, Restaurants, Wohnungen versinken meterhoch im Wasser. In
der Altstadt auf der anderen Seite drückt das Grundwasser in die Keller, die technischen Einrichtungen im Ru-
dolfinum, im Nationaltheater und in vielen anderen Gebäuden werden zerstört. Dort wo sonst Wasser abfließt,
drückt es jetzt aus der Kanalisation nach oben.

Banges Hoffen und Warten – halten die Sandsack-
barrikaden? Werden sich die neuen metallenen Sperr-
barrieren bewähren? Die Moldau steigt unerbittlich
von Stunde zu Stunde.

Mittwoch, 14.August

Der Höchststand ist noch immer nicht erreicht. Der
Stadtteil Karlín steht unter Wasser, der Krisenstab beschließt auch dieses Viertel hermetisch abzuriegeln, die
Bevölkerung zu evakuieren. Am Ende werden 43 Gebäude schwere statische Schäden hinnehmen müssen.
Wieder heulen Sirenen, fahren Lautsprecherwagen
durch die Straßen. Hauptamtliche Helfer wie Freiwillige arbeiten weiter, Tschechen wie Ausländer helfen
gleichermaßen. Die sonst eher distanzierten Tschechen
kennen nur noch eins: gemeinsam anpacken!

ZEHN TAGE IM AUGUST

Im Prager Zoo, in Troja, hatte man die Tage vorher über 1000 Tiere abtransportiert, meterhohe Schutzwälle errichtet. Für manche wird die verbleibende Zeit nicht reichen: Neben 80 Vögeln fallen den Fluten ein Flusspferd, ein Löwe, ein Bär und ein Gorilla zum Opfer. Der Elefantenbulle Kadira kämpft tagelang gegen das Ertrinken – die Bilder gehen um die Welt –, doch Hilfe ist unmöglich; zu schwer und aggressiv ist der graue Riese. Mit Tränen in den Augen erschießen die Tierpfleger ihren Stolz, der zugleich der Liebling der Besucher war. Seine Agonie hat ein Ende.

Der Kampf der Stadt dauert an. Doch gleichzeitig macht sich in der Moldaumetropole eine merkwürdig zwiespältige Stimmung breit: zwischen fatalistischem Warten und fieberhaftem Kampf an der Wasserfront. Wann ist es vorbei, wann wird die Moldau, die immer noch zentimeterweise steigt, nicht mehr weitersteigen?

Gegen 14 Uhr die Meldung vom moldauaufwärts gelegenen Stadtteil Chuchle: 7,85 Meter zeigt der Pegel, 20 Zentimeter fehlen noch, bis die errichteten Flutbarrieren der Stadt überströmt werden. Aber die Moldau, sie steigt nicht weiter! Sechsundsechzig Zentimeter misst der Fluss normalerweise, jetzt führt sie 36-mal mehr Wasser als üblich. Es schiebt sich eine beinahe unglaubliche Wassermasse durch die Stadt. Brücken, unter denen sonst leicht Ausflugsdampfer fahren können, bieten gerade noch Platz für ein Kanu. Der Autoverkehr in der Millionenstadt ist komplett zum Erliegen gekommen. Selbst Straßenbahnen werden nur vereinzelt über den Fluss gelassen. Und Fußgänger sind schon lange nicht mehr erlaubt. Strom, Gas und Telefon sind in weiten Teilen der Stadt außer Funktion, das Wasser hat auch viele Relaisstationen geflutet. Noch während des Hochwassers beginnen die Helfer mit Aufräumungsarbeiten; Keller werden ausgepumpt, Statiker machen sich an die Arbeit.

Gespenstische Stille und nahezu absolute Dunkelheit. Dort, wo sonst das Leben tobt, wo tausende Touristen durch die Straßen flanieren, die Cafés ebenso brechend voll sind wie die internationalen Hotels – im jüdischen Viertel, in der Pařižka, am Altstädter Markt –, herrscht eine Art Dornröschenschlaf, unterbrochen vom gurgelnden Wasser der Moldau. Nur hin und wieder ein Auto, das mit zuckendem Blaulicht durch die leergefegten Straßen rast. Wer in dieses Sperrgebiet eindringt, der sieht nach nicht einmal zehn Uhr, wie sich uniformierte Gestalten aus der Finsternis lösen – Scheinwerfer tauchen den Fremden in ein grelles Licht, Personalien werden aufgenommen und an die Zentrale weitergegeben. Und das wird nicht die einzige Kontrolle des neugierigen Spaziergängers bleiben. Erst jenseits des Altstädter Markts beginnt wieder normales Leben. Während der ganzen Hochwasserkatastrophe kommt es so gut wie zu keinen Plünderungen: dank der Kontrollen und dank der Solidarität der Menschen – selbst die gefürchteten Taschendiebe Prags scheinen sich mit den gemeinsamen Anstrengungen solidarisch erklärt zu haben.

Zehn Prozent der tschechischen Hauptstadt sind überflutet. Am Abend besichtigt Präsident Havel die betroffenen Bezirke der Stadt. Er hat seinen Urlaub in Portugal abgebrochen.

Donnerstag, 15. August

Trotz der verheerenden Schäden in der Hauptstadt geht ein Aufatmen durch Prag; seit gestern sinkt der Pegel um stündlich mehrere Zentimeter. Man ist noch einmal davongekommen. Doch in Nordböhmen kann von Erleichterung keine Rede sein. In der Grenzregion zu Sachsen hat sich die Hochwassersituation weiter verschärft. Schlagzeilen, die monothematisch und in Minutenabständen über die Agenturen tickern:

• In Ústi nad Labem und Teplice müssen in der Nacht auf Donnerstag über 3000 Menschen ihre Wohnungen verlassen.

• Die Nordböhmischen Energiebetriebe sehen sich gezwungen, weitere dutzend Trafostationen abzuschalten. Tausende Menschen sind ohne Strom.

• Fünf Frachter reißen sich in Decin/Teschen vom Pier und treiben steuerlos elbabwärts: eine Bedrohung für Brücken und Gemeinden am Fluss. Ein Sondereinsatzkommando wird über Hubschrauber abgeseilt und sprengt vier der Schiffe kurz vor Ústí nad Labem in die Luft. Ein neugieriger Passant kommt dabei ums Leben, er hat vermutlich die Lautsprecherwarnungen nicht gehört.

Wie die Firmenleitung erst später bestätigt, tritt aus der überfluteten Chemiefabrik Spolana in Neratovice ätzendes Chlor aus. Unbestimmte Mengen von Dioxin und Quecksilber werden ausgespült. Zwei Tage später wird noch einmal Chlorgas-Alarm gegeben. Eine Woche später werden nach Mitteilung des Mutterkonzerns bis zu 80 Tonnen des giftiges Stoffes aus leckgeschlagenen Tanks in die Elbe ausgeschwemmt. Feuerwehrleute werden verletzt. Doch die Geschäftsführung gibt die Zwischenfälle erst zu, wenn die Behörden polizeilich ermitteln.

Die öffentliche Aufmerksamkeit konzentriert sich auf das Werk in Neratovice, da die Direktion bereits im Frühjahr mehrfach kritisiert wurde. Doch es ist nur eine von mehreren Chemiefabriken an der Elbe, die alle überflutet wurden.

Nahezu alle Klärwerke entlang der großen tschechischen Flüsse Moldau, Elbe und Berounka sind außer Funktion. Ebenso sind die Autobahn- und Zugverbindungen nach Sachsen unterbrochen. Die Wassermassen sind jedoch unaufhaltsam. In Ústí nad Labem müssen die Menschen ihre Wohnungen räumen. Hier misst die Elbe sonst 3,5 Meter Tiefe, doch das Wasser hat bereits viele Straßenzüge überflutet. Weite Teile der Umgebung gleichen einer Seenlandschaft.

In der Nacht erleben die Menschen in Terezin/Theresienstadt dramatische Stunden.

Den Helfern gelingt es nicht, die nachgebenden Barrieren zu festigen – das Wasser aus der Ohre/Eger dringt in die Stadt ein. Auf dem Hauptplatz steht das Wasser inzwischen bis zu einem Meter hoch. Die Gedenkstätte und der Friedhof des in der Nachbarschaft befindlichen ehemaligen Konzentrationslagers werden ebenso überflutet.

Freitag, 16. August

In den Morgenstunden ist man in Ústí nad Labem so weit: Die bedrohten Stadtteile sind geräumt, die betroffenen Bewohner sind entweder bei Verwandten oder Freunden. In den bereitgestellten Notunterkünften werden 1600 »Wasserflüchtlinge« gezählt. Trinkwasser, Lebensmittel und Medikamente sind vorhanden. Das Befüllen der Sandsäcke wurde abgeschlossen.

Es ist das gleiche Bild wie in Prag einige Tage zuvor: Behörden und Bürger haben sich vorbereitet, jetzt heißt es warten. Am Nachmittag ist es so weit, als die Elbe mit 12,2 Metern ihren Höchststand in Ústí nad Labem erreicht.

Zur selben Zeit in Prag hoher Besuch aus Brüssel: Auf Einladung und Bitte um Hilfe durch den tschechischen Außenminister Svoboda will sich Kommissionspräsident Romano Prodi über die Schäden informieren. Für die als bürokratisches Ungetüm verrufene EU ein geradezu atemberaubendes Tempo. Der Blitzbesuch endet mit dem Versprechen, 58 Millionen aus den europäischen Strukturhilfefonds umzuleiten. Zwar kein neues Geld, aber immerhin. Die Tschechen hören es dankbar, denn jetzt ist jede Hilfe recht.

Der Pegel der Moldau in Prag sinkt rasch. Mit jedem Meter treten die Schäden zu Tage. In der Josefstadt sind die Pinkas- und die Alt-Neu-Synagoge betroffen, viele Museen werden auf Monate mit den Folgen kämpfen. In den Archiven sind zehntausende Dokumente durch die Fluten unwiederbringlich vernichtet, so zum Beispiel im tschechischen Militärarchiv. Hier wurden zusätzlich zu den durch das Wasser vernichteten Urkunden auch noch nach der Flut mehrere tausend Bände aus Unkenntnis weggeworfen. Präsident Havel wird später sagen, das schriftliche Gedächtnis Tschechiens wurde zu Schlamm.

Im Stadtteil Karlín stürzt das erste Haus ein. Trotzdem – viele Prager wollen nach Hause und verstehen nicht, warum ganze Stadtteile immer noch von Militär und Polizei abgeriegelt werden. Doch die Statiker untersuchen Haus um Haus auf die Sicherheit der Fundamente. Viele Häuser schwimmen sozusagen auf dem wassergetränkten Untergrund. Die Vorsicht ist berechtigt; im Lauf der nächsten Tage werden noch mehr Gebäude einstürzen. Durch die Straßen beginnt sich ein modriger, beißender Gestank auszubreiten.

Wieder machen sich die Erfahrungen aus dem Hochwasser 1997 in Nordmähren bezahlt. Damals waren vier Menschen durch Infektionen gestorben. Diesmal soll sich das nicht wiederholen. Die Hilfskräfte und Kinder in den betroffenen Gebieten sollen gegen Hepatitis und Typhus geimpft werden.

Da es nicht genug Sera in Tschechien gibt, versprechen Länder wie die USA, aber auch kleine Staaten wie Luxemburg schnelle Lieferung der entsprechenden Medikamente. Desinfektionsmittel werden auf die Schutt- und Müllhaufen vor den Häusern gesprüht. Eine Rattenplage durch die tagelang im Wasser verwesenden Lebensmittel, die jetzt wieder ans Tageslicht kommen, soll vermieden werden.

Samstag, 17. August

Kaum hat man in Tschechien die Flut gerade mal überstanden, schaut man nach Deutschland. Denn an Moldau und Labe, wie die Elbe auf tschechisch heißt, ist man sich wohl bewusst, was auf die Nachbarn zurollt. Gleichzeitig kehrt so etwas wie Normalität im Chaos ein. Aufräumen ist angesagt, zurechtfinden mit den außergewöhnlichen Umständen. »SOS – Mensch in Not« – wie auch in Deutschland organisiert das tschechische Fernsehen Spendenaktionen.

Die ersten ausländischen Hilfskräfte sind eingetroffen, darunter die Berufsfeuerwehren aus Nürnberg und Frankfurt, der Partnerstadt Prags. Die 80 Helfer mit ihren 27 Fahrzeugen beginnen damit die Metro leer zu pumpen, eine Arbeit, die Wochen in Anspruch nehmen wird. Am Ende werden es beinahe 20 Staaten sein, die dem kleinen Land helfen werden.

Besonders die Hilfe aus Deutschland wird in der Öffentlichkeit aufmerksam verfolgt und mit Respekt bedacht. Die U-Bahn, die täglich mehr als 100 000 Fahrgäste zählt, sie wird bis Weihnachten ausfallen. In vielen betroffenen Stadtteilen wird es auf Wochen keinen Strom geben, tausende müssen weiter in den Notunterkünften bleiben.

Sonntag, 18. August

Nach zehn Tagen Hochwasser beginnt jeder, im Großen wie im Kleinen, Bilanz zu ziehen. Die Folgen werden Tschechien, beileibe kein ökonomischer Riese, noch lange beschäftigen.

Über 700 Ortschaften sind überschwemmt worden, tausende Häuser zerstört, über 70 000 Menschen werden landesweit weiter in den Notunterkünften bleiben.

Zumindest in einer Hinsicht griffen die Schutzmaßnahmen der Regierung: Bei der letzten Flut im Jahr 1997 hatte es noch über 100 Todesopfer gegeben; diesmal waren es »nur« 17. Doch noch während die Wassermassen erst langsam abfließen, erarbeitet die Regierung ein Konzept für die Betroffenen. Wenige Tage später wird es veröffentlicht. Hunderfünzigtausend Kronen, das sind umgerechnet etwa 5000 Euro, bekommt jeder, dessen Wohnung zerstört wurde. Zusätzlich können Haus- und Wohnungsbesitzer ein zinsgünstiges Darlehen mit zwanzigjähriger Laufzeit in Höhe von 28 000 Euro beantragen. In einem Land, in dem der monatliche Durchschnittsverdienst bei 400 Euro liegt, ist das ein guter Anfang zum neuen Wohnen.

Doch der Schaden der tschechischen Volkswirtschaft wird größer sein als die bisher geschätzten mehr als 3,5 Milliarden Euro.

Allein der Tourismus trägt mit einem Zehntel zur wirtschaftlichen Bilanz des Landes bei, und in diesem Bereich bringt die Flutkatastrophe nach Schätzung von Fachleuten einen Ausfall von 300 Millionen Euro in den nächsten Monaten. Von den bedrohten Arbeitsplätzen nicht zu reden. Denn viele der Restaurants zum Beispiel auf der Prager Kleinseite müssen für mehrere Monate komplett schließen. Die Einrichtung liegt auf dem

Müll, die Wände sind feucht, und das Personal steht nun auf der Straße.

In dieser Situation ist es kein Wunder, dass Museen und Fremdenverkehrschefs um die Touristen werben. Denn jetzt sind sie auf jeden Kronen Eintritt angewiesen. So wie das südböhmische Ceský Krumlov. Dort hört man die verzweifelte Bitte: »Berichten Sie positiv über uns, nicht nur die schrecklichen Bilder. Sonst wird kein Besucher mehr zu uns kommen.«

Oder wie das private Kampa-Museum in Prag: Mehr als 200 Bilder berühmter tschechischer Expressionisten und Kubisten hat eine Sammlerin zur Verfügung gestellt; die Ausstellung sollte Anfang September eröffnet werden. Das Museum ist zerstört, doch die Bilder hat man in buchstäblich letzter Minute gerettet. Trotzig arbeitet man in der Galerie daran, wenigstens einen Raum wieder so herzurichten, dass Ende September eine Art von Ausstellung eröffnet werden kann. Trotz der verheerenden Flutschäden.

EPILOG Auch die Glockengießerei wurde überflutet. Mit beinahe weinender Stimme klagt der Meister sein Leid. Doch Trotz auch hier. Alles, sagt er, alles werde er versuchen, damit das Herz, der Klöppel, wie versprochen am 28. September wieder im Zikmund hängt und die größte Glocke Tschechiens wieder über Prag läuten kann. Denn dieser Tag, das ist das Fest des böhmischen Nationalheiligen, des Heiligen Wenzel.

Und diesen Festtag ohne den Klang des Zikmund? Nicht in diesem Jahr!

Am schlimmsten?

LENKA REINEROVA

Am schlimmsten ist Karlín. Tagelang hörte ich das ungläubig und immer mehr mit Schaudern aus dem Rundfunk und dem Fernsehen, las es in allen Zeitungen.

Am schlimmsten ist Karlín?

Das war doch für mich das wichtigste, selbstverständliche, quasi zu mir gehörende Stadtviertel Prags. Karlín, im Munde meiner Großmama Karolinenthal. Dort bin ich auf die Welt gekommen, und in der schnurgeraden Königsstraße, im Kaizl-Park und auf dem Invalidenplatz habe ich die ersten achtzehn Jahre meines Lebens verbracht.

In der Königsstraße, die nach dem Krieg in Sokolovská umbenannt wurde, ist in dem durchfluteten Karlín ein Haus zusammmengestürzt; in ihrer Parallelstraße, durch die ich zuerst allein und später mit meiner kleinen Schwester an der Hand zu meiner ersten Schule pilgerte, sind zwei weitere Häuser zusammengebrochen.

Im Erdgeschoss meines Geburtshauses befand sich die Eisenwarenhandlung meiner Eltern. Ein düsterer, stets kalter Raum voll von Metallstangen und Reifen, Eimern und allerhand sonderbarem Gerät. Zu den ständigen Kunden zählten auch Schmiede aus den benachbarten Randvierteln der Stadt.

AM SCHLIMMSTEN?

Vor dem Laden dampften im winterlichen Frost ihre Pferdegespanne, was ich aufregend fand, weil in Karlín so etwas sonst nicht zu sehen war. Und als einmal der bekannte böhmische Zirkus Kludsky auf dem nahen Invalidenplatz sein großes Zelt aufschlug und bei meinem Vater eine Kette für den Löwen gekauft wurde, steigerte das meine Position in der Karolinenthaler Kinderschar beachtlich. Gehörte ich auf diese Weise doch eigentlich selbst ein wenig zu dem Zirkus.

Und jetzt?

Am schlimmsten ist Karlín.

Im so genannten Invalidenhaus neben dem großen Platz, das am Anfang des 18. Jahrhunderts nach einem Entwurf von Kilian Ignaz Dientzenhofer erbaut wurde und während meiner Kindheit noch die letzten Kriegsbeschädigten von 1914 bis 1918 beherbergte, war nunmehr als einem Bestandteil des Technischen Museums eine kostbare Sammlung von Dokumenten der Architektur untergebracht, neben militärischen Archivalien, unter anderem auch Dokumenten der SS. All das wurde jetzt vom Wasser überschwemmt, schwer beschädigt, vielfach total vernichtet.

In unserer Straße gab es in einem Haus, gleich neben dem lokalen Postgebäude, eine Tabaktrafik, die, als ich ein bisschen älter wurde, geradezu unheimlich meine Aufmerksamkeit auf sich zog. An ihrer Glastür waren nämlich an einer Schnur einige Seiten aus verschiedenen, nicht gerade seriösen Zeitschriften befestigt, um Kunden anzulocken. Dort betrachtete ich zum ersten Mal Illustrationen mit mehr oder weniger entblößten

Frauen. Die Texte unter diesen aufregenden Bildchen konnte ich zu meinem Leidwesen nicht verstehen; was ich sah, war freilich an sich schon rätselhaft genug.

In der Sokolovská residierte bis zur Wasserkatastrophe der kleine, aber sehr bemerkenswerte Verlag Labyrint, der neben Büchern auch eine angesehene, inhaltlich und graphisch anspruchsvolle kulturelle Revue, gleichfalls mit Namen »Labyrint« herausbringt.

Als die Sirenen aufheulten und Lautsprecher in die nächtliche Stille verkündeten, ganz Karlín müsse sofort geräumt werden, rief Joachim Dvorák, so heißt der junge Verleger, der unter anderem auch meine Bücher tschechisch herausbringt, seine ständige Begleiterin, die Hündin Esther, zu sich, nahm den Computer in den Arm und verließ das Haus.

Vorher hat er in Windeseile, was greifbar war, in die Höhe, auf die Schränke verstaut. Denn es wurde verlautet, das Wasser werde der Voraussetzung nach ungefähr einen Meter hoch steigen. In Wirklichkeit reichte es dann bis zur Zimmerdecke. Joachim Dvorák ist Wohnung und Verlag ertrunken.

Am schlimmsten ist Karlín.

Karolinenthal war ein typisch bürgerliches Stadtviertel mit tschechischer, deutschsprachiger und auch jüdischer Bewohnerschaft. Diese Zusammensetzung hat sich nach dem Zweiten Weltkrieg allerdings wesentlich verändert. Die deutsche Bevölkerung ist nicht mehr im Land, die jüdische nicht mehr auf der Welt.

Aber die Straßen mit ihren Häusern, soliden und zum Teil recht ansprechenden Bauten, umwehten mich, ein

AM SCHLIMMSTEN?

Kind aus diesem Stadtteil, wann immer ich mich dort
einfand, mit einem Anflug von beinahe heiterer Weh-
mut. Der kleine Sportplatz hinter dem Park wurde im
Winter in eine Eisfläche verwandelt. Dort lernte ich
Schlittschuhlaufen.

Vor der stattlichen Cyrill- und Methodius-Kirche, die
den rechteckigen Stadtplatz dominiert, bettelten oft
großäugige Zigeunerkinder, und wenn ihnen meine
Mutter ein paar Münzen gab, riefen sie: »Gott gebe Ihnen Gesundheit, schöne Frau!«

Dabei lachten sie ausgelassen und rannten schnell
davon, um ein bisschen Süßigkeiten oder auch ver-
mittels eines älteren Bruders im Fuhrmannsgasthof
»Zur Stadt Hamburg« am unteren Ende des Platzes einen Schuss Bier zu ergattern.

Das Bronzetor dieser ältesten neuzeitlichen Kirche
Prags schmückten Reliefs mit Szenen aus dem Leben der
beiden Schöpfer der slawischen Liturgie nach Entwür-
fen des bekannten tschechischen Malers Josef Mánes.

Konnte wenigstens das wuchtige Metalltor den reißenden Fluten Standhalten?

Am schlimmsten ist Karlín.

Menschenleere Straßen auf dem Bildschirm des
Fernsehens, wo noch einige Tage und eine Nacht zuvor
das typische Karlíner Gewimmel vor den Kinos, Knei-
pen, modischen Pizzerias und unerlässlichen McDo-
nalds auf und ab wogte, der zentrale Busbahnhof Passanten in die ganze Republik, aber auch nach London,
Zürich und andere europäische Städte expedierte oder
sie bei ihrer Ankunft in der tschechischen Metropole

nicht überaus elegant und komfortabel, aber aufrichtig und gern willkommen hieß.

Neben dem geräuschvollen Bus-Terminus steht das alte Karlíner Theater, heutzutage vor allem ein Haus für Musicals, in meinen Kindheitstagen ein Varieté. Dort habe ich meinen ersten Theaterbesuch absolviert, sah auf der Bühne einen Schimpansen in kariertem Höschen auf einem Tretroller über die Bühne sausen und einen Seelöwen auf seiner Nasenspitze mit einem bunten Ball jonglieren. Wer weiß, vielleicht hat gerade dieses fröhliche Erlebnis mein dauerhaftes Ineresse für Kunst und Kultur erweckt.

In den Katastrophentagen ist der Seelöwe Gaston, ein Liebling von Groß und Klein des Prager Zoos, seiner Flucht aus den überraschenden fremden Fluten und den Strapazen, die er tapfer zu überwinden versuchte, zur Betrübnis seiner zahlreichen Freunde erlegen.

Am schlimmsten ist Karlín. – In der nächsten Nähe des Busbahnhofs und des Theaters ist ein Wohnhaus, vom Hochwasser unterwaschen, zusammengestürzt. Zum Glück war es rechtzeitig vollkommen evakuiert worden.

Wie die meisten Prager saß ich in den ersten Stunden und Tagen der unheimlichen Überschwemmungen wie gebannt vor meinem Fernsehgerät. Pausenlos wurde von den verschiedensten Standorten über die fortschreitende Wasserflut, die jeweiligen Vorkehrungen, die Warnungen und Hilfsmaßnahmen berichtet. Wenn jedoch, stets von neuem, über die drohende und dann alle Mutmaßungen überschreitende Überschwemmung von Karlín die Rede war, rief das in mir einen verzweifelten Widerstand hervor.

Karlín war nicht immer das Schlimmste!

Wenn man aus Karolinenthal »nach Prag« ging, das heißt in die Stadt zwischen Pulverturm und Wenzelsplatz, Wenzelsplatz und Insel Kampa, Kleinseite und Altstädter Ring, trabte man geraume Zeit durch die lange Königsstraße, die jetzige Sokolovská. Das war an sich eher langweilig. Aber es gab dort, schon näher an »Prag« als an meinem Geburtshaus, eine Stelle, die ich faszinierend fand. Das war der Laden von Frau Rothbaum, bei der meine Mutter ab und zu eine Gans kaufte und auch ein Stück Butter, weil hier alles »besonders frisch« war. Ihre Butter bewahrte die kleine, dickliche, gut gelaunte und ständig in ein dunkles Wolltuch gehüllte Frau Rothbaum in großen viereckigen Ballen auf dem Ladentisch und schnitt die gewünschte Menge mit einem Draht ab, der an beiden Enden von winzigen Papierröllchen gehalten wurde. Diese Operation, das mühelos durch den Butterberg gleitende Drahtinstrument fand ich einzigartig, beinahe ein bisschen zauberisch, und Frau Rothbaum lebt in mir in geradezu liebevoller, fröhlicher Erinnerung weiter.

Der Laden und seine Besitzerin fanden in den Kriegsjahren ein tragisches Ende. Jetzt ist das Nebenhaus von Frau Rothbaum durch die nunmehrige Katastrophe in der Sokolovská zusammengestürzt.

Am schlimmsten ist Karlín.

Ein lebloses Stadtviertel. Keine menschliche Stimme, kein Hund bellt, selbst die Vögel scheinen fluchtartig ihre Nester in den alten Baumkronen verlassen zu haben. Nur das Wasser klatscht erbarmungslos an die Häuserwände und lässt, was nicht noch rechtzeitig fortgeräumt werden konnte, in Fäulnis und Pestgeruch untergehen.

Am schlimmsten ist Karlín.

Für mich das Bestürzendste. Deshalb bin ich, sowie es überhaupt möglich war, nach Karlín gegangen, das heißt bis zu der rot-weißen Schnur, die das entvölkerte Stadtviertel derzeit von der übrigen Stadt trennt. Und dort habe ich, was mir nur ganz selten geschieht, richtig bedauert, schon so alt zu sein.

Denn wäre dem nicht so, hätte ich wie die vielen in Grüppchen, in Gruppen und einzeln herbeiströmenden jungen Menschen zweifellos gleichfalls mit Gummistiefeln und -handschuhen ausgerüstet an der rotweißen Schnur eine Gesichtsmaske gegen den würgenden Gestank der Fäulnis, einen Eimer, einen großen Abfallsack und sonstiges Gerät gefasst und hätte mit anpacken können, um zu helfen, in Karlín zu retten, was überhaupt noch zu retten ist.

An den Rändern der wadenhoch mit Schlamm bedeckten Gehsteige türmen sich formlose, von Wasser triefende Reste einstiger Dinge, einstiger Lebensmittel, einstiger verschiedenartigster Wertgegenstände. Türmen sich und verbreiten Pestbazillen.

Dreihundert vorsorglich geimpfte Soldaten vom anderen Ende der Republik wurden eiligst nach Prag-Karlín gebracht, um bei den Aufräumungsarbeiten zu assistieren und die leeren Häuser zu bewachen.

AM SCHLIMMSTEN?

Am schlimmsten ist Karlín.

Traurig und zugleich sonderbar getröstet und ermutigt an der rotweißen Trennungsschnur stehend, glaube ich begriffen zu haben: Die Zerstörungswut des rasenden Hochwassers ist das Schlimmste. Die Einsatzbereitschaft der Menschen und ihre Solidarität der verlässlichste Damm.

Das Hochwasser in Bayern

ANDREAS BÖNTE, MARKUS ROSCH

Die neunundsiebzigjährige Hildrun Steigenberger starrt fassungslos auf die Trümmer ihrer Existenz. Schon einmal hat die Regensburgerin alles verloren. »Ich weiß nicht, wie es jetzt weitergehen soll. Alles ist kaputt oder durchnässt. Und dann nach dem Wasser der ganze Schlamm. Gott sei Dank haben die Nachbarn geholfen. Ich alleine schaffe das einfach nicht mehr.« Vielen Menschen in Bayerns Hochwassergebieten ergeht es ähnlich. Der Regen und die anschließenden Überschwemmungen gefährden Existenzen und haben Zerstörungen von riesigem Ausmaß angerichtet.

In den vergangenen Jahren haben starke Regenfälle und Unwetter schon oft zu Hochwasserkatastrophen im Süden und Südwesten Deutschlands geführt. Im März 1988 kommen bei einer der schlimmsten Hochwasserkatastrophen der Nachkriegszeit entlang der Donau zwischen Passau und Regensburg mindestens 13 Menschen ums Leben. Nur ein Jahr später überziehen im Februar 1990 sintflutartige Regenfälle besonders Bayern und Baden-Württemberg. Zehn Todesopfer sind zu beklagen. Im August 1991 gibt es in der Oberpfalz und Niederbayern starke Unwetter. Die Donau und andere Flüsse treten über die Ufer, fünf Menschen sterben. Im Oktober 1998 richtet das Orkantief »Xylia« in Süddeutschland schwerste Schäden an. Sechs Tote gehen auf das Konto dieses Unwetters. Beim so genannten Pfingsthochwasser im Mai 1999 wird in 16 Landkreisen Katastrophenalarm gegeben. Hunderttausend Menschen sind betroffen, fünf sterben.

Die Katastrophenflut dieses Sommers hat sich bereits Ende Juli angekündigt. Ungewöhnlich heftige Regenfälle in Nieder- und Oberösterreich und in Tschechien machen den Anfang, dann spitzt sich die Lage durch tagelange schwere Regenfälle in Bayern dramatisch zu. In der Zeit vom 8. bis zum 16. August werden mehr als 10 000 Helfer in ganz Bayern im Einsatz sein.

Die Ereignisse

DONNERSTAG, 8. AUGUST. Land unter in Dachau, Ebersberg, Freising und Rosenheim in der Nacht zum Mittwoch. Dauereinsatz für Polizei, Feuerwehr und Technisches Hilfswerk. Innerhalb von zwölf Stunden fällt in Bischofswiesen 131 Liter Niederschlag pro Quadratmeter. »Bildlich gesprochen bedeutet dies, dass auf einer Fläche von einmal einem Meter das Wasser 13,1 Zentimeter hoch stünde, wenn es nicht abfließen würde«, sagte die Meteorologin Eva Wille vom Deutschen Wetterdienst. Die Flüsse Traun, Salzach, Inn, Tiroler Ache sowie die Donau bei Passau führen bereits Hochwasser. In der Drei-Flüsse-Stadt Passau wird für den Abend ein Anschwellen des Pegels der Donau auf 8,4 Meter erwartet. Die Meldestufe eins liegt bei 7,3 Meter. Rund um den Chiemsee stehen ganze Ortsteile unter Wasser.

Dramatische Ereignisse bei Moosinning im Kreis Erding: 59 Kinder und ihre Betreuer werden während eines Zeltlagers von den Regenfällen überrascht. Sie bleiben in der sumpfig gewordenen Wiesenlandschaft stecken. Nur durch einen Großeinsatz der Feuerwehr können sie gerettet werden. Die weinenden Kinder werden in einer Turnhalle untergebracht, Nachbarn versorgen die Jugendlichen mit Tee und Broten. Noch rechnet der Deutsche Wetterdienst mit keinen weiteren Regenfällen. »Es ist vorbei«, so die voreilige Entwarnung.

FREITAG, 9. AUGUST. Während in Österreich, Tschechien und Russland manche Regionen zu Katastrophengebieten erklärt werden, ist die Lage in Bayern trügerisch ruhig. Wegen der starken Regenfälle raten aber die Behörden auf Drängen der Gesundheitsämter dringend vom Baden in der Donau ab. Es ist mit Einschwemmung von gefährlichen Keimen in den Fluss zu rechnen. Es fängt in ganz Bayern immer stärker an zu regnen. Von Sommer ist weit und breit nichts zu merken.

SAMSTAG, 10. AUGUST. Am Morgen laufen die Marathonläuferinnen bei der EM noch bei Sonnenschein durch die Münchner Innenstadt. Gegen 19 Uhr ändert sich die Wetterlage dramatisch. Eine Sintflut kommt über Bayern. Das Unwetter trifft die Menschen in Glonn und Moosach völlig unvorbereitet. Gewitter und Regenfälle setzen die Gemeinden im Landkreis Ebersberg teilweise völlig unter Wasser. Keller und Häuser werden überflutet. Als ein aufgeweichter Hang abzurutschen droht, müssen mehrere Häuser evakuiert werden. »Die Wucht der Wassermassen war so stark, dass unsere Einsatzkräfte zunächst gar keine Möglichkeit hatten, den Betroffenen zu helfen«, berichtet der Landrat Gottlieb Fauth. Die Felder im gesamten Landkreis gleichen einer Seenlandschaft, Sturzbäche aus Wassermassen fließen über die Straßen. Bis zum Hals stehen die Menschen in der Schlammbrühe. Auch Rosa Karg aus Moosach trifft das Unwetter völlig unvorbereitet. »Wir waren schon im Bett«, berichtet die Hausfrau. Als sie aufgeschreckt vom Donnern in das Erdgeschoss geht, traut sie ihren Augen nicht. Kniehoch steht dort das Wasser, die Wohnstube gleicht einem Schlachtfeld. In wenigen Stunden fallen in einigen Teilen Bayerns bis zu 60 Liter Niederschlag pro Quadratmeter. Die Pegelstände der Flüsse steigen weiter an, Experten rechnen mit einer Verschärfung der Hochwasserlage, insbesondere an der Donau. Mit Sandsäcken versuchen die Menschen in Passau bereits Geschäfte und Häuser entlang des Donauufers abzudichten. Wegen der anhaltenden Regenfälle rechnet das Bayerische Landesamt für Wasserwirtschaft mit einer Verschärfung der Hochwasserlage.

SONNTAG, 11. AUGUST. Heute laufen die Marathonläufer in München bereits durch strömenden Regen. Völlig durchnässt gewinnt der Finne Holmen. Und es regnet weiter in Strömen. Ganze Ortschaften stehen in Bayern unter Wasser. In Glonn wird die Lage immer dramatischer. Die Menschen haben stundenlang geschuftet, um ihr Hab und Gut in Sicherheit zu bringen. Die Einsatzkräfte helfen, wo sie nur können. Manche Leute sind verzweifelt, wie Sonja Dürr. »Wir haben jetzt Sandsäcke bekommen, es ist nachgeliefert worden, und Sie fragen sich wohl, was wir jetzt tun werden? Wir werden einfach die Eingangstüren und die Fenster verrammeln, zustopfen und hoffen. Ich meine, kaputt ist sowieso alles, und wir fangen jetzt auch gar nicht an, irgendwie aufzuräumen, weil wir erwarten, dass noch was kommt.«

Vielen Einwohnern geht es so. Die Menschen helfen sich gegenseitig, versuchen die Not gemeinsam zu lindern. Dennoch: Die Regenfälle machen die Menschen langsam mürbe. Dorothea Harms aus Glonn klingt resigniert angesichts der Schäden: »Unser Keller steht immer noch unter Wasser, es ist eine Katastrophe. Ich habe bei den Nachbarn jetzt mitgeholfen auszuräumen. Es ist nur Schlamm, Matsch und Dreck und Ekel. Grausam.«

MONTAG, 12. AUGUST. Katastrophenalarm vielerorts. Weiter anhaltende Regenfälle haben viele Gemeinden und Landkreise in Alarmstimmung versetzt. In den Landkreisen Traunstein, Rosenheim, Weilheim-Schongau, Berchtesgadener Land und Passau ist Katastrophenalarm ausgelöst worden. Orte wie das oberbayerische Ruhpolding sind wegen der Überflutungen stundenlang von der Außenwelt abgeschnitten. Die einzige Zufahrtsstraße ist wegen Schlammlawinen und des kritischen Zustands einiger Brücken unpassierbar geworden. Viele Straßen, Bahnlinien und sogar die Autobahn A8 München–Salzburg sind zeitweise gesperrt.

Besonders kritisch ist die Lage in Traunstein. Wenn man sich der beschaulichen Stadt nähert, fühlt man sich wie in einem Katastrophenfilm. Überall Polizei, Feuerwehr und Technisches Hilfswerk, die unter dem Einsatz aller zur Verfügung stehenden Kräfte gegen die Fluten kämpfen. Verzweifelt versuchen viele Hausbesitzer ihre bis ins Erdgeschoss überschwemmten Häuser leerzupumpen. »Wir müssen das machen, wenn der Traundamm aber bricht, ist alles umsonst, dann ist unsere Existenz endgültig vernichtet«, so ein Bewohner der teilweise überfluteten Unteren Stadt.

Der Traundamm ist der kritische Punkt. Das Hochwasser hat die Traun in einen reißenden Fluss verwandelt. Der Traundamm hält die Fluten noch von der Stadt ab. Falls der Damm bricht, sind hunderte von Häusern in Gefahr. Deshalb wird unter Einsatz von schwerem Gerät und Muskelkraft der Damm befestigt. Die Einsatzkräfte der Freiwilligen Feuerwehr arbeiten seit der letzten Nacht ohne Unterbrechung. Sie kommen überall aus dem Landkreis und sind teilweise selbst von der Flut betroffen. Vorsorglich beschließt die Einsatzleitung, die Untere Stadt räumen zu lassen.

Abends erster Besuch in Ruhpolding. Die Schäden des Hochwassers sind unübersehbar. In Eisenärzt haben die Fluten eine komplette Brücke weggerissen. Stellenweise sieht es aus wie nach dem Krieg, stellenweise wagen sich aber schon wieder die Touristen auf die Straße.

Die Pegel der Donau steigen weiter an. Auf Passau rollt eine Flutwelle zu. Lech und Iller bringen das Wasser aus dem Allgäu. Die Bewohner der Stadt werden aufgefordert, ihre Keller und Wohnungen zu verlassen. »Die Stadt stellt sich auf Evakuierungen ein«, sagt ein Sprecher der Stadt. Allmählich macht sich auch hier in einigen Orten Verzweiflung breit. So stellt ein Hochwasseropfer in Laufen resigniert fest: »Ja, was wird man tun? Ausräumen und dann davonlaufen, man kann sich ja nicht mehr aufhalten drinnen. Es dauert ja wieder Jahre, es ist ja jetzt noch nicht einmal ausgetrocknet. Von 1959 haben wir die Feuchtigkeit ja noch drinnen.«

DIENSTAG, 13. AUGUST. Die Hochwasserlage in Bayern ist nach wie vor angespannt. Die Brennpunkte der Überflutungen verlagern sich allerdings immer mehr nach Ostbayern. Passau kämpft gegen die Rekordflut. Das schlimmste Hochwasser seit dem Jahr 1954 lässt den Pegel auf 10,8 Meter steigen. Hunderte Soldaten, Feuerwehrmänner und Freiwillige von Hilfsorganisationen pumpen in der Stadt unablässig Keller leer und schleppen Sandsäcke. »So schnell wie diesmal sind die Pegel noch nie gestiegen«, sagt der Chef des Passauer Ordnungsamtes Josef Zacher. Die Passauer sind einiges an Überschwemmungen gewöhnt. Dennoch: Solche Pegelstände übertreffen alles bisher Dagewesene. Selbst Alteingesessene wie Bernhard Störzer sind überrascht: »Man muss es hinnehmen. Wir haben zwar schon gewusst, dass wir hier ein Risiko haben, aber dass es dann so kommt, das glaubt man immer nicht.«

Auch Ingrid Marchese schuftet stundenlang. Sie hat schon viele Überschwemmungen miterlebt. Diesmal ist

Ein Großteil der deutschen Flüsse birgt potenzielle Hochwassergefahren: Viele Regionen wurden seit 1970 (blau) oder im August 2002 (rot) überschwemmt.

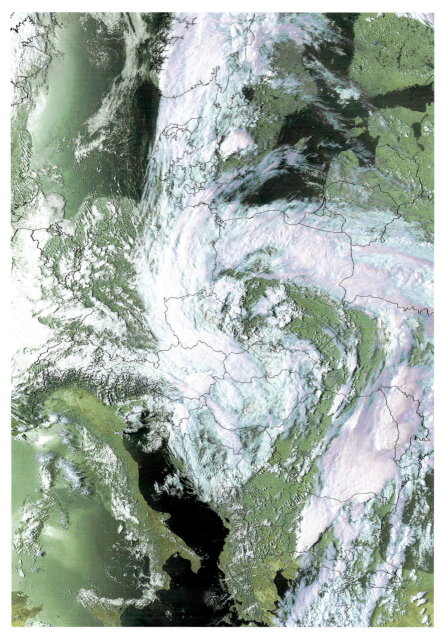
Satellitenaufnahme im August 2002: Tiefdruckgebiet über Mitteleuropa. Die Flut nimmt ihren Lauf.

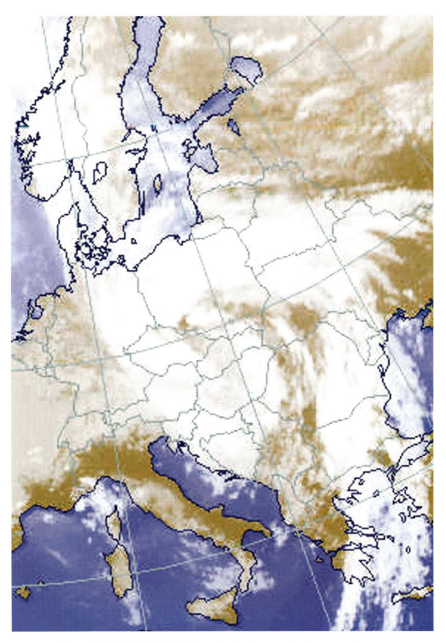

»Vor uns die Sintflut?«: Eine Vb-Wetterlage im Sommer ist schon etwas besonderes. Sie entwickelte sich zu einem Debakel für die Warnbehörden.

Luftaufnahme von Prag am 14. August. Die Moldau bedroht die Prager Altstadt; über 50 000 Menschen werden evakuiert, etwa 500 Straßen gesperrt.

Die Kleinseite wird schließlich überflutet. Das Wasser dringt in die Metro ein.
Die Sandsäcke der Helfer vermögen wenig auszurichten.

OBEN: »Am schlimmsten ist Karlín«: Evakuierung im Schlauchboot (15.8.).
UNTEN: Dramatische Rettungsaktion im Prager Zoo (13.8.).

Bis auf zwei werden sämtliche Moldaubrücken für PKWs geschlossen (13.8.).
Prag bekommt eine neue Touristenattraktion: Hochwasser-schauen-gehen.

Rettung aus der Luft: In einem österreichischen Dorf können die Bewohner eines Hauses nur noch mithilfe eines Hubschraubers befreit werden.

OBEN: Auch im bayerischen Passau kämpfen die Einsatzkräfte gegen die Rekordflut (13.8.). UNTEN: Überflutete Straße im Salzburger Land (12.8.).

OBEN: Das niederösterreichische Zöbing versinkt samt Friedhof und Kirche im ansonsten stillen Flüsschen Kamp (8.8.) UNTEN: Vom Donauhochwasser betrof-

fen ist auch die Ölaufbereitungsanlage in Lobau im 22. Wiener Bezirk (15.8.).
DIESE SEITE: wildgewordener Bach im österreichischen Helfenberg (12.8.).

OBEN: Die Jahrhundertflut verheert Stadt und Land: gebrochener Deich in Sachsen-Anhalt. UNTEN: überschwemmte Felder in Sachsen (20.08.).

OBEN: Ein gebrochener Damm bei Radebeul lässt das Wasser der Elbe in ein Freibad fließen (15.8.) UNTEN: Überflutetes Klärwerk von Eilenburg (15.8.).

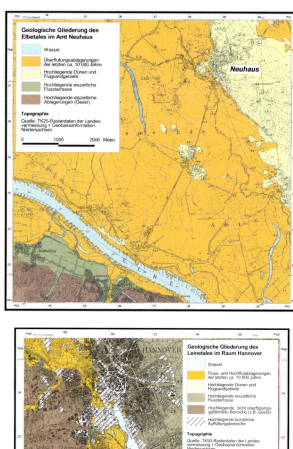

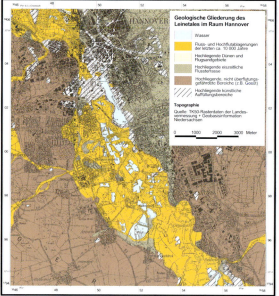

Illustrationen zum Beitrag S. 245 ff. Das Elbetal im Amt Neuhaus (Niedersachsen). Die vereinfachte geologische Karte zeigt tiefgelbe Gebiete mit Ablagerungen historischer Überflutungen im Deichhinterland, die auch heute noch potenziell hochwassergefährdet sind. UNTEN: Verbreitung von Fluss- und

Überflutungsablagerungen (tiefgelbe Farbe) der Leine im Gebiet von Hannover, dargestellt als vereinfachte geologische Karte. Diese Bereiche sind bei Hochwasser potenziell überflutungsgefährdet. OBEN: Satellitenaufnahme des Elbverlaufs vom 14. August 2000 bei Wittenberg. UNTEN: Satellitenaufnahme der überfluteten Region entlang des Elbverlaufs vom 20. August 2002 bei Wittenberg. Breite des aufgenommenen Gebiets jeweils circa 60 Kilometer.

Vergleich zweier Luftaufnahmen von Gohlis bei Riesa. UNTEN: von der Elbe eingeschlossen (15.8.). OBEN: nach dem Rückgang des Hochwassers (22.8.).

selbst sie ratlos. »Du bist so machtlos gegen das Wasser. Wenn irgendein Unwetter ist, wenn Steine reinkommen, die kann ich beseitigen, aber das Wasser? Ich bin jetzt gerade oben selber zwei Stunden am Schippen gewesen, weil wir noch keine Pumpe gehabt haben.«

Die Maßnahmen der Einsatzleitung in Passau laufen auf Hochtouren. Man spricht von einem »geordneten Chaos« in der Stadt, nachdem die Pegel an Inn und Donau und deren Zuflüssen langsam zu sinken beginnen. Der bayerische Ministerpräsident Edmund Stoiber und der Bundesinnenminister Otto Schily machen sich vor Ort ein Bild von der Lage. Als Oberbürgermeister Albert Zankl beide durch die Passauer Innenstadt führt, sehen sie nichts mehr von der hübschen Flusspromenade, sondern nur noch braune Flutmassen.

Land unter nicht nur in der Drei-Flüsse-Stadt. Auch in der Umgebung, im Passauer Land, sind die Folgen der Flutwelle ähnlich verheerend. In der Stadt und im Landkreis Regensburg wird am Abend – wie auch in den Oberpfälzer Landkreisen Cham, Schwandorf und Regen – ebenfalls Katastrophenalarm gegeben. In Oberbayern und Schwaben fallen die Pegelstände. Trotzdem sind dort noch viele Straßenverbindungen unterbrochen. Kritisch ist die Lage noch an der Salzach, auch der Wasserstand des Chiemsees steigt noch immer. Ein Campingplatz bei Chieming muss geräumt werden. Dagegen sinken die Pegel der Traun. In Traunstein wird inzwischen mit den Aufräumarbeiten begonnen. Die Schäden sind gewaltig.

Entwarnung in Traunstein. Der Traundamm – obwohl sehr aufgeweicht – hat gehalten. Die 18 000 Einwohner zählende Kreisstadt atmet auf. Doch es war knapp: Normalerweise liegt der Pegel der Traun bei etwa 39 Zentimerter, am Montag ist er fast drei Meter über diese Marke gestiegen.

MITTWOCH, 14. AUGUST. Im Raum Regensburg hat sich die Lage in der vergangenen Nacht weiter verschärft. Die Domstadt wird von einer riesigen Hochwasserwelle erfasst. Von dem bekannten Lokal »Historische Wurst-küche« sind nur noch das Dach und der Schornstein zu sehen. »Ich kann mich gar nicht erinnern, dass es jemals so schlimm war«, erzählt ein zweiunddreißigjähriger Haus-meister. In Gummistiefeln und mit Sandsäcken in der Hand versucht er den Eingang seines Hauses zu verbarri-kadieren. Nur noch wenige Zentimeter trennen ihn von der braunen Brühe. »Meinen Keller habe ich schon ges-tern leer geräumt«, sagt er. »Ich hätte nicht gedacht, dass das Wasser so hoch steigen kann.« Regensburg schrammt nur knapp an der befürchteten Katastrophe vorbei. Am Nachmittag liegt der Scheitelpunkt mit 6,6 Meter knapp über dem Wert des Jahrhunderthochwassers im Jahr 1988. Hilfskräfte können einen Dammbruch gerade noch ver-hüten. Fünfzigtausend Sandsäcke werden verbraucht. Vie-le Häuser sind nur noch über Stege zu erreichen. »Wir ha-ben fast drei Kilometer lange Stege aufgebaut«, berichtet ein Sprecher der Einsatzleitung.

Der Scheitel der Hochwasserwelle des Flusses Regen befindet sich unterhalb von Nittenau im Landkreis Schwandorf. Auch dort ist die Lage besonders drama-tisch. Eine Anwohnerin eines von der Flut abgeschnit-

DAS HOCHWASSER IN BAYERN

tenen Gebäudes: »Wir haben das Geschirr nicht mehr
rausgebracht, wir haben es nicht mehr rausgebracht. Es
war wie Sodom und Gomorra, wir haben kein einziges
trockenes Fleckerl mehr ... Keine Ahnung, ich habe da
keine Versicherung, zwar eine Hausratversicherung,
aber die werden doch dafür nicht aufkommen.«

Die Schäden erreichen ein unglaubliches Ausmaß.
Viele Geschädigte sind nur unzureichend versichert, da
in vielen Hochwassergebieten der Versicherungsschutz
nicht greift, beziehungsweise die Policen unerschwing-
lich teuer sind. Ein Hochwasseropfer aus Roding will
über die Schäden gar nicht nachdenken: »Fragen Sie
mich das heute nicht, fragen Sie mich vielleicht in vierzehn Tagen, ich weiß nicht, wie es weitergeht.«

Eine Welle der Hilfsbereitschaft rollt durch Bayern.
Stolz darüber ist auch der bayerische Innenminister
Günther Beckstein, der ständig vor Ort ist: »Wir hatten
in den letzten zehn Tagen über 10 000 Helfer im Einsatz von den verschiedenen Hilfsorganisationen, von
der Feuerwehr, vom Technischen Hilfswerk, von Hilfsorganisationen, Wasserwacht, DLRG, natürlich von der
Bundeswehr und von der Polizei, es ist in einer ganz
großartigen Weise die Einsatzbereitschaft da gewesen.
Die Menschen haben oft über 24 Stunden ohne jeden
Schlaf gekämpft, muss man sagen, Sandsäcke geschleppt,
um das Hochwasser nicht in Grenzen zu halten, das
geht nicht, aber die Schäden zu reduzieren. Ich schimpfe
manchmal, dass in unserer Zeit nur noch der Ellenbo-
gen zählt, aber wenn man in dieser aktuellen Notsitua-
tion gesehen hat, in welch großartiger Weise hier gear-

beitet worden ist, die Hilfskräfte sich eingesetzt haben, dann ist schon ein ganz, ganz dickes Dankeschön im Namen aller Bürger und Bürgerinnen und der gesamten Staatsregierung erforderlich, auch die Einsatzleitungen haben mit großer Professionalität und mit großer Umsicht gearbeitet. Also in der Not ist wenigstens die Begrenzung des Schadens, die ist gut gelaufen.«

In einer Sondersendung am Abend dieses ereignisreichen Tages ruft das Bayerische Fernsehen zu einer großen Spendenaktion zugunsten der Hochwasseropfer auf. Das Ergebnis ist überwältigend. Spontan spenden tausende von Bürgern für die Geschädigten. Auf den Konten des Freistaates Bayern, der Caritas, des Roten Kreuzes und der Diakonie gehen bis zum nächsten Tag über eine Million Euro an Spendengeldern ein.

DONNERSTAG, 15. AUGUST. Langsam atmen die Bewohner der Hochwassergebiete Bayerns auf. Die große Flut, vor allem an der Donau, wo historische Höchststände erreicht werden, scheint überstanden. Die Pegelstände in Regensburg, Straubing und Deggendorf fallen. Nur in Passau lässt die am Abend anrollende zweite Flutwelle die Pegel nicht sinken. Bei den Aufräumarbeiten geht es nun verstärkt um die Verhinderung von Umweltschäden. Beschädigte Tanks sind eine Gefahr. Große Mengen Müll und Sperrmüll müssen beseitigt werden. Vor allem die Bundeswehr ist im Dauereinsatz. Überall wird angepackt. Schweres Gerät hilft die Schäden zügig beseitigen. »Die Bundeswehr ist super. Die war gleich am ersten Tag in der Nacht um zwei schon da mit den

DAS HOCHWASSER IN BAYERN

Sandsäcken. Also das sind die, die eigentlich am meisten helfen«, so ein Ladenbesitzer in Passau.

Die Spendenaktion des Bayerischen Fernsehens erreicht am Abend fast eineinhalb Millionen Euro. Der bayerische Ministerpräsident Edmund Stoiber bedankt sich in einer Telephonschaltung für die Hilfsbereitschaft: »Das ist ein großartiges Ergebnis, und ich kann nur sagen, was ich gestern schon festgestellt habe, die Bayern halten zusammen, und die Menschen, die von dieser dramatischen Flutkatastrophe nicht betroffen sind, die fühlen sich natürlich in die Herzen und in die Situation der Menschen hinein, die eben in Passau, in Cham, in Traunstein, in Weilheim, in Regensburg so betroffen worden sind.«

Gleichzeitig macht er aber ebenso deutlich, dass Bayern jetzt auch den Nachbarn helfen wird. Denn in den ostdeutschen Nachbarländern spitzt sich die Lage zu: »Ich sehe natürlich jetzt auch mit großer Sorge, was sich gerade auch in unserem Nachbarland, in Sachsen, und in Sachsen-Anhalt abspielt. Das sind ja Situationen, die ja Gott sei Dank an uns vorübergegangen sind, und ich hoffe, dass auch unsere 2000 Helfer aus Bayern, die ja trotz unserer eigenen Probleme sich auf den Weg gemacht haben nach Magdeburg und nach Dresden, nach Leipzig, dass die auch zeigen, wie Bayern mit den Nachbarländern mitfiebert und mitleidet«, so Stoiber in einem Interview.

Sechzehnhundert bayerische Hilfskräfte treffen noch am Abend in Dresden ein, wo die Elb-Fluten riesige Schäden angerichtet haben. Die Helfer werden vor allem für die Betreuung von Hochwassergeschädigten und von Patienten aus evakuierten Krankenhäusern eingesetzt.

FREITAG, 16. AUGUST. Die Flut zieht sich nun endgültig zurück. Die Lage in Bayern entspannt sich. Die vom Hochwasser Geschädigten und ihre Helfer sind oft am Ende ihrer Kräfte. Viele wollen endgültig aus den Hochwassergebieten wegziehen. Zu groß sind die Schäden. Das August-Hochwasser war nach ersten Analysen in Straubing und Deggendorf das größte seit dem Jahr 1883 und das viertgrößte seit Beginn der Pegelaufzeichnungen 1826.

Nach der Katastrophe

Die Flut hat gewaltige Schäden in Bayern hinterlassen. Nach ersten Schätzungen ist wohl ein Gesamtschaden von eineinhalb Milliarden Euro entstanden. Auf die Kommunen in Bayern kommt eine Kostenwelle zu. Allein die Entsorgung der Müllberge ist eine schwierige Aufgabe. Auch in der Landwirtschaft hat das Hochwasser immense Schäden hinterlassen: rund 12 000 Hektar Ackerland und Wiesen sind überschwemmt – 80 Prozent Grünland, 20 Prozent Ackerland.

Beispiel Cham: »Das Ausmaß der Katastrophe ist schlimmer als befürchtet«, sagt Theo Zellner am Freitag, dem 16. August. Der Landrat nennt einige Beispiele, die ihn besonders betroffen gemacht haben: »Das Chamer Freibad ist für diesen Sommer am Ende. Das Kötztinger Hallenbad völlig zerstört, der Arracher Seepark ein Chaos,

DAS HOCHWASSER IN BAYERN

wo sich drei Meter hohe Steine türmen. In vielen Betrieben steht außerdem die Produktion still.« Außerdem, fügt er hinzu, seien erhebliche Sachschäden an 480 Häusern und in 105 Betrieben gemeldet.

Angesichts dieser Schäden will Bayern mit einem Soforthilfeprogramm in Höhe von 65 Millionen Euro den Opfern der Hochwasserkatastrophe helfen. Vor allem für Privathaushalte, für landwirtschaftliche und Gewerbegebiete sowie für infrastrukturelle Maßnahmen ist Soforthilfe vorgesehen. Die insgesamt 65 Millionen Euro werden durch Einsparen und Umschichten im Haushalt aufgebracht. Mit 30 Millionen Euro kommt der dickste Brocken aus dem Topf Wirtschaftsförderung.

Obwohl die Existenz vieler Menschen an Donau und Regen vom Hochwasser fortgerissen wurde und die Soforthilfe nur etwas lindert, sind die Menschen angesichts der unbürokratischen Hilfe dankbar. Eine Witwe aus dem Landkreis Regensburg bricht beim Anblick des Geldbündels in Tränen aus. »Ich werde mir erst einmal ein neues Bett kaufen, damit ich nicht mehr auf dem Boden schlafen muss«, freut sie sich.

Mehr als eine Woche nach der großen Flut freuen sich viele Geschädigte über die schnelle finanzielle Hilfe. Bislang hat der Freistaat nach Angaben des Finanzministeriums mehr als 3,3 Millionen Euro Landesmittel an die 23 betroffenen Kommunen ausgezahlt. »Natürlich ist die Soforthilfe kein voller Schadensausgleich, aber die Betroffenen sollen sich zumindest wieder fangen können«, sagt Christoph Hillenbrand, Sprecher des bayerischen Innenministeriums.

In Passau standen die Hochwasseropfer im Ordnungs-
amt die ganze Woche über Schlange. In der Drei-Flüsse-
Stadt müssen die begehrten Anträge auf Soforthilfe gestellt werden. Die Behörde überweist dann das Geld auf
das Konto der Betroffenen. Soforthilfe für Privathaushalte gibt es aus dem bayerischen Programm, wenn das
Erdgeschoss des Hauses überschwemmt war und die
Schadenshöhe mindestens bei 5000 Euro liegt. Pro Kopf
werden dann 500 Euro ausbezahlt, maximal 2500 Euro.
Die Gelder müssen von den Kommunen beim Freistaat
angefordert werden.

Trotz der eigenen Schäden ist die Solidarität Bayerns
mit den Überschwemmungsgebieten in Ostdeutschland
ungebrochen. Vierzigtausend Hilfskräfte aus Bayern mit
über 1100 Fahrzeugen, zwei Hubschraubern sowie ungezählten Booten, Pumpen und Notstromaggregaten
unterstützen den Kampf gegen das Hochwasser in Sachsen und Sachsen-Anhalt.

Nicht nur personell, sondern auch logistisch hilft der
Freistaat, wo immer es geht. Die Stadt München hat den
betroffenen Kommunen die kostenlose Abnahme von
16 000 Tonnen Sperrmüll angeboten. Auch die Verantwortlichen der Städte Würzburg, Coburg, Bamberg,
Ingolstadt, Schweinfurt und Schwandorf haben die Be-
reitschaft signalisiert, zusammen 59 000 Tonnen Sperrmüll aus Ostdeutschland zum Selbstkostenpreis annehmen zu wollen.

Immer deutlicher wird, dass uns die Folgen der Flut
über Jahre hinweg belasten werden. Der Lichtblick in
diesen dramatischen Tagen war aber die Renaissance

des Gemeinsinns. Die Hilfsbereitschaft untereinander, auch die spontane Hilfe von fremden Menschen, hat in der Bevölkerung ein neues Gemeinschaftsgefühl geschaffen. Dieser Ruck, diese Spontaneität hat den Betroffenen oftmals geholfen, über den Verlust von Hab und Gut, über entstandene Schäden etwas hinwegzukommen.

Verwundete Heimat – Zeugen und Berichte

STEFAN MILITZER

Katastrophen schreiben eigene Geschichten. Die Sommerüberschwemmung im August des Jahres 2002 zählt dazu. In den Schilderungen der Opfer, Helfer und Beobachter formt sich – jenseits der Mathematik von Abflussmengen und Pegelwerten – ein facettenreiches, prägendes Ereignis.

Hoffnung und Verzweiflung, Mut und Angst, Tatkraft und Resignation liegen dicht beieinander. Schicksalhafte Brüche sind in verschiedenen Lebensbereichen anzutreffen. Ganz unterschiedlich reagieren die Menschen auf Verluste in ihrer identitätsbestimmenden Umwelt.

Erzgebirge: Der Anfang vom Ende

Altenberg, Geising, Rehefeld, Kipsdorf, Pockau, Schwarzenberg und Zinnwald. Das sind Ortsnamen, bei denen die Augen von Wintersportfreunden leuchten. Jetzt markieren diese Namen auch den Anfang vom Ende, den Beginn der großen Sommerflut.

11. August. Nachdem sich das Tiefdruckgebiet »Ilse« über Österreich und Tschechien bis an die sächsische

Grenze vorgearbeitet hat, bricht über dem Erzgebirge
der Himmel auf. Es schüttet wie aus Eimern. Die Was-
serbombe ist hochgegangen. Regen verbindet Himmel
und Erde. Alle Rekorde zerfließen im Wasser: In Zinnwald-Georgenfeld gehen vom 12. auf den 13. August in
24 Stunden 312 Liter Regen je Quadratmeter nieder.
Das toppt die am 7. Juli 1906 im sächsischen Zeithain
gemessenen 260 Liter.

An den Pegelmessstationen ändert sich die Lage binnen Stunden grundlegend. Aus den Werten baut sich
eine ungemein steile Kurve auf. Alles geht rasend
schnell: Aus Rinnsalen werden Sturzbäche, aus Bächen
werden Flüsse, aus Flüssen werden reißende Ströme.

An Zwickauer Mulde, Schwarzwasser, Chemnitz, Freiberger Mulde und Zschopau nimmt die Flut ihren Anfang, stürzt sich auf das Erzgebirge, auf das Vorland, in
die Ebene, hin zur Elbe, gewinnt an Tempo, überholt
das Reaktionsvermögen der Menschen, zerbricht
Schutzvorrichtungen, dringt unversehens in den einst-
mals noch sicher geglaubten Lebensraum ein.

Olbernhau: »... wie ein wilder Eber«

Olbernhau ist Spielzeugland. Olbernhau war Spielzeugland. Die Menschen, die aller Welt Freude spen-
deten mit ihren Holzarbeiten, sind nun selbst auf Spenden angewiesen.

»Dass sich die Flöha wie ein wütender Eber auf die
Leute stürzen kann, weiß man hier, doch wer will schon
immer daran denken«, sagt Reinhold Wieland, der aus

Chemnitz raufgekommen ist, und erinnert an das Hochwasser im Jahr 1999.

Diesmal hat sich das ansonsten eher ruhig dahin plätschernde Flüsschen aufgebäumt wie ein wilder Mustang. Im Umland von Olbernhau gehen binnen zwölf Stunden 116 Liter Regenwasser pro Quadratmeter nieder, 27 Liter mehr als sonst im August. Das sorgt für überreichlich Kraft und Vortrieb.

Weiter unten, in Borstendorf, wo das Wasser gemessen wird, schießt der Pegel binnen 309 Stunden von 66 Zentimetern auf 3,63 Meter hoch. Lächerlich dagegen der alte Rekord aus dem Jahr 1947: 2,74 Meter.

In die Stadt eingebrochen, lässt die hässlich braun gefärbte Flut keinen Stein mehr auf dem anderen. Wohnhäuser, Schule und Läden ertrinken. In der Grünthaler Straße, unweit der Obermühle, steigt das Wasser binnen Minuten meterhoch. Dörfelbach und Flöha nehmen Wohnhaus und Drechslerei der Familie Enzmann in die Zange.

Die Familie überlebt mit knapper Not. Im Erdgeschoss des Wohnhauses die Werkstatt: Adventsleuchten, Lichterhäuschen – die ganze Weihnachtsproduktion ist hinüber. Schnell noch rein in die Töpfergasse zum Autohaus der Familie Reichel; ein entstellter Verkaufsraum und schrottreife Fahrzeuge bleiben zurück.

Mit der schwer beschädigten Holzbrücke zerreißt es den Ort in zwei Teile. Die Flut stürzt sich weiter talwärts, sorgt bis zur Mündung in die Zschopau für Schlamm und Tränen.

VERWUNDETE HEIMAT – ZEUGEN UND BERICHTE

Pockau: »... diesmal haben zwei Flüsse
Hochwasser geführt«

Ein Blick ins Geschichtsbuch: Eigentlich gehören die
Gemeinden Pockau und Hochwasser zusammen, mehr
oder weniger. Die Flöha und die namengebende Pockau haben den Ort schon mehrfach arg gebeutelt. Im
Jahr 1698 ruinieren die wild gewordenen Wasser den
Besitz des Amtsfischers Johann Christian Wagner so
sehr, dass Kurfürst Friedrich August I. dem armen
Mann mit anderthalbjährigem Steuererlass zur Seite
springen muss.

Näher in der Erinnerung: das Jahr 1999. Die Flut der
Pockau kommt damals mit großer Wucht, verrichtet ihr
Zerstörungswerk und ist zwei Stunden später wieder weg.

Diesmal ist alles anders, »diesmal haben zwei Flüsse
Hochwasser geführt und sich im Ort getroffen«, sagt
Bürgermeister Eberhard Nowack. Alles wird über-
strömt, das Wasser nistet sich für zwei Tage im Ort ein.
Dramatische Szenen spielen sich in der Mühlen-, Ma-
rienberger-, Sorgauer- und Olbernhauer Straße ab.

Die tosende Strömung hält dutzende Einwohner in
ihren Häusern und Wohnungen gefangen. An Seile ge-
bundene Feuerwehrleute aus Lengefeld und Werns-
dorf retten die Familie Morgenstern in letzter Sekunde,
unter Lebensgefahr.

Kurz darauf wird das Haus von der Flut gefressen. Die
Helfer verbeißen sich geradezu in ihren Job: Hundert-
neunundneunzig Mann gelingt es mithilfe eines Ber-
gepanzers der Bundeswehr, 65 Bedrohte zu retten.

93

Glashütte: »Es gibt uns noch«

Der 12. August markiert für die Uhrmacherstadt am Fuße des Erzgebirges eine Zeitenwende. Um 16.30 Uhr zerplatzt oberhalb des Ortes der Damm des Prießnitz-Rückhaltebeckens. Fünfzig Millionen Liter Wasser rasen die stark abschüssige Straße hinunter, vermengen sich mit Geröll, Bäumen und Schutt. Dann kracht die gewalttätige Suppe auf den Ort und frisst sich durch die Häuser an der Dresdner Straße. Am Bahnhof donnert die Flutwelle auf die Müglitz. Der normalerweise vier Meter breite und 50 Zentimeter tiefe Fluss ist ein teils 100 Meter breiter und vier Meter tiefer Strom. Mit 50 Stundenkilometern geht es weiter auf den Ortsteil Schlottwitz zu. Wieder totale Verheerung! Nur Bergepanzer der Bundeswehr können später eine Schneise durch die Baumverhaue zu den Einwohnern schlagen.

Bilanz: drei Menschen tot, viele vermisst. Ganze Häuseretagen fehlen, Friedhof, Kindergarten und Marktplatz sind verwüstet. Die Bahnstrecke im Müglitztal ist nicht mehr befahrbar; auch über die Straße geht nichts. Zersprungenes Glas, wo gestern noch reges Geschäftstreiben herrschte. Jetzt regieren Wasser, Unrat und Schlamm die Stadt. Die Uhrmacher müssen die Lupe mit der Schaufel tauschen. Glück im Unglück: An der »Uhrenmeile« hat die Flut nur geknabbert.

»Es gibt uns noch«, sagt Roland Schwertner vom Uhrenbetrieb NOMOS, während er seinen Jeep durch die Trümmerkulisse lenkt. Der Anfang nach dem Ende ist da, das Herz von Glashütte schlägt wieder.

Flöha: »... dann gehe ich fort von hier«

Eine Ecke ist herausgerissen am Haus, total verwüstet auch das Grundstück. Der Fluss strömt durch das Wohnzimmer. Im Keller schwimmt ein Fisch.

Hier wohnte bis vor kurzem der Feuerwehrmann Armin Nagel. Den Bruder Hans – gleichfalls Feuerwehrmann – hat es auch getroffen. Und mit ihnen haben 60 Prozent der Einwohner unter den Wassermassen von Zschopau und Flöha direkt gelitten. Die Stadt ist praktisch zweigeteilt, weil die einzige Straßenbrücke von den Wasserfluten mitgerissen wurde.

Armin und Hans waren tagelang im Einsatz, haben anderen geholfen. Ihr eigenes Schicksal haben sie hintan gestellt; zwischenzeitlich sind sie selbst zu Opfern geworden.

Mit Blick auf das zerstörte Gebäude erzählt Großvater Heinz Nagel von dem drohenden Aus des Dreigenerationenhaushaltes, denn Armin erwägt den Wegzug: »Das Haus reißt ja überall dort oben. Er hat schon gesagt, ›wenn ich das Haus abreißen muss, dann gehe ich fort von hier‹.«

Noch weiß niemand, ob die Gebäude zu retten sind. Tage später kommt der Statiker Peter Kolodjezek, um sein Urteil zu sprechen. Nach der Begehung folgt endlich der Befreiungsspruch. Das Haus ist zu retten! Schon kurz darauf wird der Fisch freigelassen, schlabbert Beton aus dem Rüssel eines Mischfahrzeuges in den verwundeten Keller.

Schmiedeberg: »… nur das nackte Leben gerettet«

Der Pöbelbach, ein Zufluss zur Roten Weißeritz, hat grausam gewütet.

»Es ist ein Schreck, den überwindet man nicht einfach so«, sagt Roswita Heroen. Gemeinsam mit ihrem verstorbenen Mann hat sie nach der »Wende« zahlreiche Häuser im Ort saniert. »Ich habe keine Angst vor der Arbeit, die scheue ich überhaupt nicht. Aber man weiß hier nicht, wo man anfangen soll.«

Auf dem Marktplatz von Schmiedeberg steht das Wasser fast einen halben Meter hoch. Häuser sind eingestürzt. Die Bundesstraße 170, die Hauptverbindung von Dresden nach Prag, ist schwer beschädigt und nicht mehr passierbar. Der Ort ist von der Außenwelt abgeschnitten. Am Pöbelbach zeigt sich eine Kulisse aus Geröll und einem Dickicht aus Gestrüpp und entwurzelten Bäumen. Voller Entsetzen betrachten zwei Seniorinnen das Unheil: »Furchtbar ist das, es tut einem weh, wenn man das sieht. Die Menschen hier haben alles verloren, nur das nackte Leben gerettet.«

Seit zwei Tagen ist der Ort schon ohne Strom und Trinkwasser. Ganz allmählich erst finden Helfer den Weg in die Not leidende Stadt.

Geyer: »Man steht ohnmächtig da«

Es gibt ein Hochwassergebiet, das sich neugierigen Blicken entzieht. Das sind die über 5000 Kilometer Stollen und Schächte im Erzgebirge. Dort, in Geyer, in der Annaberger Straße 44, lebt Familie Fischer. Doch wie lange noch? Das Haus steht an einem Steilhang. Betreten verboten! Einen Erdrutsch hat es gegeben, weil der alte Entwässerungsstollen das Wasser nicht mehr ableiten konnte. Nun klafft ein riesiges Loch, droht Hang und Haus zu verschlingen. Über 80 dieser so genannten Tagesbrüche haben die Überflutungen und Niederschläge bisher verursacht. Fachleute prognostizieren mindestens einhundert dieser lebensgefährlichen Schlünde.

Matthias Fischer erzählt: »Als ich am Dienstagmorgen aufgestanden bin, habe ich aus dem Fenster geschaut und gesehen, dass das erste Stück Hang abgebrochen war; innerhalb einer halben Stunde ist der ganze Hang nachgerutscht, sodass es mir himmelangst wurde. Da bin ich ganz schnell rauf ins Haus und habe meine Familie, meine Mutter, geweckt und rausgeholt, weil ich wirklich Angst hatte, das Haus bricht zusammen.«

Schon seit zehn Tagen kann die fünfköpfige Familie nicht in ihr Haus. Spezialisten arbeiten mit Hochdruck an der Sicherung des Hanges. Der Schock sitzt tief: »Man steht ohnmächtig da, man kann nichts machen«, sagt Matthias und hofft zugleich, dass die Sicherungsarbeiten erfolgreich sind und die Familie bald wieder zurück kann.

Aue: »Das Wasser stieg, als wir schliefen«

12. August, 06.30 Uhr. Unablässiger Regen. Die Kameraden der Freiwilligen Feuerwehr rücken zum Einsatz aus. Die Männer können nur ahnen, dass sie tagelang nicht mehr zur Ruhe kommen.

12. August, 07.15 Uhr. Chemnitz, Staatliches Umweltfachamt. Ein hochbrisantes Fax geht auf die Reise: Hochwasserwarnung. Alarmstufe 4 wird in allen Flussgebieten erreicht und überschritten. Die Menschen an Zwickauer Mulde und Schwarzwasser sind jetzt in höchster Gefahr.

Unablässiger Regen. Die Schwarzwasser kommt allmählich in Fahrt, saugt Wasser an, schwillt auf, rast los. Chemnitz: Der Datenstrom aus dem elektronischen Messgerät im oberhalb gelegenen Schwarzenberg verheißt nichts Gutes: Alarmstufe 2 um 08.15 Uhr, eine Stunde später Alarmstufe 3; um 10.00 Uhr dann Alarmstufe 4, Tendenz stark steigend. Auch die Zwickauer Mulde setzt zum Sprung auf die Stadt an: Alarmstufe 4 um 13.30 Uhr, dann gibt der Pegelmesser den Geist auf.

Aue, Ort der Ahnungslosen. Plötzlich ist das Wasser da. Die Menschen sind völlig überrascht: »Das Wasser stieg, als wir schliefen«, sagt ein Mann, der schon alles verloren hat. Vergeblich wehren sich die Einwohner mit Sandsäcken. Am Mittag nimmt die Flut die Rudolf-Breitscheid-Straße. Flucht!

Kurz nach 13.00 Uhr bricht die im Bau befindliche Schillerbrücke ein, gegen Mitternacht ereilt die Fußgängerbrücke das gleiche Schicksal; es erwischt auch den Bahnhof. Die verängstigten Menschen wittern Gefahr aus der Flanke. Wird die Eibenstocker Talsperre halten?

Mittlerweile laufen pro Sekunde 180 Kubikmeter Wasser in das Riesenfass, sonst sind es um die vier Kubikmeter. Sind 273 000 Kubikmeter Beton in der Staumauer ein sicherer Halt, reicht der Stauraum, oder wird die ganz große Katastrophe kommen?

Vorsorglich werden die Neustadt und Teile der Innenstadt evakuiert. Doch das Riesenfass hält, auch wenn es am Ende doch zu viel hat und immerhin noch 55 Kubikmeter Wasser pro Sekunde durch die Zwickauer Mulde nach Aue jagt. Die Sintflut bleibt aus, die Menschen erleben »nur« eine Jahrhundertflut.

»War es von Gott gewollt?«

HENRIK WÖHLER

Weesenstein im Müglitztal, etwa 15 Kilometer südlich von Dresden. Ein gebrochener Damm lässt die Müglitz in einer Dreiviertelstunde um mehr als vier Meter ansteigen. Weesenstein trifft es ohne Vorwarnung. Die Flut verwüstet die Gemeinde, zehn Häuser reißt die Müglitz komplett mit sich. Ein Ehepaar kommt dabei ums Leben.

Am Mittag des 12. August klingelt beim ehemaligen Pfarrer der Gemeinde Weesenstein das Telefon. Es ist seine Enkeltochter, die ihre Großeltern an ihren Geburtstag erinnern will. »Ja, mein Kind, 18.18 Uhr kommen wir zu deinem 18. nach Burkhardswalde.« Beide lachen über den Scherz. Burkhardswalde gehört wie Weesenstein zur Gemeinde Müglitztal, mit dem Unterschied, dass es nicht im Tal liegt, sondern hoch oben auf dem Berg, auf dem Weg ins nächste Tal, dem der Seidewitz. Der Pfarrer setzt sich zurück an seinen Schreibtisch und schreibt weiter an seiner Geschichte, die von Hochwasser handelte und handelt und handeln wird. Berthold will die Flutkatastrophen der letzten Jahrzehnte zwischen Gottleuba, Seidewitz und Müglitz für die Nachwelt festhalten. Über das Wasser von 1897, 1927 und 1957 hat er bereits geschrieben, im »Lo-

»WAR ES VON GOTT GEWOLLT?«

kalen Amtsblatt« von Dohna und Müglitztal, »damit die
Leute nicht vergessen, dass sie es mit der Natur zu tun
haben«. Diesen Satz predigt er, wie nur ein Pfarrer es
kann. Jemand aus dem Dorf schenkte ihm vor ein paar
Jahren Fotografien, alte vergilbte Bilder von früheren
Überschwemmungen der Müglitz. Seitdem sammelt er
Fotos von aufgerissenen Straßen, halbierten Häusern
und eingestürzten Brücken.

Auch an diesem Nachmittag sitzt er über alten Aufzeichnungen aus dem Gottleubatal, von 1928. Im Juli
erst wurde im Nachbartal der Katastrophe gedacht und
ein Denkmal eingeweiht. Gegen vier Uhr nachmittags
ruft ihn seine Frau zum Fenster. Am »Waldfrieden«,
dem Friedhof der Gemeinde, der am Rand des Waldes
oberhalb von Weesenstein liegt, stehen ungewöhnlich
viele Autos. Beide wundern sich darüber, denn an diesem Montag, das wissen die Bertholds, findet in Weesenstein keine Beerdigung statt. Es ist ein Hundewetter,
seit Stunden schon regnet es ununterbrochen. Auch
auf der Zufahrt hoch zum Schloss parken immer mehr
Autos. Wo, »wenn nicht auf Schloss Weesenstein, dem welt-
abgeschiedenen Adelssitz, dem von allen Moden unbe-
rührt gebliebenen steinernen Wächter ..., hoch auf dem
Felsen über dem Tal«, heißt es in einem Werbetext des
Schlossmuseums, »ließe sich Dornröschen noch finden?«

Eine Ahnung beschleicht Pfarrer Berthold, der ein
Leben lang mit steigenden Pegeln und wild gewordenen Flüsschen zu tun hatte: Flüsschen, die ein paar Mal
im Jahrhundert von Regenfällen eingepeitscht und von
gebrochenen Dämmen aufgeputscht oder einfach von

der Sonne mit geschmolzenem Schnee überfüttert wurden, fett und brüllend die Berge heruntergetobt kamen oder aber weiter abwärts, nachdem sie sich beruhigt und mit anderen Flüssen zusammengetan hatten, heimtückisch, ganz langsam übers Fensterbrett in die Stube schwappten. Erst in Grimma an der Freiberger Mulde, wo Berthold geboren und aufgewachsen ist, später in Aue an der Zwickauer Mulde: Immer floss Wasser durch die Orte, in denen er wohnte. Manchmal zu viel Wasser.

Dreizehn Stunden, bis der Hubschrauber kommt

Als die Müglitz an diesem Montag im August die Dorfstraße herunterstürzt, sieht der Pfarrer seine Warnungen vor der Macht der Natur bestätigt. Gemeinsam steht das Ehepaar am Fenster und sieht Bäume vorbeischießen, dann Müll und Aschentonnen. Der Fluss ist aus seinem Bett gesprungen, hat sich an der Dorfbrücke geteilt und sich in der Schulstraße ein neues, ein zweites Bett gesucht.

Die Häuser dazwischen und ihre Bewohner sind eingeschlossen. Links und rechts davon donnert die Müglitz mit Gartenstühlen, Bänken und Hausrat vorbei und schneidet ihnen den Fluchtweg ab. Keiner kann ihnen helfen, keiner kann durch diese Fluten hindurch. Die Müglitz steigt weiter und macht sich breit. Pfarrer Berthold denkt an seinen Golf und will zu den Garagen. Da steht das Wasser bereits knietief auf der Altenberger Straße. Öl- und Gastanks jagen vorbei, mal über, mal unter Wasser, wie fehlgeleitete Torpedos. Der Fluss

»War es von Gott gewollt?«

stinkt nach Heizöl und Moder. Spätestens jetzt ist klar, dass es nicht mehr um Autos geht, die in Gefahr sind, sondern um Menschenleben.

Zwei Wochen später wird Hans-Jürgen Franke sagen, der jetzt über die Schulstraße Blick auf den Wald hat, weil es seine unmittelbare Nachbarschaft nicht mehr gibt, dass man es zuerst an der Farbe sieht, wenn die Müglitz mehr Wasser als gewöhnlich die Berge herunterbringt. Sie sei dann hellbraun, wie Kakao.

Die ersten Bewohner klettern gegen halb sechs aus ihren Fenstern und über die Dächer und kommen in einem höher gelegenen Haus unter. Sie sind in Sicherheit. Viele Familien, wie die Neutschmanns, die noch im Urlaub sind, die Sobczinskis, die Jahns oder die Jäpels verlieren in dieser Nacht zum 13. August ihre vier Wände; bei den Jäpels bleibt eine einzige stehen. Dreizehn Stunden harren sie darauf aus, ehe ein Hubschrauber sie rettet.

Es ist der wohl spektakulärste Fall der Flutkatastrophe, der den Jäpels in den darauf folgenden vierzehn Tagen Fernsehkameras und Reporter aus allen Ecken des Landes beschert. Und persönliche Zuwendungen. Sogar ein komplettes Haus will man ihnen schenken. Die Jäpels wollen alles unter den betroffenen Weesensteinern aufteilen lassen. Die Jäpels sind, wie viele hier, bescheidene Leute.

Dankbar und wütend zugleich

Zwei Wochen später fließt die Müglitz wieder friedlich durchs Tal zwischen Mühlbach und Weesenstein, und die Sonne scheint. Staubig ist es, Bundeswehr-LKWs fahren die Uferstraße auf und ab, kippen ab, werden beladen, kippen ab. Bagger schaufeln weg, laden auf. Walzen walzen platt. Kaum ein Baufahrzeug, das nicht vertreten wäre. Niemand, der nichts tut. Nur der Staub steht in der Luft. Und er liegt auf den Blättern der Bäume, auf der Straße, nur nicht auf der Müglitz, die ihn wie alles flussabwärts spült. An den Bäumen links und rechts der Straße hängen in drei bis vier Metern Höhe Stofffetzen; wie kleine bunte Fähnchen, die den Pegel der Müglitz aus jener Nacht markieren. Am Straßenrand türmen sich Schutt, Baumstämme und Hausrat. Der Garten von Schloss Weesenstein gleicht einer Wüste; der Fluss, den man im 18. Jahrhundert durch den Park in vielen niedlichen Windungen umgeleitet hatte, hat sich sein altes Bett zurückgeholt. Die Schienen der einspurigen Kleinbahn hängen frei schwebend am Hang. Der Bahndamm ist weggespült. Bundeswehrsoldaten balancieren darauf herum, wie auf einer Hängebrücke im indischen Dschungel.

»Schlimmer als in Bosnien!«, sagt ein Soldat.

Das Haus von Pfarrer Berthold liegt höher als viele andere und ist von der Flut verschont geblieben. Nach der großen Flut im Jahr 1897 hat man es gebaut und sicherheitshalber auf ein hohes Fundament gesetzt. Jetzt ist es Anlaufpunkt für Helfer und Kuriere. Nacheinander tragen sie ihre Anliegen vor: zwei junge Soldaten, die eine verschlossene Geldkassette und einen Kasten mit Fotos und Briefen abliefern – Dinge, die sie beim Aufräumen gefunden haben –; die Polizei, die im Wagen unten einen Grabstein liegen hat, von der Flut mitgerissen und irgendwo von ihr wieder hingeschmissen. Berthold sagt, der »Waldfriede« liege hoch am Berg, der Stein könne also nicht von hier sein, und Schlottwitz und Mühlbach weiter oben hätten gar keinen Friedhof. »Der muss von Glashütte kommen!« Pfarrer Berthold sagt das salbungsvoll, fast anerkennend. Glashütte liegt 20 Kilometer entfernt flussaufwärts.

Eine Frau kommt, die einen Umschlag in Händen hält, und sagt, sie sei von der katholischen Kirchengemeinde Stella Maris in Heringsdorf. »Von Usedom«, fügt sie hinzu, als Berthold nicht reagiert. Sie wolle die Spende persönlich abgeben und sei deshalb selbst heruntergekommen. Für Berthold ist es fast nichts Besonderes mehr. Zu viele waren schon da, als dass er sich noch an jeden Einzelnen erinnern könnte. Dankbar sei er, natürlich. Aber manchmal auch wütend über Sätze wie: »War es von Gott gewollt, was mit Ihrer Gemeinde geschehen ist?« – in Briefen an ihn, von Leuten, die nach überirdischen Schuldigen suchen.

Suche nach den Schuldigen

Manche suchen auch im Tal nach Schuldigen und lassen in Halbsätzen, wie nebenbei, das Wort Bürgermeister fallen. Dem fiel in der Flutnacht auf, dass es seit Stunden schon ununterbrochen geregnet hatte, und so fuhr er ins Tal nach Mühlbach, wo der Pegel der Müglitz stetig stieg. Jörg Glöckner, der Bürgermeister der Gemeinde Müglitztal, sagt, er hätte schon drei Stunden, bevor Katastrophenalarm ausgerufen wurde, angefangen, Sandsäcke zu füllen. Drei Stunden, bevor es seine Pflicht gewesen wäre: »In Mühlbach, ja, wo sonst, nach Weesenstein konnte ich nicht mehr, die Straße war schon vollkommen unter Wasser, und ich war am anderen Ufer!« Die Sirene, die es noch aus DDR-Zeiten gibt und die jeden Mittwoch, 15 Uhr, zur Kontrolle heulte, sie blieb in Weesenstein stumm. Warum, ist bislang noch ungeklärt: »Man hätte nicht verhindern können, dass der Ort vernichtet wird«, sagt Hans-Jürgen Franke, »aber man hätte uns irgendwie warnen müssen. Wir wollen wissen, wer da versagt hat!«

Und so wird man in Weesenstein nach Schuldigen suchen. Mehrere Einwohner haben sich zusammengetan und fordern, dass die Verantwortlichen zur Rechenschaft gezogen werden. Denn die, die hier im Tal bleiben, wollen nicht bei jedem Regenguss Angst haben, dass wieder eine Sturzflut kommt und ihnen alles nimmt. Sie wollen wenigstens wissen, wann sie sich in Sicherheit bringen müssen. Das sei das Mindeste, was man verlangen könne, meint Franke.

Das Haus der Frankes steht direkt neben den Schutthaufen der eingestürzten, weggeschwemmten Häuser. Die Frankes haben Glück gehabt. Steine, Holz und Geäst türmten einen natürlichen Schutzwall ein paar Meter vor ihrem Haus auf. Der Fluss teilte sich, die größte Wucht wurde abgefangen. Aber das Wasser stand über 1,80 Meter im Haus, es blieb der Schlamm. Unglaublich war die Hilfsbereitschaft von freiwilligen Helfern, THW, Bundeswehr: Er habe so etwas nicht für möglich gehalten – in ein paar Stunden war der Schlamm draußen.

»WAR ES VON GOTT GEWOLLT?«

Hans-Jürgen Franke, der Werkzeugmacher, will mit
Sohn Sebastian bleiben. Wenn alles wieder hergerich-
tet ist, kommen auch seine Eltern zurück, die so lange in
Bärenstein bei Verwandten untergekommen sind.
Andere, wie Bäcker Sprenge und Tischler Beyer, packen
das, was noch übrig ist, zusammen und werden Weesenstein verlassen. Zu tief sind die Wunden, die die Flut
gerissen hat. Auch die finanziellen. Den Streit um die
Verteilung der Spendengelder kann Franke nicht verstehen. Das Einzige, was ihn wirklich stört, ist, dass er sich
nicht bedanken kann bei jedem, der gespendet hat. Das
gehöre sich einfach so.

Bürgermeister Glöckner hat sich nach Mühlbach zu-
rückgezogen und koordiniert von dort die Einsätze von
Polizei, THW und Bundeswehr. Er will im Amt bleiben,
solange die Gemeinde ihm das Vertrauen ausspricht. Er
wisse nicht, was er in jener Nacht hätte anders machen
sollen, deshalb habe er auch kein schlechtes Gewissen.
Glöckner sieht den Zeiten der Aufklärung gelassen entgegen, doch die indirekten Anspielungen mancher Einwohner stören ihn schon: »Mein Pech war, dass ich am
Abend nicht nach Weesenstein gekommen bin. In 50 Jahren werden die Leute immer noch sagen, der Bürgermeister hat uns nicht informiert. Damit muss ich leben.«

Respekt vor Menschen und Flüssen

Helmut Berthold, der Pfarrer, hat immer gewarnt. Vor
Respektlosigkeit Menschen und Flüssen gegenüber. Er
ist Gottesmann, Krisenmanager und Öffentlichkeitsar-

107

beiter in einem. Und er hängt sich rein; alle Fäden will Berthold zusammenhalten. Er redet, als hätte er zehn Jahre das Schweigegelübde einhalten müssen.

Der amtierende Pfarrer Lehnert, ein junger ruhiger Mann Anfang 30, der oben in Burkhardswalde wohnt, meint, Berthold könne einfach nicht loslassen, zu lang habe er hier gelebt, zu eng sei er mit den Leuten verwachsen, das mache es ihm, dem Neuen, schwer bei den Alteingesessenen in der Gemeinde unten im Tal. Zwei Herzoperationen hat der alte Pfarrer bereits hinter sich. Den Leuten aus der Gegend, die jetzt zu ihm kommen, hält er die Artikel unter die Nase, die er im Frühjahr geschrieben hat. Damals hätte ihn keiner so richtig ernst genommen, sagt er. Einer hätte gar im Scherz nach seinem letzten Artikel gesagt: »Jetzt hast du ja über alle Hochwasser geschrieben, jetzt schreibst du wohl übers nächste?«

Berthold hat auch diese Flut dokumentiert. Zumindest im Bild. Diesmal hat er die Fotos selbst geschossen. Der Film ist zum Entwickeln in Dohna. Schreiben könne er jetzt noch nicht darüber. Er sagt, und das hört man dieser Tage oft in Weesenstein, die Jahreszahlen: »1897, 1927, 1957.« Er macht eine Pause, um der Erklärung mehr Kraft zu verleihen: »Alle 30 Jahre kommt das Hochwasser. Im Jahr 1987 ist es ausgeblieben, und deshalb kam es diesmal schon nach der Hälfte der Zeit, also nach 15 Jahren und umso heftiger, mit so viel Wucht und Wasser, wie in den drei Fluten des vorigen Jahrhunderts zusammen. Das ist keine Jahrhundertflut, das ist die Jahrtausendflut.«

Ausnahmezustand in Dresden

Alexander Ihme

In den frühen Morgenstunden des 13. August 2002 kam die Flut nach Dresden. Was am Tag davor noch nach einem ganz normalen Hochwasser aussah, entwickelte sich über Nacht in die vielleicht zerstörerischste Flutkatastrophe aller Zeiten. So etwas war hier eigentlich nicht vorgesehen. Kleine Flüsse wie die Weißeritz im Süden der Stadt nahm in Dresden eigentlich niemand mehr wahr. Doch der Fluss verschaffte sich Aufmerksamkeit. Wenige Tage, bevor das Wasser der Elbe die Landeshauptstadt überflutete, wälzte sich der sonst eher gemütliche Gebirgsbach über die Stadt hinweg.

Eberhard Hermann steht mit einer alten Harke neben dem Gelände, das einmal seine Gärtnerei war. »Irgendwo hier«, meint er, »blühten die Kaiserkronen.« Die Blumen mit ihren orange strahlenden Blütenkelchen waren berühmt in der Umgebung. Der achtundsechzigjährige Gärtner versucht den angeschwemmten Boden zu durchdringen. »Die Blumenzwiebeln müssten doch eigentlich noch in der Erde stecken«, macht er sich Hoffnung, »wenn, dann finde ich die auch wieder.« Seit zehn Jahren betreibt Eberhard Hermann die kleine Gärtnerei. Auch wenn er den Platz stolz sein Garten-Center nennt, ist das Gelände doch nicht größer als ein durchschnittlicher Schrebergarten. Trotzdem sind die Leute aus der Nachbarschaft gern vorbeigekommen. Hier gab es nicht nur Pflanzen für den eigenen Garten oder Balkon, sondern auch gute Tipps zur Pflege. Seine Kunden kamen deshalb immer wieder vorbei. Hermanns Blumen galten stets als gesund, kräftig und einfach schön. Aber jetzt ist nichts mehr da. Kein Zaun, kein Weg, kein Blumenbeet. Nur ein einsamer Baum hat den Fluten getrotzt. Hier hängt jetzt das Firmenschild. »Eberhard Hermanns Gartencenter« steht darauf, irgendein Spaßvogel hat auch Öffnungszeiten dazugeschrieben. Jetzt kann der rüstige Gärtner wieder darüber lachen. Doch als er nach der Flut hierher kam, war der Schock groß. Hermann hatte das Gefühl, der halbe Tharandter Wald wäre auf seinem Grundstück gelandet. Große und starke Baumstämme türmten sich bis in zwei Meter Höhe über seiner Gärtnerei. Die Straßen waren zerstört, das dreistöckige Mietshaus auf der anderen Straßenseite zur Hälfte eingestürzt und der Blick in die Zimmer freigelegt. Die Mieter, so hat er später gehört, sind während der Flut aus ihren Wohnungen gesprungen. Ein junger Student habe es nicht mehr geschafft. Er starb in den Trümmern. Eberhard Hermann kann nicht verstehen, wie die jetzt wieder so stille Weißeritz so viel Unheil anrichten konnte.

In den letzten Tagen hat er mit vielen freiwilligen Helfern sein Grundstück wieder freigelegt. Jetzt müssen Wege und Beete her. Hermann will weitermachen. Da halten ihn auch seine 68 Jahre nicht auf. »Bis zum

Weihnachtsbaumverkauf im Dezember steht hier wieder ein Zaun«, verspricht der Gärtner. Mit seinem Tatendrang ist er hier nicht allein. In der Kneipe nebenan verkauft der Wirt schon wieder Flaschenbier und Bratwürste vom Grill, der Straßenbau ist auf vollen Touren, am Flussbett der Weißeritz wird schon wieder gebaut. Eberhard Hermann hält ein altes Hufeisen in die Luft. Das hat er gerade gefunden. Er lächelt und sagt: »Was soll denn da jetzt noch schief gehen?«

Von der Flut eingeholt

Michael Kutschke ist Journalist. Er arbeitet für das Fernsehen und war in den Tagen der Flut immer unterwegs. »Ich habe alles gesehen«, meint der junge Mann. »Das zerstörte Weesenstein genauso wie die Flutwellen der Weißeritz auf dem Weg nach Dresden. Überall versuchte die Polizei, die Menschen zu evakuieren. Viele Leute wollten ihre Häuser nicht verlassen.« Am Anfang der Woche konnte er das noch nicht verstehen. Doch in den folgenden Tagen sollte Michael Kutschke das Gefühl, sein Haus, seine Wohnung aufzugeben, noch näher kennen lernen.

Aber der Reihe nach. Am Anfang sah er alles eher sportlich. Die Bilder, wie in zwei Stunden der Pegelstand der Weißeritz um zwei Meter stieg, wird er wohl nie vergessen. Der Dresdner Hauptbahnhof überflutet von meterhohen Wassermassen, die die Bahngleise entlangströmen – dieser Anblick hat sich ihm ins Gedächtnis eingegraben. Er stand in diesem Wasser und konnte es nicht verstehen, wie dort, wo sonst Fahrkarten verkauft wurden, auf einmal ein reißender Strom entlangfloss. Das war am Dienstag. Am selben Tag kam die Meldung aus dem Rathaus, der Staudamm der Talsperre Malter sei gebrochen. Die Polizei forderte die Menschen auf, in höhere Stadtbezirke zu flüchten. Für Michael Kutschke war dies der erste Moment, in dem er bemerkt, dass es ihn womöglich auch persönlich erwischen könnte. Denn in der Talsperre Malter ist genug Wasser gestaut, um ganz Dresden zu überfluten. Auch wenn sich die Meldung als Fehlalarm herausstellte, verließ ihn ein gewisses mulmiges Gefühl nicht mehr.

Am Mittwoch begann der Elbpegel immer weiter zu steigen. Ein Ende zeichnete sich nicht ab. Michael Kutschke war in der Innenstadt im Einsatz. Das historische Dresden schien in Gefahr. Er sollte die Bilder der Flut fürs Fernsehen besorgen. Als er vor Ort angekommen war, hörte er von überall her die Schreckensmeldungen. Die Frauenkirche sei gefährdet, der Keller der Semperoper stehe vor der Überflutung, und dem Magazin der Gemäldegalerie drohe ein Wassereinbruch. Besonders hart traf ihn die letzte Meldung. Denn die gesamte Sammlung der alten und historisch wertvollen Gemälde schien in den Fluten zu versinken. Dort musste er hin.

Als er den Teil des Zwingers betrat, in dem sich die Gemäldegalerie befindet, traute er seinen Augen nicht. Hunderte von Meisterwerken aller Epochen standen eng gedrängt in den trockenen Bereichen des Hauses. Immer mehr wurden aus den tiefer liegenden Archiven nach oben geholt. Einzelne Mitarbeiter versuchten Ordnung in dieses Chaos zu bringen und erfassten auf Listen

den Standort jedes einzelnen Gemäldes. Kutschke musste
unwillkürlich an einen großen Krämerladen denken. Nur
dass es hier nicht um Obst und Gemüse ging, sondern um
das kunsthistorische Gedächtnis der Stadt Dresden.

Hier im Dresdner Zwinger konnte Michael Kutschke
noch zuschauen. Einen Tag später, am Donnerstag, musste er die eigene Wohnung räumen. Der Pegel der Elbe
stieg und stieg. Michael Kutschkes Wohnung liegt in der
Nähe der Elbe. An Hochwasser hat er in seinem ganzen
Leben trotzdem noch nicht gedacht. Der Fluss ist von seinem Haus normalerweise nicht einmal zu sehen. Doch an
diesem Tag reichte das Wasser bis an die gegenüberlie-
gende Straßenseite heran. Panische Angst stieg in ihm auf.
Sollte die Elbe auch noch seine Wohnung erreichen?

Seine Straße war voller Menschen, hilflos schauten
sie auf das Wasser vor ihren Füßen. Michael Kutschke
stand nun unter ihnen. Die Flut hatte ihn eingeholt. Er
wollte etwas dagegen tun. Sandsäcke mussten besorgt
werden. Alle waren auf einmal der gleichen Meinung
»Unsere Straße geben wir nicht kampflos auf.«

Die LKWs des Technischen Hilfswerks kamen wenig
später und brachten den abgefüllten Sand. Alle packten mit an. Stunde um Stunde wuchs so der Damm in
die Höhe, doch Stunde um Stunde wollte auch immer
mehr Wasser gebändigt werden.

Es war ein ungleicher Kampf. Die Geschwindigkeit,
mit der das Wasser stieg, nahm ständig zu.

Gegen acht Uhr am Morgen mussten Michael
Kutschke und alle anderen Bewohner der Straße die
Wohnhäuser aufgeben. Der Kampf gegen die Flut war

verloren. In seiner Wohnung stand das Wasser später einen halben Meter hoch.

Heute, Tage danach, zwinkert er schon wieder verschmitzt und meint: »Na ja, die musste sowieso irgendwann mal renoviert werden.«

»Irgendwie muss es ja weitergehen«

»Zwei Meter und 40, bis hierhin stand das Wasser«: Hans Bugent zeigt mit einem Stock auf die Wasserkante an der Hauswand. Nur mit Mühe erreicht er die Stelle, weit über seinem Kopf. Als Werkstattleiter der Dresdner Behindertenwerkstatt »Sankt Joseph« kann er noch nicht glauben, dass sein Aufbauwerk der letzten sieben Jahre in nur einer Woche zerstört werden konnte. Hier haben bis vor einigen Wochen noch 200 behinderte Menschen gearbeitet. Unter der Leitung von Hans Bugent wurden Metall und Holz bearbeitet, Verpackungen gefalzt oder kleine Elektrogeräte montiert. Jetzt geht nichts mehr. Die Maschinen sind vom Schlamm zerstört, das Parkett in den Räumen ist herausgebrochen, und die Möbel hat das Wasser vernichtet. Die idyllische Lage der Werkstatt, kurz hinter Dresden-Pilnitz, hat zu ihrem Untergang geführt. Das Hochwasser war einfach zu nah. Den entstandenen Schaden schätzt Hans Bugent auf etwa 3,5 Millionen Euro.

Dabei war diese Werkstatt für ihn ein Neuanfang. Hier war er der Chef und konnte entscheiden, was wie aufgebaut wird. Als gelernter Ingenieur fühlte er sich deshalb ein bisschen wie im siebten Himmel. Doch nun hat ihn die Flut in eine schreckliche Realität zurückgeworfen. Er nennt es »einen moralischen Dämpfer«, der ihn wohl noch eine ganze Weile beschäftigen wird. Jetzt heißt es aber erst einmal aufräumen. »Das drückt die schlimmsten Sorgen vorerst weg.« An Helfern hat es da von Anfang an nicht gemangelt. Aus ganz Deutschland sind sie in die Werkstatt an der Elbe gekommen.

Hans Bugent ist jetzt Einsatzleiter. Er hat für sich entschieden: »Das Haus wird wieder aufgemöbelt«, die Wände und der Boden vom Schlamm befreit, und wenn alles so klappt, wie er sich das vorstellt, dann startet der Werkstattbetrieb schon in den nächsten Wochen wieder. Zumindest im oberen Stockwerk. Werkzeug dafür ist genug da. Bugent hat es gerettet. Mit seiner eigenen Erfindung, der Werkzeugwaschstraße. Die befindet sich in der Küche. Die Helfer stehen hier in Reih und Glied. Die erste Abteilung wäscht das Werkzeug, die zweite trocknet die Sachen, und Abteilung drei badet Schraubenzieher und Zangen in Öl. »Danach sieht alles aus wie neu«, strahlt Hans Bugent und führt einen Schraubstock vor, der ölig glänzt. »Der sah vor einer Stunde noch aus wie ein Schlammbatzen«, meint er und nickt zufrieden in Richtung seiner Helfer. Die blicken zurück und sind glücklich, aber nach tagelanger Schufterei auch ziemlich geschafft. Der Werkstattleiter hat ein Erbarmen und schickt sie in den Feierabend.

Ein älterer Mann kommt noch mal zurück und sagt: »Morgen um acht sind wir wieder da und machen weiter.« Dann der Spruch, der zurzeit überall in Dresden zu hören ist: »Irgendwie muss es ja weitergehen.«

Das Gedächtnis der Mulde – Die Flut in Sachsen-Anhalt

ARNDT GINZEL

»Das erste Mal erfüllte sich ein Albtraum, als ich am 13. August die Evakuierung anordnen musste. Dann als der erste Damm brach. Aber wie sich zeigte, war das alles noch steigerungsfähig!« Uwe Schulze, der 40 Jahre alte Bitterfelder Landrat, ist erschöpft. Sein Krisenstab befindet sich noch in einer Barackensiedlung im Chemiepark. Einst waren hier Kampfgruppen der DDR stationiert. Damals sollten sie das Volkseigentum gegen den Klassenfeind verteidigen. Seit aber in Bitterfeld der Katastrophenalarm gilt, organisiert der Krisenstab von hier den Kampf gegen einen unberechenbaren Feind – das Jahrhundert-Hochwasser.

Dass es kein normales Hochwasser werden würde, war Schulze und seinem Team von Beginn an klar: Wochenlang hatten Unwetter in weiten Teilen Europas zu Überschwemmungen geführt. Mitte August wälzt sich von Tschechien kommend eine regelrechte Elbeflutwelle auf Deutschland zu. Sachsen-Anhalt war bereits im Vormonat von Hochwasser betroffen. Von der Öffentlichkeit kaum wahrgenommen, stand am 17. Juli die im Harz gelegene Kleinstadt Ilsenburg unter Wasser.

DAS GEDÄCHTNIS DER MULDE

Nach Leipzig vereinigen sich Freiburger und Zwickauer Mulde zu einem Fluss. Durch die anhaltenden Niederschläge hat die Mulde reichlich Wasser aufgenommen. Nun rast sie von Sachsen kommend auf Sachsen-Anhalt zu.

Im Rathaus wird es laut

Industrialisierung und Bergbau haben das Flussbett der Mulde verändert. Gigantische Bagger pflügten die Landschaft um. Man brauchte die Braunkohle. Als der Tagebau Goitzsche vor den Toren der Stadt entstand, musste die Mulde weichen. Mit dem Ende der DDR war auch die Zeit der Braunkohle vorbei. Die Goitzsche wurde geflutet; sie sollte als Naherholungsgebiet dienen. Weit entfernt, im scharfen Bogen um See und Bitterfeld, folgte die Mulde noch immer ihrem künstlichen Bett.

Und so sind es vor allem die Ortschaften entlang des Muldeufers, die den Verantwortlichen Sorgen bereiten, als sie am 13. August den Katastrophenalarm auslösen. In letzter Sekunde werden bei Jessnitz Spundwände aus dem Wasser geborgen. Ursprünglich schirmten sie eine Baustelle vor der Mulde ab. Nun drohen die Metallplatten den Strom aufzustauen.

Es ist Abend. Landrat Schulze fährt nach Jessnitz und Raguhn. Der Krisenstab in Bitterfeld hatte zuvor die Evakuierung dieser Orte beschlossen. Gegen 18.00 Uhr ist Schulze im 4000 Einwohner zählenden Jessnitz. Im Rathaus trifft er mit dem Bürgermeister und dessen Stellvertreterin zusammen. Unter den Anwesenden ist auch der

Chef der Freiwilligen Feuerwehr, Berndt-Michael Müller. Früher malochte er als Bergmann in der Goitzsche. Der Vierundvierzigjährige ist ein stämmiger Mann – den Pragmatiker sieht man ihm an.

Die Evakuierungsanordnung des Krisenstabs lehnt er ab. Er will die Stadt gegen das Hochwasser verteidigen. Der Bürgermeister hat sich noch nicht entschieden. Im Rathaus wird es laut. Schulze gibt zu verstehen, dass mit einem Hochwasser zu rechnen ist, das die Pegelstände der Jahre 1954 und 1974 weit übersteigen werde. Im Jahr 1954 waren aufgeweichte Dämme gebrochen, das Wasser richtete in den Ortschaften entlang der Mulde verheerende Schäden an. Zwanzig Jahre später lag der Pegelstand bei sechs Meter. Ein ausgebautes Dammsystem verhinderte allerdings das Schlimmste. Was Hochwasser bedeutet, wissen die Jessnitzer. Seit dem Jahr 1858 haben sie dieses Schicksal gleich siebenmal erlebt.

Schulze argumentiert, wenn die Stadt nicht geräumt werde, müsse mit Toten gerechnet werden. Grimma habe gezeigt, welche Zerstörungskraft die Mulde hat. Der Bürgermeister von Jessnitz lenkt endlich ein.

Krisenstab in Bitterfeld

Etwa 23.00 Uhr. Die Lautsprecherwagen von Feuerwehr und Polizei fahren durch die Straßen und verkünden die Evakuierung. Zu spät für viele Einwohner. Die Nachricht erreicht sie nicht mehr, da sie schon zu Bett gegangen sind. Andere weigern sich zu gehen. Noch in derselben Nacht rollen die Busse mit den Bewohnern zu den Not-

DAS GEDÄCHTNIS DER MULDE

unterkünften nach Wolfen. Auch Feuerwehrmann Müller schickt seine Frau raus aus der Gefahrenzone. Er selbst will mit 25 anderen Feuerwehrleuten den Ort retten. Er weiß, dass sie schlechte Karten haben. Es fehlen Helfer, die Dämme sind in einem miserablen Zustand. Keiner hat sie in der Vergangenheit gepflegt. Maulwürfe und Mäuse haben die Erdhügel durchlöchert, das stabilisierende Gras wurde heuer zu spät gemäht. Schon während die Evakuierungen laufen, sind die Feuerwehrmänner dabei, die Dämme zu befestigen und abzudichten. Dammwachen beobachten rund um die Uhr das Wasser.

Zur selben Zeit in der Einsatzzentrale in Bitterfeld. In dem Besprechungsraum der Baracke hängen Karten. Farbig sind die neuralgischen Punkte – da, wo Wassereinbruch droht – markiert. Die Aufmerksamkeit der sieben Stabsmitglieder richtet sich auf den Muldenoberlauf. Zwischen dem sächsisch-anhaltischen Pouch und dem sächsischen Löbnitz verläuft eine Vielzahl von Dämmen, Zuläufen, Abflüssen und Nebenarmen der Mulde. Der Fluss bewegt sich dort in einem künstlichen Bett. Der Abstand zum Goitzschesee beträgt an der schmalsten Stelle nur knapp 500 Meter. Schon vor einiger Zeit war aufgefallen, dass die Wiesen stellenweise selbst in den heißesten Sommermonaten nicht austrocknen. Experten hatten daraufhin festgestellt, dass sich die Mulde nur oberirdisch in das künstliche Flussbett zwingen lässt, unter der Erde jedoch insgeheim ihren alten Weg durch die Goitzsche beibehalten hat.

Brisant sind auch die Flussbiegungen. Da die Mulde derzeit viel zu schnell flussabwärts tobt, droht sie in den

Kurven auszubrechen. Der Krisenstab beauftragt Feuerwehr und Bundeswehr, die sensiblen Stellen am Damm zu sichern. Kaum Beachtung findet beim Krisenstab dagegen der Lober-Leine-Kanal. Anfang der Sechzigerjahre des vergangenen Jahrhunderts wurde der Lober, der nach Bitterfeld fließt, um den Tagebau Holzweißig herumgeführt und mit der Leine zusammengelegt. Dass von dem Kanal eine Gefahr ausgehen könnte, sieht keiner in Bitterfeld – noch nicht.

Ein aussichtsloer Kampf

Am 14. August erreicht die Flutkatastrophe Sachsen-Anhalt. Wie es der Bitterfelder Krisenstab vorhergesagt hat, trifft es als erstes Jessnitz und Raguhn. Flussabwärts machen sich bereits die Dessauer auf das Schlimmste gefasst. Die Bauhausstadt liegt am Zusammenfluss von Mulde und Elbe.

Wenn Müller, der Feuerwehrchef von Jessnitz, auf diesen Tag zurückblickt, ist ihm anzumerken, wie sehr es ihn schmerzt, gegen sie, die Mulde, verloren zu haben. Er ist noch heute überzeugt, dass es richtig war, die Stadt zu verteidigen. Eigentlich sollte er Ordnung schaffen, auch bei ihm stand das Wasser. Zum Verweilen hat er keine Zeit. Doch einen Moment gönnt er sich an seinem ersten freien Tag die Pause. Im Garten setzt er sich auf eine Holzkiste und blinzelt in die Abendsonne. Seine Frau kommt, um ihm etwas auszurichten, will sich aber daraufhin gleich wieder an die Arbeit machen. Dann bleibt sie. Zu viel war seit ihrer Rückkehr nach Jessnitz zu tun, um zu fragen, was eigentlich genau hier geschehen war. Nach der Evakuierung.

Ihr Mann erinnert sich: Keiner der 25 Feuerwehrmänner zweifelt an diesem Morgen, dass ihnen schwere Stunden bevorstehen. Sie fühlen sich vorbereitet. Von einem Supermarkt haben sie ausreichend Lebensmittel bekommen. Der Strom ist bereits abgestellt, und die Waren wären ohnehin in den Gefriertruhen getaut. Bis zum Morgengrauen werden Dämme stabilisiert. Die 20 000 Sandsäcke sind schnell verbaut. Müller packt Säcke, organisiert Notstromaggregate; zwischendurch koordiniert er von der Feuerwehrzentrale aus die Arbeit seiner Leute.

Es ist anders als im Jahr 1974. Nicht die Wassermassen, sondern die Geschwindigkeit, mit der die Mulde auf die Stadt zurast, macht ihm Angst. Keiner, der in diesen Stunden an den Dämmen steht, vermag das immer lauter werdende Tosen des Wassers zu überhören.

Es dauert nicht lange, und die ersten Dämme bersten. Anderswo tritt das Wasser über die Deichkronen. Noch ergießt sich der Strom über die Wiesen. Verzweifelt versuchen 25 Feuerwehrmänner die butterweichen Dämme gegen die geballte Kraft der Mulde zu halten. Anfangs gelingt es sogar, kleinere Brüche zu flicken. Doch irgendwann sind es zu viel. Die Katastrophe nimmt ihren Lauf, als einer der Druckdämme aufreißt. Zwei Flutwellen nehmen die Stadt in die Zange. Vor der Feuerwache kommt das Wasser zum Stehen. Der Kampf ist verloren. Schlamm und Baumstämme schwimmen auf die Stadt zu. Kadaver von Wildschweinen und Rehen treiben durch die Straßen. Auf einmal ist es still. Jessnitz umgibt ein riesiger See, es ist von der Außenwelt abgeschnitten. Auch dafür hat Müller vorgesorgt. Gleich mehrere Funktelefone hat er organisiert. Für jedes Mobilfunknetz eins.

Was tun? Eigentlich hätte Jessnitz einen Krisenstab gebraucht. Doch Stadtverwaltung und Bürgermeister haben die Gemeinde längst verlassen. Vor einigen Monaten noch hatte Müller an einem Lehrgang zum Katastrophenschutz teilgenommen. Jetzt merkt er, dass er das Gelernte hier nicht anwenden kann. Als Chef der Feuerwehr fallen ihm plötzlich alle Funktionen des Krisenstabs zu. Er muss die Versorgung der Eingeschlossenen sicherstellen; einige ältere Menschen brauchen Medikamente; pausenlos klingeln die Telefone. Mal ist es der Bitterfelder Krisenstab, mal sind es Menschen, die Angehörige vermissen. Rentner sollen mit ein paar Habseligkeiten in trockene Stadtteile gebracht werden.

Als die Dunkelheit hereinbricht, tasten sich die Feuerwehrmänner mit Booten durch die Stadt. Sie orientieren sich an den brennenden Kerzen in den Fenstern der Häuser, in denen noch Menschen geblieben sind. Am Abend macht Müller eine sonderbare Beobachtung. Beinahe so plötzlich, wie es kam, zieht sich vor seiner Wache das Wasser zurück. Zur selben Zeit beginnt an einer Dammstraße zwischen Pouch und Löbnitz ein Deich aufzuweichen. Es ist einer von diesen neuralgischen Punkten, von dem der Bitterfelder Krisenstab weiß. Insofern überrascht es keinen. Es ist zu wenig Wasser, um von einer echten Gefahr zu sprechen. Die Einsatzkräfte glauben, die Situation unter Kontrolle zu haben. Feuerwehr und THW verbauen 100 000 Sandsäcke. Kurz vor Mitternacht bekommt Landrat Schulze in seinem Bitterfelder Krisenstab einen Anruf. Hans-Peter Fabig, der Bürgermeister, ist am Apparat, er sagt, dass er sich an der offenen Dammstelle befindet. Was er dann sagt, ist so kurz wie unverständlich: »Das Wasser ist weg!«

Die Situation gerät außer Kontrolle

Wenig später darauf trifft Schulze bei Fabig und Edler ein, auch die Bitterfelder Bürgermeisterin Carla Nizcko stößt dazu. Die Versammelten sind verblüfft. Tatsächlich, wo noch gerade das Muldewasser am Damm nagte, ist es plötzlich trocken. Was ist passiert? Für die Anwesenden ist es ein Rätsel. Für einen Moment schöpft Schulze so etwas wie Hoffnung. Könnte es sein, dass alles vorbei ist? Aber Fabig misstraut der Ruhe am Damm. Er kennt die Mulde. Schulze will Gewissheit, er fordert vergeblich einen Hubschrauber an. Schulze hat Angst, auf dem vom Wasser aufgerissenen Asphalt zu stürzen. Für eine Erkundung auf eigene Faust fehlt das Licht.

Es vergeht eine Nacht voller Ungewissheit. Bis zum Tagesanbruch des 15. August reparieren Feuerwehr und THW die offene, aber nunmehr trockene Deichstelle.

Endlich wird es hell. Einsatzleiter Edler sucht die Dämme mit dem Feldstecher ab. Irgendwann ist er am Lober-Leine Kanal angelangt.

Fabigs Misstrauen war berechtigt. An einem alten Flussarm der Mulde, von den Einheimischen Hufe genannt, entdeckt Edler eine zweihundert Meter breite Schneise, durch die Wasser strömt.

Als Schulze erfährt, was geschehen ist, lässt er sich mit dem Hubschrauber über das Gebiet fliegen. Was er sieht, verschlägt ihm den Atem. Enorme Wasserfluten wälzen sich in den Goitzschesee, die Gischt bäumt wie wütende Brandung. Am gegenüberliegenden Ufer der Goitzsche ruht Bitterfeld. Schulze sieht das Altenheim, die Einfamilienhäuser, dahinter die Altstadt und am Horizont die Werkanlagen des Chemieparks. Ins Morgenlicht getaucht, wirkt alles ruhig und friedlich. Vor Stunden noch hieß es, die 16 000-Einwohner-Stadt sei außer Gefahr. Das Szenario, das Schulze plötzlich vor Augen hat, erinnert ihn an einen Hollywood-Katastrophenfilm.

Nachmittag. Die Situation in Bitterfeld gerät außer Kontrolle. Journalisten hatten sich beim Innenministerium von Sachsen-Anhalt erkundigt, ob Bitterfeld nun geräumt werden müsse. Der Minister empfahl die Evakuierung. Aus der Empfehlung machten einige Medien die Aufforderung zur Evakuierung. Panik bricht aus. Mit einem Mal sind alle Ausfahrtstraßen von Bitterfeld verstopft, es geht nichts mehr. Wer ein Auto hat, versucht aus der Stadt zu kommen. Der Krisenstab ist machtlos. Der Pressesprecher in der Barackensiedlung dementiert – von den Medien ungehört. Währenddessen steigt der Muldepegel und mit ihm der des Sees.

In einem ARD-Brennpunkt wird Landrat Schulze interviewt. Er steht vor dem gebrochenen Deich, die braune Flut ergießt sich in die Goitzsche. Der Chef des Krisenstabs wirkt hilflos: »Die Frage ist, kriegen wir die Flut

Das Gedächtnis der Mulde

gestoppt, oder können wir das Wasser irgendwie weiterleiten?« Vielleicht ist das die Lösung: einen Ablauf zum nahe gelegenen Tagebaurestloch Rösa zu schaffen. Dazu bedarf es der Einwilligung des benachbarten Sachsens.

Im Kreis Bitterfeld wächst unterdessen die Angst vor der Überflutung des bei Greppin gelegenen Chemieparks. Bei der Überflutung des tschechischen Chemieunternehmens Spolana soll Chlorgas ausgetreten sein. Greenpeace befürchtet, es könnten giftige Stoffe in die Elbe gelangt sein. Droht nun Bitterfeld neben der Überschwemmung eine Umweltkatastrophe, und was ist mit den in tieferen Erdregionen gelegenen Altlasten, dem Erbe von 100 Jahren Chemieindustrie?

Eine Giftblase unter dem See könnte aufgrund des hohen Wasserdrucks platzen. Ein anderes Mal heißt es, über Bitterfeld schwebe schon eine Giftwolke. Das Management des Chemieparks versucht zu beschwichtigen. Alle Chemikalien seien in die oberen Etagen verfrachtet. Umweltaktivisten von Greenpeace gelingt es dennoch, vor laufenden Kameras das Gegenteil zu beweisen. Auf dem Betriebsgelände der Organotin GmbH haben sie umgekippte, teilweise lecke Fässer, die zahlreiche Giftstoffe und ätzende Flüssigkeiten enthalten, gefunden.

Unterdessen hat an einem anderthalb Kilometer langen Uferabschnitt das Sandsackstapeln gegen die Goitzsche begonnen. Siebenhundert Helfer, Einsatzkräfte des THW und der Bundeswehr formieren sich in der Gluthitze des Hochsommers zu Menschenketten. Dass jedoch in der Nacht der erste Bitterfelder Stadtteil fällt, können sie nicht verhindern. Ein kleiner Bach, der Strengbach, fließt nicht mehr ab, Goitzschewasser drückt in seine Mündung. Die ersten Wohngebiete sind evakuiert.

Die Ereignisse überschlagen sich

Am 16. August muss gegen 13.15 Uhr die B 100 gesperrt werden. Der Straßenabschnitt am Pegelmessturm ist in akuter Gefahr, weggespült zu werden. Zehn Stunden vergehen, bis das Vorhergesagte eintritt, und im Krisenstab sucht man fieberhaft nach einer Möglichkeit, den Zustrom der Mulde in die Goitzsche zu stoppen. Doch alle Versuche misslingen. Hubschrauber haben riesige Betonteile abgeworfen. Wirkungslos. Wie Fliegen im gähnenden Maul des Löwen werden die Barrieren von der Mulde verschluckt. Über dem Asphalt schimmert Luft. Obwohl ungezählte Sirenen von Einsatzwagen heulen, Hubschrauber unaufhörlich über Bitterfeld kreisen, scheint es einsam und still zu sein. Am Ende einer menschenleeren Straße jagen Kleinlaster und Transporter und mit Sandsäcken überladene PKWs in Richtung Goitzsche. Noch besteht Hoffnung.

An einem kilometerlangen Abschnitt des Sees reihen sich jetzt tausende Menschen. Die Uniformen der Soldaten mischen sich unter das bunte Kleiderallerlei der Zivilisten. Übertragungswagen parken am Ufer. Kamerateams sind überall. Fotografen waten durchs Wasser, das langsam, aber spürbar durch die Sandsackbarriere dringt. Auf einem Abschnitt des Damms, auf dem bereits Einkaufstüten verbaut werden mussten, weil zeitweise die Sandsäcke ausgegangen waren, macht ein achtzehnjähri-

Das Gedächtnis der Mulde

ger Bitterfelder seinen Kameraden Hoffnung. Das Wasser muss bald sinken. Irgendwer soll behauptet haben, dass es am gegenüberliegenden Ufer gelungen ist, einen Muldeabfluss zu einem anderen Tagebau zu graben. Auf einer Uferstraße stauen sich Transporter und PKWs. Sie haben neue Sandsäcke gebracht. Mitgekommen sind Freiwillige aus dem gesamten Bundesgebiet.

Was geschieht, wenn der aufgeschwemmte Wall nicht hält und ins Rutschen kommt? Keiner im Krisenstab will daran denken. Ein Blick auf die Karte an der Wand der Einsatzzentrale verrät, dass ausgerechnet im Stadionbereich, wo tausende Helfer auf durchnässten, eilig aufgeschütteten Barrieren Sandsäcke schleppen, die Goitzsche 80 Meter tief ist. Die unsichtbaren Kräfte des Sees pressen hier am stärksten gegen das Ufer. Als der Tagebau zum Naherholungsgebiet umfunktioniert wurde, hatte niemand einkalkuliert, dass dieser jemals zum Rückhaltebecken der Mulde herhalten muss.

Wo noch Wassereinbruch droht, erfährt Pressesprecher Uwe Hippe am Nachmittag. Er hält sich in einem östlich gelegenen Stadtteil auf. Eben hat er seine Zigarette aufgeraucht; den Stumpen wirft er in den kleinen Leinebach. Zufällig fällt sein Blick nochmals auf das Wasser. Dabei bemerkt er, dass sich der Zigarettenstumpen nicht in die normale Fließrichtung bewegt. Plötzlich begreift er, dass auch die Leine keinen Abfluss mehr hat, und gegen 19.00 Uhr werden die zwei angrenzenden Stadtteile von Bitterfeld evakuiert. Am anderen Morgen, es ist der 17. August, hängt ein modriger Gestank über der Gartenstadt des Musikerviertels. Einige Sträu-

127

cher ragen aus dem braunen Wasser. An den flachen Stellen sind noch Autodächer zu sehen. Lachen von Heizöl treiben zwischen weißen Häuserfassaden.

Am selben Tag sind in Raguhn und Jessnitz die Aufräumarbeiten bereits angelaufen. Müller, der Jessnitzer Feuerwehrchef, hat seinen Schreibtisch unter freiem Himmel vor die Wache gestellt. Sein Arbeitsraum ist noch immer nass. Die ersten Keller werden ausgepumpt, Zufahrtsstraßen provisorisch wiederhergestellt. Im Hof der Feuerwehr werden Menschen mit Essen versorgt: Ursprünglich sollte vor zwei Tagen ein Bootsfest stattfinden, es ist sprichwörtlich ins Wasser gefallen. Gut, dass einer der Bäcker für das Fest Baguettes gebacken hat. Sie werden nun nachträglich unters Volk gebracht.

Draußen unterhalten sich ein paar Männer. Sie sprechen mit schwäbischem Dialekt. Schulze hat in der Baracke des Krisenstabs das Deckenlicht eingeschaltet. Ein vor dem Fenster parkendes Feuerwehrauto verdunkelt den Raum. »Eigentlich ist die Mulde in ihr altes Flussbett zurückgekehrt. Und hätte es nicht diesen Dammbruch gegeben, wären die Orte im Unterlauf der Mulde von einer noch größeren Katastrophe heimgesucht worden. Bei den Wassermassen wären Raguhn, Jessnitz und vielleicht auch Dessau vollständig abgesoffen.«

Erleichterung für die Situation in Bitterfeld verspricht sich der Einsatzstab, als er nach einer Einigung mit Sachsen grünes Licht für den Ablaufgraben zum Tagebaurestloch Rösa bekommt. Die Zeit drängt, die Goitzsche hat den Stand von 78 Metern erreicht. Wie lange der künstliche Deich Bitterfeld vor einer kompletten Überflutung noch schützt, weiß niemand. Dennoch: Von einer zeitsparenden Sprengung des Durchbruchs, wie zuerst geplant, sieht der Krisenstab ab. Aus gutem Grund. In einem anderen Landkreis war bei der Explosion ein so tiefes Loch entstanden, dass das Wasser aus dem geplanten Abflussbecken in die Gegenrichtung strömte. Doch auch die Bitterfelder haben damit kein Glück. Der Plan, das Muldewasser zum Tagebau Rösa abzuleiten, bleibt erfolglos. Immer wieder versanden die Kanäle.

Mittlerweile ist der künstliche Deich am Ufer der Goitzsche auf zwei Meter Höhe gewachsen. Knapp 550 Soldaten sind vor Ort. Die Koordinierung der Deichsicherung hat der Krisenstab der Bundeswehr übergeben. Am 18. August stabilisiert sich die Lage rund um die Goitzsche. Der Sandsackdamm hält. Manche sprechen bereits vom »Achten Weltwunder«. Zwei Tage darauf gelingt es dann endlich, einen Dammbruch des Lober-Leine-Kanals zu schließen. Der Zufluss der Mulde in die Goitzsche ist gestoppt.

»Wir werden es nicht vergessen«

Was sind die Lehren aus dem, was Bitterfeld widerfahren ist? Schulze überlegt, dann sagt er: »Vor einem Jahr habe ich im Gefolge des 11. Septembers einen neuen Katastrophenplan ausarbeiten lassen.« Jetzt muss nochmals alles überdacht werden. Schulze sieht ein letztes Mal zu der an der Barackenwand befestigten Landkarte. »Wir werden es nicht vergessen, und die Mulde wird es auch nicht vergessen, was hier passiert ist!«

»Wir machen doch bloß unseren Job«

CHRISTOPH PETERS, BASTIAN WIERZIOCH

Es ist die Zeit der Superlative. Allein die 10 000 Helfer vom Technischen Hilfswerk kamen mit 600 Lastwagen, 150 Tiefladern und 300 Booten. Nicht weniger als 14 000 Einsätze bestritten die Männer und Frauen. Stellvertretend für alle Menschen, die von Berufswegen oder im Ehrenamt helfen, stehen hier die Geschichten von Taucher Oliver Sydow, THW-Mann Karl Sannkowski, Sanitäter Alexander Stiller und dem Flugretter Hans Adolf Schäfer. Unglaubliches haben sie geleistet, und nur sie selbst finden das alles so gar nicht ungewöhnlich. Denn es ist nun mal ihr Job.

GRIMMA: MITTWOCH, 14. AUGUST 2002. Erst ist es nur ein leises Brummen, doch schnell wird der schwarze Punkt am Horizont größer und das Geräusch lauter. Die Rotorblätter des dunkelgrünen Bundesgrenzschutz-Hubschraubers, Typ EC 155, peitschen Windböen auf das Wasser, das die Felder bei Grimma hüfthoch überflutet hat. Sicher steuert Thomas Aschenbrenner, Pilot der Fliegerstaffel Mitte Fuldatal, die Maschine. Sein Blick streift über das in eine riesige Seenplatte verwandelte Ackerland. Immer wieder lässt die vier Mann starke Hub-

schrauberbesatzung das Rettungsseil herab. Achtund-
neunzig Menschen, sagen Aschenbrenner und seine Kollegen, haben die fünf Maschinen der Fliegerstaffel aus
den Fluten gerettet. Eine Erfolgsmeldung zwischen all
den Schreckensnachrichten. Dabei gab es Schwierigkeiten, denn unter den Geretteten waren Menschen, die
sich um nichts in der Welt in Sicherheit bringen lassen
wollten. Aus Verwirrung, Panik oder Trotz. Gestern
Nachmittag irrte ein Mann mit kurzen Hosen und T-Shirt
da unten auf den überfluteten Feldern südlich von
Grimma umher. Verwirrt, hilflos, allein. Als der Hubschrauber über ihm war und kleine Kreise zog, signali-
sierte der Mann mit rudernden Armen, dass er keine
Hilfe wolle. »Normalerweise lassen sich die Leute ja
gerne von uns retten«, denkt Aschenbrenner. Plötzlich ist
der Mann verschwunden, und der Pilot sieht nur noch einen Heuhaufen. Er reagiert unverzüglich und steuert das
Hinterteil des Hubschraubers so an den Haufen heran,
dass die Rotorblätter das Heu wegblasen. Und tatsächlich, der Mann hat sich versteckt und klammert sich nun
an den Balken, um den zuvor das Heu lag. Luftretter
Hans Adolf Schäfer, der in einem signalroten Overall an
der geöffneten Tür steht, macht sich sofort klar fürs Ab-
seilen. Ein paar Handgriffe noch, dann ist es soweit. Schäfer wird hinuntergelassen. Unten angekommen schreit er
dem Mann, der nicht gerettet werden will, drei unmiss-
verständliche Worte ins Gesicht: »Schluss mit lustig.«
Schnell legt Schäfer den Rettungsgurt an und umklam-
mert die Arme und Beine des Mannes. Es geht nach
oben. Der Gerettete wird in eine Wolldecke gewickelt. Zit-

ternd und mit Tränen in den Augen bringt er nur einen
einzigen Satz heraus: »Wer soll das bezahlen?« Der Einsatz werde nicht in Rechnung gestellt, versichert Schäfer.
Die Antwort ist ein leises »Danke«.

Die Situation im wenige Kilometer entfernten Grim-
ma ist dramatisch, aber ruhig. Hier ist man über jeden
Helfer froh. Panzerpioniere aus dem thüringischen Bad
Salzungen haben die Lage, soweit das eben geht, unter
Kontrolle. Es ist der Morgen nach der Flutwelle, die
Grimma in der Nacht zum Dienstag heimgesucht hatte.
Ohne Vorwarnung. Die Mulde hat ihren Höchststand
erreicht: Acht Meter und 30.

Grimma, das an einem Hang im Muldetal liegt, steht
nicht überall gleich hoch unter Wasser. Vier Soldaten
haben auf der Wurzener Straße ihr Schlauchboot abgestellt. Die Soldaten machen Pause, eine alte Frau
bringt Kaffee. Ein letzter kräftiger Schluck, dann ziehen sie ihr Schlauchboot wieder in das schlammig-
braune Wasser. Es riecht nach Heizöl. Ein blaues Auto
steht im Wasser wie ein gestrandetes Schiff bei Flut.
Nur Antenne und Dach sind zu sehen. Der Soldat mit
Brille und Ziegenbart, der vorne im Boot steht speku-
liert: »Das ist ein Opel Corsa«. Seine Kameraden sind
skeptisch. Mit einer Sikorsky CH-53G, dem größten Trans-
porthubschrauber der Nato, hatte man sie tags zuvor
nach Leipzig geflogen. Um 17.30 Uhr ging es mit Lastwagen Richtung Grimma. Dort erwartete die Panzerpioniere eine Nacht im Dauerstress. Zusammen mit
der Polizei sind sie bis drei Uhr in der Frühe im Einsatz
und retten rund 100 Menschen. Dabei blieben die

»Wir machen doch bloss unseren Job«

Außenborder ihrer Schlauchboote an Autos hängen, und mit den Köpfen knallten die Soldaten gegen Verkehrsampeln, so hoch stand das Wasser.

Die Schlauchboot-Patrouille der vier Panzerpioniere soll Plünderungen in der Stadt verhindern. Es geht vorbei am Fahrzeuggeschäft »Erfurth«, das keine Schaufenster mehr hat. Die dreckige Brühe steht im Verkaufsraum, und die nagelneuen Motorroller sind reif für den Schrottplatz. In einiger Entfernung rudert ein junger Mann mit Baseballkappe in einem grünen Kinderschlauchboot. »Fahr weiter rechts! Denk an die Autos!« warnen die Soldaten. Die Straßen wirken wie Kaimauern mit Fenstern. Manchmal ruft das Quartett im Schlauchboot ein »Guten Morgen!« in Richtung der Häuser. Es ist aber kein guter Morgen in Grimma. Die Patrouille ist zurück am Ausgangspunkt, wieder an der Wurzener Straße. Andere Soldaten stehen dort zur Lagebesprechung mit Polizisten, auch Thüringer, aus Rudolstadt. Die Männer und Frauen sehen müde aus. Die meisten haben nur ein bis zwei Stunden geschlafen. Jetzt werden Befehle gerufen. Es wird telefoniert: »Wir brauchen einen größeren Schaufellader, wir haben da ein Auto auf der Kreuzung. Das muss da weg.« Der Polizist meint den vermeintlichen Opel, und als kurze Zeit später ein Bundeswehrlaster den Wagen aus dem Wasser zieht, zeigt sich, dass der Panzerpionier Recht gehabt hatte. Es war ein Corsa. War!

Auf einem Balkon in der Nähe wird auch aufgeräumt. Ein Mann bearbeitet Boden und Wände mit einem Dampfstrahler. In den Gassen versammeln sich immer mehr Menschen und stehen in Gruppen zusammen.

Eine junge Frau möchte durch die Absperrung, zurück in den überfluteten Teil der Stadt. Die Polizei sagt »Nein«. Die junge Frau diskutiert mit den Beamten. Sie müsse zurück zu ihrem Kind und zur eigenen Mutter. Sie habe nur schnell Brot und Butter gekauft. Hauptkommissar Dieter Buß beobachtet die Szene, und endlich gibt er seinen Kollegen einen Wink, die Frau entgegen allen Dienstanweisungen doch passieren zu lassen. Doch das geht nicht immer. Beschimpft werden sie oft in diesen dramatischen Stunden von Grimma; immer wieder kommen Leute, die »nur mal eben« zurück zu ihren Häusern wollen, um Ausweise oder Geld zu holen.

Nach ein paar Stunden entspannt sich die Lage ein wenig. Das Wasser sinkt, in vielen Straßen gibt es die Sicht auf einen Schlammteppich frei. In der Mitte einer Straße steht ein goldener Vogelkäfig. Eine Polizistin filmt vier Autos, die von der Gewalt der Fluten zu einem Turm aufgestapelt sind. Ein Bild der Verwüstung. An der Wurzener Straße schieben Polizisten ein Schlauchboot ins Wasser. Regen setzt ein. Der Marktplatz ist immer noch schiffbar. Im ersten Stock eines Hauses steht ein Mann am Fenster. »Brauchen Sie was zu trinken?« Keine Antwort. »Einen Arzt?« »Nein«, sagt der Alte daraufhin zu den Polizisten, »aber Brot habe ich keines mehr.« Brötchen und Äpfel haben die Polizisten in Plastiktüten mitgebracht. An einem Strick zieht der Mann die Tüte nach oben. Lieferung frei Haus. Erst Tage später werden die Luftretter vom Bundesgrenzschutz sowie die thüringischen Soldaten und Polizisten aus Grimma abgezogen. Die Flut wandert nach Norden, und das Fernsehen zeigt ein großes

Bettlaken am Rathaus der Stadt. »Grimma dankt seinen Helfern«, steht da in dicken roten Lettern geschrieben.

DÖBELN: MONTAG, 12. AUGUST 2002. Alexander Stiller beobachtet ehrfürchtig die Fluten der Freiberger Mulde. Der sonst so beschauliche Fluss ist über die Ufer getreten. Döbeln unter Wasser. Katastrophenalarm. Der einundzwanzigjährige Sanitäter von der Johanniter-Unfallhilfe ist im Einsatz. Doch er sorgt sich auch um seine Freundin Virginia und Sohn Tony Alexander. Die beiden sitzen allein zu Hause, unten in der Stadt. Um halb zehn bittet er seinen Chef, eine Stunde frei zu bekommen. Ein Kollege setzt ihn um 22.00 Uhr auf der Brücke am Stadtbad ab. An die Türen des Supermarktes schwappt das Wasser. Der Platz davor ist überflutet. Alexander Stiller muss ihn überqueren, um in die Nähe seiner Wohnung zu kommen. Gespenstisch schimmern die Fluten der Mulde im schrägen Licht der Laternen. Stiller sieht wenig, trotzdem kann er die Strömung der Mulde vage erkennen. Am Ende des Platzes, nach ungefähr 200 Metern, entsteht ein gefährlicher Sog. Alexander Stiller zögert. Er ist ein vorsichtiger Typ.

Zur selben Zeit macht sich der Handwerker Hans Rainer Kostial auf, um bei seinen Eltern in der Fronstraße nach dem Rechten zu sehen. Auch er muss die Brücke überqueren. Schon von weitem sieht er den orangefarbenen Overall von Alexander Stiller. Selbstbewusst stapft Hans Rainer Kostial durch die Fluten am Sanitäter vorbei. Er sieht ihm nach, beobachtet, wie Kostial zügig über den Platz durch die Mulde watet. Dabei schwappt ihm das

Wasser in die Gummistiefel. In der einen Hand schwingt er einen geschlossenen weißen Regenschirm. Nicht lange bleibt der Gang von Kostial aufrecht. Schnell kommt er ins Schlingern. Die Strömung macht dem Einundfünfzigjährigen immer mehr zu schaffen. Alexander Stiller denkt jetzt nicht mehr an seine eigene Sicherheit. Mit kräftigen Schritten schreitet der couragierte Sanitäter durch das Wasser auf Kostial zu. Das Wasser steigt enorm schnell. Stillers Knie hat es bereits erreicht. Am Ende des Platzes, Höhe Autohaus »Döbeln«, erreicht der Sanitäter Kostial, hakt ihn unter und zerrt ihn zu einem Holzgestell, wie es hier um die angepflanzten Nussbäume errichtet ist. Die beiden Männer klammern sich daran fest. Wortlos trotzen sie der Mulde, die pausenlos an ihnen zerrt und sie mitreißen will. Eine Tortur beginnt. Die beiden müssen sich die 200 Meter zurückkämpfen, die sie gekommen sind. Hinter der Brücke am Stadtbad wären sie in Sicherheit. Sie haken sich unter und stemmen sich mit aller Kraft gegen die Fluten. Sie hangeln sich von einem Holzgestell zum nächsten. Bei jeder Station machen sie ein paar Minuten Rast. Sie reden kaum. Einige aufmunternde Worte vielleicht. Die Angst nimmt zu. Auch beim Sanitäter. Das Wasser der Mulde kämpft mittlerweile in Brusthöhe gegen die beiden an. Schließlich erreichen sie einen Laternenpfahl gleich vor der Brücke. Ohrenbetäubend laut tost das Wasser. Endstation für die nächsten sieben Stunden. Ungefähr 30 Menschen stehen auf der sicheren Seite der Brücke und beobachten ohnmächtig den Kampf der beiden Männer. Sie wollen helfen, bilden eine Men-

schenkette, um die beiden zu erreichen, merken aber
bald, wie stark die Strömung ist. Alexander Stiller und
Kostial umklammern den Laternenpfahl. Ganz unwillkürlich müssen die beiden an ihre Nächsten denken:
Wie geht es meinen Enkeln? Was macht meine Frau
ohne mich? Wie soll sich meine Freundin alleine um
den kleinen Tony kümmern? Die beiden fangen an,
sich von ihren Familien zu erzählen. Verzweifelt sendet
Alexander Stiller Hilfesignale mit seiner Taschenlampe
in Richtung des Gebäudes der Stadtwerke. Drei Stunden später der erste Rettungsversuch. Um zwei Uhr
wird ein grünes Metallboot der Leipziger Bereitschafts-
polizei ins Wasser gelassen. Polizeihauptmeister Steffen
Flämig steuert das Boot zielsicher in Richtung Laterne,
kann den Kurs aber nur wenige Meter halten. Der Motor
ist zu schwach. Das Boot scheint kurz stehen zu bleiben,
dann wird es wie ein Spielzeugschiff nach rechts weggerissen und landet im Flussbett der Mulde. Alexander Stiller und Hans Rainer Kostial verlieren an Körpertempe-
ratur. Der Sanitäter tippt auf 35 Grad. Er weiß: Noch drei
Grad weniger, und sie werden bewusstlos. Die Konzentration lässt nach. Häufig rutschen die beiden auf dem
nassen Grund weg. Ab und zu trifft sie vorbeischwim-
mendes Treibgut, ein leerer Bierkasten, ein Stück Holz.
Immer öfter greifen die kräftigen Hände des Jüngeren
nach Kostial. Mittlerweile sprechen die beiden nicht
mehr. Jetzt heißt es nur noch durchhalten. Um 5.30 Uhr
bringt die Wasserschutzpolizei Dresden ein aluminium-
ummanteltes Schlauchboot zu der Brücke. Hauptkommissar Herbert Kotzian hat das Kommando. Energisch

packt er zu. Schnell wird das Boot an die Seilwinde eines Gerätewagens vom Technischen Hilfswerk gehängt und in das reißende Wasser gelassen. Vierzehn Helfer des THW Döbeln versuchen, es mit Seilen zu halten. Dann, mit vollem Schub, schafft es der 60-PS-Motor stromaufwärts zu den beiden Männern an der Laterne. Ein paar sichere Handgriffe. Stiller und Kostial sind im Morgengrauen gerettet.

Alexander Stiller hat fast alles verloren. Die Wohnung in der dritten Etage ist feucht und schimmelt. Das Auto der Freundin und der eigene Opel Calibra sind geflutet und schon verschrottet. Die kleine Familie ist jetzt hoch über Döbeln in eine neue Mietwohnung gezogen. Hochwassergefahr ausgeschlossen. Jeden Tag geht Alexander Stiller zu seinem Dienst bei den Johannitern. Es gibt immer noch viel zu tun. Abends bastelt er an der neuen Einrichtung. Alles Ersparte ist weg. Hans Rainer Kostial konnte seinen Eltern nicht mehr helfen – ihre Wohnung ist hin. Er sagt: »Ohne Alexander wäre ich nicht mehr am Leben.«

PRATAU BEI WITTENBERG: SONNTAG, 18. AUGUST 2002. »Das ist Wahnsinn«, denkt sich Oliver Sydow. Wasser, das mit einer Geschwindigkeit von zwei Metern pro Sekunde strömt, wäre für den dreiunddreißigjährigen Taucher aus Braunschweig kein Problem. Doch die Strömung in den fast menschenleeren Straßen von Pratau ist viermal so schnell wie im Training. Und Sydow muss da gleich hinein. Das Wasser, das auch Tierkadaver und Fäkalien mit sich führt, treibt einen Plastikkanister vorbei. Sydow kneift die Augen zusammen und fixiert abwechselnd das Treibgut und das Display seiner Uhr: »Das sind sechs bis acht Meter pro Sekunde«, stellt er fest. Wahnsinn! Im roten Spezial-Taucheranzug für verunreinigte Gewässer steigt er in die Strömung.

Der Reihe nach! Sydows Chef, Helmut Fichtner, trägt an diesem Sonntag ein rotes T-Shirt. Er ist ein gesund und konzentriert aussehender Mann, der genau beobachtet und präzise formuliert. Auf seiner linken Brust steht in goldenen Buchstaben D-L-R-G. Deutsche-Lebens-Rettungs-Gesellschaft. Fichtner nimmt das wörtlich. Er ist Einsatzleiter bei einem Wasserrettungszug aus Braunschweig. Sydow gehört zu seinen besten Männern. In Pratau bei Wittenberg ist das 20 Mann starke Team seit Samstag im Einsatz, und das Wasser der Elbe steigt unaufhörlich. In der Nacht hatte der Pegel seinen Höchststand erreicht: 7,6 Meter. Unter der tonnenschweren Last des Hochwassers war der Deich in diesen Stunden gebrochen. Alarmstufe für den kleinen Ort Pratau, den die Flutwelle bald erfasst hatte.

Der Einsatzbefehl erreicht Fichtner um 14.30 Uhr: Vier, vielleicht auch fünf Menschen, wird berichtet, sind in der Nähe der Bahnhofsstraße von Pratau auf einem der letzten trockenen Flecken eingeschlossen. Sie müssen evakuiert werden. Fichtners Männer haben genug Erkundungsfahrten gemacht, um zu wissen, dass Pratau von der Elbseite nicht mehr zu erreichen ist. Die Fahrt durch die Bruchstelle im Deich wäre lebensgefährlich. Da kramt Eckard Lubitzsch von der DLRG in Wittenberg eine Straßenkarte hervor: »Wir gehen über die Gleise bis zum Bahnhof und dort ins Wasser«, schlägt er vor. So geschieht es: Ein Trupp aus zwölf Tauchern setzt sich in Bewegung Richtung Bahndamm. Neun Mann aus Fichtners Team, zwei von der DLRG Wittenberg und einer von der Wasserwacht Gräfenhainichen. Auch Taucher Sydow ist dabei. Er geht als Erster ins Wasser. Die Männer gehen wie Bergsteiger vor. Langsam, erst absichern, dann weiter. An Bäumen, Laternen und Zaunpfosten befestigen sie rote und gelbe Sicherungsseile. Auf Knotenkunde verstehen sich diese Taucher. So arbeiten sie sich vor zur nächsten Querstraße. Ein Stück weiter entdeckt Sydow eine junge Frau, deren Haus wie auf einer Insel steht. »Die saufen langsam ab«, denkt er. Bei aller Anspannung und Konzentration fühlt er noch seinen Körper. Es ist schrecklich heiß in diesem Tauchanzug. Ohne Gnade brennt die Sonne über Pratau. Die Frau ist Ende dreißig, trägt ein gelbes T-Shirt und Leggings. Sie erkennt die Taucher, die sich nähern, und winkt. Sie ist offensichtlich kurz vor dem Nervenzusammenbruch. Da ist auch noch die Nachbarin, gehbehindert und 80 Jahre alt, die mit dem Finger auf ein Haus in der Nähe zeigt und flüstert: »Da haben schon meine Eltern gewohnt.« Von fünf Personen, die evakuiert werden müssen, war am Anfang die Rede. Nun sind es viel mehr: Überzeugungsarbeit des Retter-Trupps.

Die Männer von der DRLG haben zwei Schlauchboote mitgebracht. In jedes kommen zwei Gerettete. Je vier Mann sichern die Boote. Langsam geht es voran. Es wird geschoben, gezogen und gezerrt. Die Retter selbst hangeln sich an den Sicherungsleinen entlang. Es geht in der reißenden Strömung dem Bahnhof entgegen, der mittlerweile auch umflutet ist. Somit ist der Weg zurück abgeschnitten. Die Wiesen und Auen hinter dem Bahnhof sind zwar überspült, es gibt aber keine Strömung. Trotzdem sind diese Matsch- und Sickerflächen gefährlich. »Schnell steht man da bis zum Hals im Schlamm«, erklärt DRLG- Mann Helmut Reckmann.

Währenddessen steht Einsatzleiter Fichtner in Kontakt mit dem Krisenstab in Wittenberg. Die Ereignisse überschlagen sich, und ständig wird der Auftrag erweitert, immer mehr Menschen wollen und sollen evakuiert werden. Sydow und seine Kollegen sind nonstop unterwegs zwischen dem Bahnhof und den Häusern von Pratau. Arbeit wie am Fließband. Sydow findet einen Mann, der von seiner Frau schon seit neun Stunden vermisst wird. Aber auch ausgefallene Wünsche gibt es. Wenn es geht, werden sie erfüllt. Ein Mann möchte zum Beispiel seinen Rottweiler mitnehmen. »Hoffentlich hat der seinen Hund im Griff«, denkt sich Sydow. Die Retter stehen den ganzen Tag unter Strom, und der Mann, der die Verantwortung für alles trägt, schüttelt über manche Dinge den Kopf: »Einige Leute wollen partout im Ort bleiben. Ohne Strom, Wasser und Gas, ohne ärztliche Betreuung. Aber das Wasser steigt immer noch. Mehr als 40 Menschen sind in Pratau eingeschlossen. Die meinen dann: »Ich kann meine Katze, meinen Hund, meinen Kanarienvogel doch nicht alleine lassen. Ich gebe mein Haus nicht auf«, was auch immer.

Fichtner findet das »kurios«. An der Elbseite der Stadt sind die Deiche inzwischen bereits so unterspült und aufgeweicht, dass stündlich mit weiteren Dammbrüchen zu rechnen ist.

Die DLRG-Männer haben inzwischen eine Lösung für das Problem der Matsch-Flächen hinter dem Bahnhof gefunden: In Schlauchbooten werden die Menschen vom Bahnhof über die überfluteten Felder ans trockene Land gezogen. Junge Frauen und Männer der Feuerwehr Möhlau helfen dabei. Verzweifelt, abgespannt, fast apathisch sind die Gesichter derer, die nun in Sicherheit sind, und am Abend wird Bilanz gezogen. Ingesamt 14 Menschen haben die DLRG-Taucher gerettet. Es ist dunkel geworden, und auch Taucher Oliver Sydow steigt aus dem Schlauchboot und geht an Land. In der Hand hält er eines der gelben Sicherungsseile. Sydow sieht erfrischt aus, wach und entspannt zugleich, so wie nach einer sehr anstrengenden Partie Squash.

A 9 BEI DESSAU: MONTAG, 25. AUGUST 2002. Im Herzen des »Dorfes« wummert ein großer blauer Schiffscontainer. »Kraftwerk für alle Fälle«, steht in schwungvollen Lettern auf seiner blauen Stahlhülle. Im Innern schluckt ein Dieselmotor 40 Liter Kraftstoff pro Stunde, dafür spuckt er fast eine halbe Million Watt Leistung aus: »Mit dem Ding haben wir ein ganzes französisches Dorf tagelang mit Strom versorgt«, erzählt Karl Sannkowski, der THW-Ortsbeauftragte von Berlin-Pankow. Beiläufig erwähnt er, dass sie »mit dem Ding« noch vor einer Woche das ganze Herzzentrum Dresden mit Strom versorgten.

Nach dem Deichbruch bei Seegrehna sammelt sich das Wasser am Autobahndamm und kann nicht abfließen. Die A 9 bei Vockerode droht von der Elbe überflutet zu werden. Auch das nahe gelegene UNESCO-Weltkultur-

»Wir machen doch bloss unseren Job«

erbe »Wörlitzer Park« ist in Gefahr. Kurzerhand sperrt das Technische Hilfswerk eine Autobahnhälfte auf drei Kilometer Länge und errichtet ein technisches »Hilfsdorf«: Hier »wohnen« 266 Männer und Frauen vom THW. Sie haben zwölf Kilometer Schläuche verlegt, um das aufgestaute Wasser mit 60 Pumpen ins abfließende Elbwasser zu schaffen. Die Helfer kommen aus Gladbeck, Hükelhoven, Dinslaken, Cottbus, Senftenberg, Worms, Offenburg und Berlin. 56 LKWs, Tieflader und Kipplader parken auf der Autobahn. »Die schaffen 6800 Liter Wasser in der Minute weg«, schnaubt der bullige Sannkowski mit hochrotem Kopf, als er beim Verladen einer Elektro-Tauchpumpe mit anpackt. Die Sonne brennt auf den Asphalt. Sannkowski war schon in Katastrophen-Einsätzen in Litauen, Russland und Polen unterwegs. Seit 44 Jahren ist er dabei. So etwas wie hier hat er noch nicht erlebt. Pro Minute werden über eine halbe Million Liter Wasser zurück in die Elbe gepumpt, so viel wie in 24 Tanklastzügen Platz findet.

Sondereinsatz für die Schlauchboote aus Berlin-Pankow: Schwemmgut verstopft die Pumpen. Bootsführer Björn Reinke legt einen hautengen ABC-Anzug an und fischt den Unrat aus dem aufgestauten Wasser. Er ist ganz in Gummi verpackt, nur so kann ihm das womöglich verseuchte Elbwasser nichts anhaben: Karl Sannkowski ist auf die Sicherheit seiner Leute bedacht. »Wir wissen nicht, was drin ist, und wir haben ja eine Fürsorgepflicht – wir müssen ohne Wenn und Aber dafür sorgen, dass unsere Helfer gesund und munter nach Hause kommen; im schweren Einsatz wie hier kriege ich doch

keinen Mann nach. Wenn der mir ausfällt, ist er weg –
also muss ich jeden schonen, hegen und pflegen.«

Karl Sannkowski hat seine Stimme verloren. Zu viele
Befehle, zu viele Anweisungen, zu viele Telefonate. Seit einer Stunde bringt der THW-Ortsbeauftragte nur noch
ein heiseres Grollen zustande, wenn er versucht, seinen
Leuten aufmunternde Worte zuzurufen. Von allzu straf-
fer Hierarchie hält der Berliner wenig: »Ich lass jedem
meiner Gruppenführer seine Freiheit. Der kennt seine
Leute doch besser, der weiß, was er ihnen zutrauen kann,
und wenn ich da als kleiner General um die Ecke komme,
ist alles Schrott.«

Zwei Autos tauchen regelmäßig im »Dorf« auf. Der
Tankwagen bringt 1200 Liter Kraftstoff pro Tag. Der Wa-
gen der Catering- Firma »Junghans« liefert dreimal am
Tag Essen. Heute gibt es Hähnchenkeule, Rotkraut und
Klöße in kleinen Alubehältern – dazu wird »Zahnaer
Brause« serviert: »Die Jungs wollen das Süße bei der
Hitze, ich weiß nicht warum, aber die sind alle total scharf
auf Brause«, erzählt Petra Teuber vom Ortsverband Cottbus. Die Zwanzigjährige ist im zivilen Leben Modenä-
herin, im technischen Hilfsdorf ist sie Chefin im Ver-
pflegungszelt: »Hier ist alles unter Kontrolle. Links die
Getränke, dann eine Kühlbox. Auf der rechten Seite haben wir drei verschiedene Essen. Wir haben Obst, Süßigkeiten, Joghurt, außerdem Bestecke, Servietten –
manchmal gibt es Kaffee. Wir sind total versorgt.«

Auch Karl Sannkowski hat Hunger bekommen. Er
sitzt mit Tochter Barbara am Zelttisch. Die Zwanzigjährige ist voll ausgebildete THW-Sanitäterin. Sohn Karl ist

»Wir machen doch bloss unseren Job«

auch nicht weit – er kümmert sich gerade um den Ventildruck an einer Elektropumpe. Familie Sannkowski aus Pankow ist in Sachsen-Anhalt vollständig angetreten. Nur Mutter Bärbel fehlt. Die hat Grippe – sonst wäre sie dabei. Die Tochter will zur Bundeswehr, der Sohn wird KFZ-Mechaniker.

Über dem technischen Hilfsdorf bricht die Dämmerung herein. Schichtwechsel an den Pumpen. Die Beleuchtungstrupps installieren vier stationäre Gasentladungslampen, so genannte Powermoons, die blendfreies Licht liefern. Das technische »Dorf« wird in ein angenehmes taghelles Licht getaucht. Vier THW-Leute aus Berlin-Marzahn haben gerade das Kraftwerk im blauen Schiffscontainer für die Nacht betankt, stellen sich vier Gartenliegen ins Rechteck. Andere THW-Männer haben es sich mit ihren Liegen auf ihren riesigen Trucks in der lauen Abendluft bequem gemacht. Auch wenn die Dieselmotoren beständig wummern – am Rande des Dorfes hört man die Grillen zirpen. Karl Sannkowski und fünf seiner Leute legen sich die Decken auf ihren Liegen zurecht. Im künstlichem Licht sitzt der THW-Ortsbeauftragte von Berlin-Pankow auf seiner »Bettkante«: »Die Leute sind stolz, was zu leisten und nicht nur Woche für Woche zu üben.« Ein THW-Einsatz bedeutet Freizeitbeschäftigung, Kameradschaftsliebe und zeigen, was man drauf hat.« Auf der Gegenfahrbahn rasen die Autos vorbei. Gegen den Lärm verstopft sich Karl Sannkowski die Ohren. Mit heiserer Stimme flüstert der Neunundfünfzigjährige, fast eingeschlafen: »Ich wollte schon immer mal auf einer Autobahn übernachten.«

Der Held von Roßlau

Thomas Delekat

Der Held von Roßlau steht meistens im Flur. Ein dunkler
langer Gang ist das, im ersten Stock. Dort stehen noch andere Männer mit ernsten Gesichtern. Der Held von Roßlau ist leicht zu erkennen. Er trägt Wühltischjeans und ein
buntes Ringelshirt, das ihm so stramm sitzt wie ein Leib-
chen. Die anderen Herren in der breit umfriedeten Gar-
nisonsfestung sind viel älter. Sie tragen alle Schlips, manche Uniform. Die meisten von ihnen haben ein Zimmer in
dem düsteren Bau, die Namen stehen an der Tür. Es ist das
Personal der Kreisverwaltung Anhalt-Zerbst, es ist der Krisenstab der Jahrhundertflut, der jetzt das Bollwerk von
Roßlau eingenommen hat. Sie taten es nicht ganz freiwillig, der martialische Militärbau ist finster. Aber 63 Meter
hoch über dem Meeresspiegel liegt er, und beim momen-
tanen Stand der Flut gute zwei Meter über dem Pegel der
Elbe. Der höchste Stand der Flut wird noch kommen, in
ein paar Stunden, das wissen sie in den Gängen; vielleicht
ist die Welle auch schon da. An der Bundesstraße 187 jedenfalls steigt das Wasser an den Sandsäcken hinauf. Das
ist nur einen Kilometer weit weg vom ehemaligen Garni-
sonsquartier. Die ersten Häuser der Altstadt von Roßlau
hinter der B 187 stehen schon im Wasser.

DER HELD VON ROSSLAU

Entschlossenheit und Mumm eines Landrats

Der Held von Roßlau ist erst 35 Jahre alt, ein unauffälliger, in sich gekehrter Typ. Der Pförtner im Erdgeschoss gibt eine markantere Erscheinung ab. Der Held von Roßlau spricht selten, und wenn, dann leise in den Fluren der einstigen Militärkommandantur. Auf seiner Visitenkarte steht Holger Hövelmann, Landrat, und außerdem, dass er ein Diplom in Politikwissenschaften hat. Studiert hat er noch in der DDR.

Er ist verheiratet, hat zwei Kinder, stammt aus der Gegend, und jetzt, kurz vor dem Eintreffen der Jahrhundertflut, packt er zu, mit beiden Händen. Kaum ein anderer an Elbe und Mulde hat die Chance, seine Heimat, seine Mitbürger vor dem Untergang zu retten, so restlos – so erfolgreich – ausgeschöpft wie er. Man kann sogar sagen: In Anhalt-Zerbst kam die alles verheerende Katastrophe an ihr Ende, sie lief aus, durch die Umsicht, die Entschlossenheit und den Mumm dieses Landrats.

Sie trauten niemandem außer sich selbst

Hövelmann ergriff eine Chance, die den Sachsen verwehrt geblieben war. Die Dresdner wussten von nichts, als die Verheerung über sie kam; niemand hatte sie gewarnt. Hövelmann hatte Zeit, sich zu wappnen. Wann der schlimmste Flutstoß eintreffen und wie hoch er sein würde – als Allererstes tat der Landrat von Anhalt-Zerbst dasselbe wie nebenan der Bürgermeister der 14500-Einwohner-Stadt Roßlau: Sie legten beide die offiziellen

147

Berechnungen zur Seite. Sie trauten niemandem außer sich selbst. Sie maßen die Fließgeschwindigkeit, die Wasserstände, und dann zählten sie noch ihre Erfahrungen als Elbanrainer hinein. Sie rechneten aus, wie viel von der Wucht des Wassers sich in den Weiten der Auen verlaufen würde.

Es wird knapp, sehr knapp ...

Hövelmanns Berechnungen stellten sich dann hinterher zwar als absolut präzise heraus. Sie lagen sogar goldrichtig. Aber schon früh war klar, dass es sehr, sehr knapp werden würde in Anhalt-Zerbst. Da hatten sie allerdings eine ganz ordentliche Portion Glück schon einkalkuliert.

Der Landrat entwarf einen rabiaten Plan. Er fasste brachiale Entschlüsse. Dazu gehörte unter anderem die ziemlich spektakuläre Notsprengung eines Damms bei Vockerode mit dem Risiko der Überflutung, der Sperrung, vielleicht sogar der Zerstörung der neuen sechsspurigen A 9 als Hauptverbindung zwischen Berlin und München.

Dazu gehörte auch die Evakuierung eines Gebietes von rund 200 Quadratkilometer Größe, aller linkselbischen Orte im Gebiet wie etwa Vockerode, Horstorf, Wörlitz mit seinen berühmten Weltkulturerbe-Schloßparkanlagen, Gohrau und anderen. Weiter elbabwärts schafften die 280 Einwohner des Dörfchens Domberg sämtliche Habseligkeiten hinauf aufs Schloss. Es glich einem gewaltigen Möbellager.

DER HELD VON ROSSLAU

Kurz vor dem Eintreffen der großen Wasserschlacht stand der Held von Anhalt-Zerbst im dunklen Flur und sah mitgenommen aus, mehlig weiß im Gesicht, dazu eine ungesunde Röte vom Stress der letzten Tage und Nächte um die Augen. Zu wenig Schlaf. Aber die Flut kann jetzt kommen. Sie sind bereit.

Eine Bresche im Damm

Zwei Bundeswehroffiziere mit langen Sternenleisten auf den Schulterklappen hasten die Zimmerflucht entlang, bis ganz nach vorn zum Landrats-Sekretariat. Der Held von Roßlau sieht sie kommen, er geht schon mal vor. Sie treffen sich im Raum mit den Lagekarten an den Wänden.

Die Offiziere sehen ratlos aus: Am Damm, den ihre Einheit gerade aufrüstet, sind zwei Feuerwehrzüge eingetroffen, eigentlich müsste man sagen: aufeinander getroffen. Die beiden Feuerwehrzüge stammen aus zwei benachbarten Dörfern, aus Dorf X und Dorf Soundso. Der Held von Roßlau, Landrat und Krisenstabschef des Kreises Anhalt-Zerbst, weiß schon, was jetzt kommt. Es wäre komisch, eine schöne Geschichte zum Weitererzählen, wenn es nicht gerade um diesen Damm, wenn es nicht um alles ginge. Die beiden Feuerwehrzüge, sagen die Offiziere, können nicht miteinander. Die reden nicht mal, die sehen sich nicht mal an, die sind Luft füreinander. Der junge Landrat nickt: Er weiß. Er sagt zwei Sätze. Die beiden von der Bundeswehr rücken wieder ab. Sie haben erleichterte Gesichter.

Die Detonation rummst gegen 22.15 Uhr über die Elbauen, sie schlägt bis in die Innenstadt von Dessau durch,
ein dumpfes Explosionsgeräusch von der anderen Seite
der Autobahn her. Die Dessauer hören: Das dringt aus
dem Landkreis Anhalt-Zerbst herüber, aus Vockerode.
Dort reißen gewaltige Wassermassen die zehn Meter
breite Bundeswehr-Sprengung zu einer klaffenden Bre-
sche im Damm auf; das Wasser der Mulde flutet in der
Nacht das Land, schießt an der Autobahn A9 entlang
auf die Elbe zu, dort gegen den Elbdamm. Am Morgen
ist das Wasser die Böschung der A9 hinaufgestiegen,
zwei der drei Fahrstreifen in Richtung München sind geflutet. An der Elbe branden die freigesprengten Wassermassen gegen die Hauptdeiche des Stroms – von der fluss-
abgewandten Seite her. Jetzt drückt die Flut von links
und von rechts gegen den Wall, mit Druck und Gegen-
druck, das stabilisiert; das war der Plan und der Zweck.

Er war bereit

Elbaufwärts in Bitterfeld hätten sie gern auch ein bisschen Dynamit hochgehen lassen, um Entlastung für die
Stadt, den Chemiepark zu schaffen. Aber im Radio sagen
sie, das ginge nicht, wegen 1000 Genehmigungen durch
unzählige Behörden. Man könne nicht sprengen.

Diese Stempel- und Papierschnitzeljagd ist auch Hövelmann nicht erspart geblieben. Er war nur schneller,
und er war früher dran als die Bitterfelder. Er sah voraus, was kommen würde, er war bereit.

DER HELD VON ROSSLAU

Das Aus für die sechsspurige A 9?

Der Landrat von Anhalt-Zerbst hat gewusst, dass diese Explosion das Aus für die sechsspurige A 9 von Berlin nach München sein könnte. Es wurde auch wirklich sehr knapp, das Wasser stieg bald über den Fahrbahnrand hinweg, nur eine Linie Sandsäcke hielt die Flut zurück. Das Wasser staute sich, auch der Verkehr. Aber beide flossen ab, wenn auch sehr langsam.

Dem Landrat von Anhalt-Zerbst haben tausende ihr Hab und Gut, einige wohl auch das Leben zu verdanken. Dem stillen Helden von Anhalt-Zerbst ist geglückt, was die Dessauer nebenan nicht verhindern konnten – dort stand nach einem Deichbruch der Stadtteil Mildensee komplett unter Wasser.

Aber in Anhalt-Zerbst, nur zwei Kilometer weiter, sind die Füße trocken geblieben.

Die Schäfchen ins Trockene bringen

Als die Flutwelle am allerhöchsten stieg, stellte sich heraus, dass der Held von Anhalt-Zerbst gar kein Volksheld war. Er machte sich nicht gerade beliebt. Der Roßlauer Sandsackwall an der Elbe, auf den Meter genau einen Kilometer lang, schien ihm höher als nötig, höher als der höchste Stand der Flut.

Hövelmann, der Held von Anhalt-Zerbst, dachte nämlich daran, das Bollwerk, den ganzen Stolz und die Schweißarbeit der Roßlauer, abtragen zu lassen zugunsten einer mauen Stelle im Wörlitzer Winkel.

151

Dazu ist es dann doch nicht gekommen. Aber die Bemerkung wird man ihm wohl in Roßlau, hinter dem Fahrdamm der B 187, noch lange verdenken.

Für die anderen jedoch geht Landrat Hövelmann als derjenige in die Geschichte ein, der es als Erster an der Elbe schaffte, seine Schäfchen ins Trockene zu bringen, von einigen ganz wenigen Ausnahmen abgesehen.

Ein Land trotzt der Flut

Susanne Triegel

Am 17. August ruft Bundespräsident Johannes Rau in einer Fernseh-Ansprache auf, »... zu beweisen, dass wir ein solidarisches Volk sind«. Die Spendenappelle setzen eine Lawine der Hilfsbereitschaft in Gang. Politiker spenden aus Wahlkampftöpfen, Prominente ihre Gagen. Nach den ersten spontanen Hilfsangeboten verbinden Firmen mittlerweile Hilfe mit PR, Mitleid mit Marketing. Viel Gutes tun und darüber reden. Tausende andere halfen auch, öffneten ihre Portemonnaies, packten mit an. Die über 3000 freiwilligen Helfer, die in Bitterfeld mehrere Tage versuchen, die Wassermassen aufzuhalten, machen die 15 000-Einwohner-Stadt über die Grenzen Sachsen-Anhalts hinaus bekannt. Die Helden von Bitterfeld, nennt man sie später. Das passiert nicht, wie sonst bei diesen Bildern, weit weg. Es geschieht direkt vor der eigenen Haustür. Fast 50 000 freiwillige Helfer ließen alles stehen und liegen, als sie gebraucht wurden. Ohne darüber zu reden.

Ullersdorf: »Das hier war wirklich eine gute Idee!«

Wie ein Flüchtlingstreck standen sie kurz nach Mitternacht in Ullersdorf auf dem Markplatz: 370 durchnässte und abgekämpfte Menschen, einige nur mit einem kleinen Stoffbeutel in der Hand. Evakuierte. »Mein Gott«, flüstert Christian Hoffmann, Rentner und Leiter der Freiwilligen Feuerwehr Ullersdorf, »das ist ja wie im Krieg.« Ulrike, seine Frau, drückt ihm die Hand. Das hier wäre wirklich eine gute Idee gewesen.

Die 1600 Einwohner von Ullersdorf hatten Glück. Ihr Dorf, 14 Kilometer vor den Toren Dresdens, blieb verschont. Siebzig Zentimeter hoch stand das Wasser nach dem Dauerregen auf der Dorfstraße. Aber was ist das schon gegenüber den Bildern im Fernsehen: »Wir müssen irgendwas tun.« Sechzehnhundert Ullersdorfer waren sich einig. Das »alte« und das »neue« Dorf, die Alteingesessenen und die Neuzuzüge. Was benötigt wurde, sollte Frank-Peter Wieth, ehrenamtlicher Ortsvorsteher, klären. Der meldet sich beim Krisenstab in Dresden. Was können wir tun? Der Rückruf kam am Tag darauf. Könnt ihr 300 Menschen unterbringen? »Können wir«, hatte der Dorfvorsteher ohne Zögern geantwortet. Und zu seiner Frau Susanne sagte er: »Wir haben sechs Stunden.« Wie sie das schaffen sollten? In jenem Moment hätte er nicht darüber nachgedacht, sagt Wieth später. Aber dafür war auch keine Zeit. Wieth griff zum Hörer. Ein paar Minuten später hatte er seine Bekannten befördert: zum Leiter des Bettenorganisationskommandos, zur Küchenchefin, zum Dispatcher für Versorgung. Keine Stunde später radelten sie bereits durch das Dorf: »Wir haben einfach an jeder Haustür geklingelt.« Die Nachfrage war klar und knapp formuliert: »Wir brauchen Betten, Kissen, Decken. Und wenn ihr habt, noch Lebensmittel.«

Schule, Kindergarten, Gasthof und Restaurant wurden ausgeräumt. Die Nachricht verbreitet sich im Dorf wie ein Lauffeuer. Achtzig Ullersdorfer hatten sich im stillgelegten Gasthof eingefunden, der Herd stand wieder unter Dampf, und Dorfbäcker Thomas Nitschke warf seinen Ofen an. Dreihundert Menschen wollten verpflegt werden. Die Ullersdorfer Frauen räumten ihre Küchen aus, Kinder schleppten Koffer mit Wäsche zu den Unterkünften. Jurist Gerd Linnemann übernahm die Leitung der Bettenstadt, Maria Minkner bot ihre Hilfe in der Küche an und wurde zur Verpflegungschefin erklärt, Christian Hoffmann übernahm das Aufbau-Kommando für die Betten. Gegen 22 Uhr erhielt Frank-Peter Wieth einen Anruf. Diesmal von einem Freund aus Dresden, Familienvater, zwei Kinder. Sein Haus sei gerade in den Fluten versunken, habe er gesagt, erinnert sich Wieth. Seine Antwort: »Kommt einfach her. Ihr könnt bei uns schlafen.« Um 23 Uhr tragen die Wäsche-Disponenten ein neues Problem an den Dorfvorsteher heran: »Wir haben keine Schlüpfer und kein Nachtzeug ab Größe 44.« Das Thema delegiert Wieth an seine Damen weiter: »Fragt doch mal bei euren Omas nach.« Die räumten ohne Zögern ihre Kommoden, und knapp sechs Stunden nach der Anfrage des Dresdner Krisenstabes standen 320 Betten, waren Kissen und Decken frisch bezogen. Auf den Tischen standen Körbe mit frischen Brötchen und dampfender Kaffee. »Jetzt können sie kommen.« Gekommen sind dann 370. Gegen Mitternacht rollten die ersten Busse und Sanitätswagen in das Dorf. Ältere Menschen, Bewohner eines

Dresdner Altenheims, evakuierte Familien mit Kleinkindern, Alleinstehende. Einige mit kleinen Taschen, die meisten nur mit dem, was sie am Körper trugen. Die Ullersdorfer waren geschockt: »Wie ein Flüchtlingstreck.« Christian Hoffmann kamen die Tränen. »Wie die so am Straßenrand standen ... Das ist wie beim Autorennen«, sagt Hoffmann. »Wenn man die Bilder im Fernsehen sieht, kann man sich unmöglich vorstellen, wie das wirklich ist.« – »Was für ein Vergleich«, fügt er nach einer kurzen Pause an. »Ich meine nur, so etwas kann man sich nicht vorstellen, wenn man es nicht selbst gesehen hat.«

»Wenn es mit meiner Wohnung in Dresden nichts mehr wird, komme ich zurück nach Ullersdorf«, sagte zehn Tage später ein Dresdner beim Abschied zu Hoffmann. Das hier war wirklich eine gute Idee gewesen.

Magdeburg. »Jetzt gibt's Ärger. Die Autonomen kommen!«

»Auch das noch. Jetzt gibt's Ärger. Die Autonomen kommen«: Die Helfer, die seit zwei Tagen im Magdeburger Stadtpark entlang der Elbe Sandsäcke stapeln, stellen ihre Schaufeln ab. Ein lädierter Transporter, ein weißer LT, ist vorgefahren. Der Fahrer, Anfang 20, blauer Irokesenschnitt, Tätowierung. Punks, stellt ein gut informierter Herr um die 40 trocken fest. »Das sind die aus dem besetzten Haus in der Diesdorfer Straße.« Mittlerweile haben sich fast 30 »Punks« um den Transporter versammelt. Nach einer kurzen Beratung öffnen sie die Ladeklappe und wuchten zwei große Boxen raus, einen Stromgenerator, eine Musikanlage. Wieder eine kurze Be-

sprechung. »Stones«, sagt einer zur Gruppe. »Stones?«
brüllt ein anderer in Richtung der Helfer. Die stehen
noch immer da, ungläubig, skeptisch. Der gut infor
mierte Herr schaltet zuerst. »Jut!« Fünf Minuten später
haben sich die »Autonomen« in die Menschenkette ein-
gereiht und stapeln Sandsäcke. Am Sonntag soll die
Flutwelle die Landeshauptstadt erreichen. Viele Bewohner des Stadtteils Cracau haben sich bereits selbst
evakuiert. Wenn der Damm, wie er hier heißt, dem
Hochwasser nicht standhält, sind fast 10 000 Menschen
direkt betroffen. Die Elbe, Normalstand etwa zwei Meter, steht bei 6,50 Meter. »I can't get no satisfaction«,
schallt es über den Damm. Autonomer Koordinator der
»Punks« soll ein Karsten sein. Der weiß zwar nicht warum,
klärt aber den gut informierten Mittvierziger auf. Eigentlich hatten sie für heute eine Demo geplant. Der
Mann ist irritiert. »Eine Demonstration«, sagt Karsten.
»Für den Erhalt der ›Ulrike‹.« Natürlich genehmigt von
der Stadt. Deswegen auch der Transporter und die Musikanlage. Kurz bevor es losgehen sollte, hätte dann einer von ihnen vorgeschlagen, die Demo zu verschieben
und gemeint, »... dass es doch sinniger wäre, schippen
zu gehen«. Die Hausbesetzer zogen noch schnell zum
Rathaus – war schließlich angemeldet – und verkündeten, dass sie in zwei Wochen wiederkämen. Jetzt wollten
sie Sandsäcke füllen. Wo sie denn gebraucht würden,
konnte ihnen hier aber irgendwie keiner sagen. Der
kleine Demonstrationszug setzte sich in Richtung Stadtpark in Bewegung. Elbe gleich Wasser, konnte also nicht
verkehrt sein. Das war gegen Mittag. Acht Stunden spä-

ter hatten sich die anderen Helfer am Elbdamm an die vom »UHT«, vom »Ulrike-Hilfs-Trupp«, gewöhnt. Der gut informierte Mittvierziger entpuppte sich inzwischen als Weinverkäufer Hans. Von dem besetzten Haus hätte er schon gehört. Das Haus, klären die Besetzer Karsten, Tim und Maja auf, stand drei Jahre leer. Im Sommer 2000 wären sie dann »in die ›Ulrike‹ eingezogen«. Benannt nicht etwa nach der ersten Bewohnerin, sondern nach der RAF-Terroristin Ulrike Meinhof. Vor drei Wochen wurde der Strom abgeschaltet. Die Stadt plant die Räumung. Wenn »die Ulrike fällt«, sind die Bewohner obdachlos: »Auch wenn wir nicht vom Hochwasser bedroht sind, kennen wir das Gefühl, bald ohne Dach über dem Kopf dazustehen.« Maja ist 16. Den Einwohnern der gefährdeten Gebiete wollen sie das ersparen, sagt sie. Mit Publicity für ihr Haus habe das nichts zu tun. Wenngleich es aber kein Nachteil sei, einige Vorurteile abzubauen: »Auf beiden Seiten.« Derzeit leben in der »Ulrike« 27 Hausbesetzer zwischen 16 und 30 Jahren, plus einem über vierzigjährigen »Hippie«, der seit Jahren Philosophie studiert. Hinzu kommen 19 Hunde. Die Frauenquote liegt bei 30 Prozent. Es gibt Schüler, Studenten. Und einige Arbeitslose – freie Künstler, wie sie hier heißen. In der Nacht trinkt der »UHT« mit dem THW ein »Arbeitsbier«. Die Männer vom THW sind von der Unterstützung angetan. Nur ein Gastronom zog irgendwann mal den Stecker. Er wollte lieber Radio hören.

In den folgenden sechs Tagen bieten die Autonomen betroffenen Stadtteilen und Gemeinden ihre Hilfe an. Ohne Musikanlage, aber mit Kassettenrekorder. »Echt

stark war die Aktion in Cracau«, sagt Tim. Da hätten sie
an den Haustüren geklingelt und Omis Sofas und
Schrankwände nach oben getragen. Weniger stark fand
Tim die Reaktion zweier Brötchen schmierender Damen
in der Hermann-Giesler-Halle, einem Verpflegungsstütz-
punkt. »Die haben uns vorgeworfen zu schnorren.« Das
traf die »Ulrike«-Bewohner in ihrer Ehre. Schließlich sei
die Hilfsaktion doch nicht nur »Kontakt zur materiell
orientierten Außenwelt«, sondern genau das, wofür sie
stehen. »Man arbeitet und bekommt dafür etwas zu essen.«
Zwei Grundsätze, die sie propagieren, wären Solidarität
und kollektives Leben. In den Fluttagen lebten die Magdeburger genau das.

Die Stadt hatte Glück. Der Scheitelpunkt der Flutwelle war niedriger als gedacht. Die wichtigsten Dämme
hielten. Nach 16 Tagen wurde der Katastrophenalarm
aufgehoben. Ärger mit den Autonomen gab es nicht.
Nur als sie beobachteten, dass ein Händler ungefüllte
Sandsäcke für 1,65 Euro anbot, sagt Karsten, ließen sie
sich mit dem Verkäufer auf eine heftige Diskussion ein.

Pirna: »Chef – ich habe Mist gebaut«

In der Nacht des 13. August ging über Sachsen der stärks-
te und längste Regen der letzten Jahre nieder. Taxifahrer
Heiko Scheller aus Dresden war seit Stunden im Dienst,
als eine junge, völlig aufgelöste Frau in seinen Merce-
des steigt. Sie will nach Pirna, zu Verwandten. Der Ort
soll irgendwie überflutet sein. »Ich habe nur 3,50 Euro.
Fahren Sie mich, so weit ich dafür komme.« Der Frau

war die Situation peinlich. Nach kurzem Zögern schaltet Heiko Scheller das Taxameter aus. »Kriegen wir hin.« Das Taxi nimmt die B 172, Richtung Heidenau. Oft müssen sie an den Straßenrand fahren, um Martinshorn und Blaulicht Platz zu machen. Die Frau bittet, das Radio anzustellen. Vielleicht gibt es ja Informationen, was in Pirna los ist. Ein paar Kilometer weiter sehen sie mit eigenen Augen, was in Pirna los ist. Barfuß im Wasser stehende Helfer. Riesige Berge aus Sandsäcken türmen sich entlang der Elbe auf. Scheller ist geschockt. Menschen in zerrissener Kleidung stehen in den Trümmern ihrer Häuser: »Es sah aus, als würden sie um ihr Leben kämpfen.« Kurz vor seinem Ziel wird das Taxi gestoppt. »Nur noch für Einsatzfahrzeuge.« Die junge Frau im Taxi fängt an zu weinen. Scheller schlägt vor, zu einem Stützpunkt für Helfer zu fahren: »Ich hatte da so eine Idee.«

Im nahe gelegenen Supermarkt fragt er nach Thermoskannen mit Kaffee. »Aber nicht die Kleinen, sondern richtige Geräte. Und belegte Brötchen.« Der Verkäufer holt den Marktleiter. »Der war erst baff, dann überzeugt.« In der hauseigenen Küche werden 80-Liter-Kannen aufgetrieben; Scheller wird zum kostenlosen Tanken geschickt. Dass er dann auch noch Becher ordert, nimmt man inzwischen gelassen hin. Scheller richtet einen Pendeldienst ein, fährt Stunde um Stunde zwischen Markt und Helfer hin und her. Man kennt ihn inzwischen: »Das Kaffee-Taxi ist da.«

Um in die besonders hart betroffenen Gebiete zu kommen, benötigt das »Kaffee-Taxi« einen Passierschein, of-

EIN LAND TROTZT DER FLUT

fiziellen Einsatzkräften vorbehalten. »›Stellt euch nicht so
an‹, habe ich gesagt, ›es sind doch auch eure Leute da
draußen.‹« Als Scheller auch noch das Tagesdatum in
»Unbegrenzt« geändert haben will, gibt der Verantwortliche auf. »Okay – du sollst deinen Schein haben.« Mit
dem Hinweis: »Fahr doch mal Richtung Weesenstein, die
haben bestimmt einen Kaffee nötig.«

Scheller kennt den Ort. Vor zehn Jahren war er mit seiner Frau das erste Mal in Weesenstein. Hier hatten sie ihr
Traumhaus gefunden. Mit dem Kauf hat es aus irgend-
welchen Gründen nicht geklappt. Jetzt kommt er wieder
an dem Grundstück vorbei. Nur, dass hier kein Haus
mehr steht. Es ist einfach zusammengefallen. »Wie nach
einem Erdbeben«, sagt Scheller. Man will es nicht glauben, selbst wenn man es gerade mit eigenen Augen sieht.
Er hat Tränen in den Augen. Er, der eigentlich nie weint.

Weesenstein gleicht einem Trümmerplatz. Eine Warnung für die Bewohner gab es nicht. Als der Damm bei
Glashütte brach, verließ die Müglitz ihr Bett und ergoss
sich als gewaltiger Strom ins Tal. Bäume, Autos, Straßen,
ganze Häuser wurden mitgerissen. Acht Häuser sind einfach weg, von einigen stehen nur noch Mauern. Wie Pup-
penstuben. Zweiundzwanzig Stunden war der 37-jährige
am ersten Tag im Einsatz. An der Front, wie er sagt. Irgendwann wollten ihn die anderen Helfer zum Essen zwingen.
Ihn, der das »Kaffee-Taxi« fuhr und belegte Brötchen or-
ganisierte. Aber er habe einfach nichts runterbekommen.

»Fehlt Ihnen was?«, fragt er einen Mann, der nur in
Unterhose am Straßenrand steht. »Mein Haus«, antwor-
tet der Mann. Scheller reicht ihm einen Kaffee. Das war

am Tag drei seines »Fronteinsatzes«. Über dem Ort brannte die Sonne. Irgendwie kann das alles nicht wahr sein, habe er gedacht. Und daran, dass seine Frau Wiebke in Erwartung des steigenden Grundwassers in Dresden noch immer auf gepackten Koffern saß.

Im Supermarkt teilte man die Mitarbeiter zum »Scheller-Dienst« ein. »Die haben nur noch gefragt: ›Was brauchst du?‹ Da hab ich richtiges Essen bestellt, einen riesigen Topf. Die da draußen im Schlamm brauchten ja mal was Warmes.« Wie viele Kilometer er gefahren sei, weiß er nicht, bei den Tagen muss er überlegen. »Fünf?« Am vierten Tag ruft er seinen Chef in der Taxizentrale an. »Chef – schmeißen Sie mich nicht raus. Ich habe Mist gebaut.« Der ist erst irritiert, zeigt dann Verständnis für Schellers Erklärung: »Ich kann auch morgen nicht kommen. Ich muss noch einmal nach Weesenstein. Die Helfer warten auf Kaffee.«

Kreinitz: »Wir können die Viecher doch nicht krepieren lassen!«

Irgendwann mussten sie weg. Drei Tage hatten sie an dem Deich gebaut. Über 100 000 Sandsäcke gestapelt. Jetzt drohte der Hof von Hermann Moddemann, dem größten Biomilchproduzenten Sachsens, abzusaufen. Tausend Kühe und Kälber. Holger Hoffmann, seit einem Jahr arbeitet er auf dem Hof, ist Schlosser und irgendwie Mädchen für alles, sitzt mit den anderen Helfern auf einem Traktor-Anhänger. Sie sind die letzten. Die 150 Bundeswehrsoldaten waren schon vor einer Stunde abgezogen. Das Wasser steht bereits auf dem

Hof. Der Deich droht zu brechen. Irgendwann kam die Nachricht, dass es jetzt höchste Zeit ist. Und da sei er, sagt Hoffmann, einfach losgerannt. Wie die anderen. Drei Tage schuften, zwischendurch nur ein paar Stunden schlafen, im Stroh. Alles umsonst? Als das erste Wasser kam, hätte er gehen können. Die Entscheidung habe der Chef jedem selbst überlassen. Aber er kennt den Mann schon seit fast zehn Jahren, sagt der fünfundzwanzigjährige Hoffmann. »Das geht doch hier nicht nur um meinen Job.« Als sie rennen mussten, hatte er Panik, gibt er später zu. Vorher sind sie noch zu den Ställen gelaufen und haben die Tore aufgemacht. »Damit die Viecher raus können.« Die Viecher sind im Stall geblieben. Das Wasser stand ihnen bereits bis zum Hals. »Um ins Freie zu kommen, hätten sie durch eine tiefere Stelle gemusst. Für die Tiere war das unlogisch.« In der Nacht sei sein Chef dann noch einmal zurückgegangen und hätte versucht, die Tiere zu retten. Umsonst.

Am nächsten Tag fahren Holger Hoffmann und zehn andere Helfer wieder zum Hof. Mit dem Boot. Darin sitzt auch Tilo Eysold, Fachbetreuer Rinderproduktion im Staatlichen Amt für Landwirtschaft Großenhain. Ein Schreibtischjob. Auch er war mit dabei, als gestern das Wasser kam. Zu Hilfe geeilt, um bei der Umsetzung eines Melkstandes mit fachmännischem Rat zur Seite zu stehen. Bis 2.30 Uhr hat er dann mit angepackt. Jetzt, um 7 Uhr, sitzt er mit 15 Freiwilligen in einem schwankenden Boot, das glucksende Geräusche von sich gibt. Mit vereinter Kraft wollen sie die Tiere raustreiben. »Man denkt kaum nach. Nur noch: Verdammt, wir können die Viecher nicht krepieren lassen.« Wie die Cowboys haben sie dann Seile geschwungen und mit Ketten gerasselt. Nur von Freiheit und Romantik keine Spur. Am Nachmittag fielen sich die starken Männer in die Arme. Die meisten Tiere waren gerettet, 90 verletzt, 30 tot. Die Kühe schrien erbärmlich. »Das sind Hochleistungstiere«, sagt Eysold, der Fachbetreuer. »Dreißig Liter am Tag. Die Euter sind kurz vorm Platzen.« Die Männer sind fix und fertig, übernehmen jetzt im Schichtdienst das Melken. Im Akkord. Ein Trupp Polizisten aus Nordrhein-Westfalen inspiziert die Gegend. Probleme mit Plünderern? Nein, mit dem Melken. Wir brauchen Verstärkung. Die Polizisten setzen sich per Funk mit ihrem Vorgesetzten in Verbindung. Okay. Dann reihen sie sich zu Hoffmann und Eysold in den Melktrupp.

Tausende haben sich freiwillig zum Hochwassereinsatz gemeldet. Haben fast trotzig gegen aufgeweichte Sandsäcke gekämpft. Sie haben gespendet, geschuftet, Brötchen geschmiert. Sie haben Fremden, die durch die Flut obdachlos geworden waren, in ihren Wohnungen ein Bett angeboten. Am 29. August sagte Bundeskanzler Gerhard Schröder, dass die Deutschen durch diese Solidarität bewiesen hätten, das sie ein Volk sind. Und dass selbst Zweifler eingestehen müssten, dass Reste einer Mauer zwischen Ost und West in den Köpfen gefallen sind. Ein Helfer in Bitterfeld findet andere Worte: »Ich war Teil einer chaotisch erscheinenden Organisation, die ohne Anweisung von oben funktionierte. Ich habe ein Wir-Gefühl gespürt, das einmalig war und eine Erfahrung hinterlässt, die unvergesslich bleibt.«

Zwischen Distanz und Mitgefühl

Minou Amir-Sehhi

Ein Reporterinneneinsatz wie jeder andere: Das dachte ich nur, bis ich mit meinem Kamerateam in dem kleinen sächsischen Städtchen Bennewitz ankam. Ein Ortsname, der wohl für die meisten Fernsehzuschauer bis zu diesem Zeitpunkt ohne jegliche Bedeutung war.

Keine 30 Kilometer vom trocken gebliebenen Leipzig entfernt, hatte ich kaum meine Gummistiefel angezogen, da kam schon die erste große, braune, schlammige Flutwelle auf uns zu. In einer unglaublichen Geschwindigkeit kamen die Wassermassen. In dem Augenblick war mir noch nicht klar, dass dies erst der Anfang eines Jahrhunderthochwassers werden sollte.

Erste Eindrücke vom Hochwasser

Es herrschte eine aufgeregte Stimmung. Die Bewohner wurden von den Feuerwehrleuten teilweise regelrecht aus den Fenstern gezerrt; alles ging schneller, als ich es sogar mit dem schnellen Medium Fernsehen gewöhnt bin. Mein Kameramann kam mit dem Drehen kaum nach, es stellte sich sekündlich die Frage: Was nun zuerst im Bild festhalten?

Besonders dramatisch waren die kleinen menschlichen Schicksale wie die Verzweiflung des Ehepaars Ulrich und Marion Willun mit ihrem dreizehnjährigen Sohn, die während der Evakuierungsaktion aus Versehen getrennt wurden. Wie so viele Menschen hatten sie nicht mit der Gewalt und Geschwindigkeit der Wasserfluten gerechnet.

Ulrich Willun kannte noch gut die Schilderungen seiner Großmutter, die schon früher ein ganz großes Hochwasser miterlebt hatte. Aber auch zu anderen Hochwasserzeiten war das Wasser immer nur ganz langsam gestiegen, nie war es so plötzlich gekommen.

Dabei hätte die Familie schon einen Tag vorher gewarnt sein können: Bei der Autofahrt über die nur 300 Meter entfernte Brücke über die Mulde hatte Ulrich Willun beobachtet, wie unfassbar nah das Wasser bereits an der Dammkrone stand. Als die Familie am nächsten Tag sah, wie hoch das Wasser sogar schon am eigenen Gartenzaun stand, versuchte sie noch zu retten, was zu retten war. Angst um seine Existenz hatte der Diplom-Ingenieur, denn sein gesamtes Werbe- und Grafikbüro befindet sich in dem schmucken Einfamilienhaus. Deshalb wollten die Willuns noch in aller Ruhe die Autos wegfahren, doch da war es schon zu spät: Ulrich Willun und sein Sohn wurden gleich von der Feuerwehr »abgefangen« und mussten sich schließlich bei einer Patentante im Nachbarort einquartieren. Marion Willun vermutete ihren Mann noch im Haus, da er immer beteuert hatte, es nicht verlassen zu wollen. Daher setzte sie sich noch an die etwas höher gelegene

Bushaltestelle und wartete in der Hoffnung, bald wieder in ihr Heim zu Mann und Sohn gehen zu können. Doch ihre Hoffnung wurde wie die vieler anderer enttäuscht: Kurze Zeit später mussten alle Bewohner den Ort verlassen. Marion Willun wurde erst in einer Turnhalle im nahe gelegenen Wurzen, dann in einem Frauenhaus untergebracht. Durch einen Zufall erfuhr sie zwei Tage später, dass ihre Sorge umsonst gewesen war: denn ihr Mann war ja entgegen seinen Beteuerungen gar nicht im Haus geblieben, sondern sicher bei der Verwandtschaft untergebracht, nur zwei Kilometer entfernt. Ein Schicksal von vielen der rund 5000 Bennewitzer.

Angst vor einer Überschwemmung der Chemiewerke

Nicht überall kam das Hochwasser so schnell: Die Region um Bitterfeld – unsere nächste Station – wartete teilweise Tage auf die Flut. Auf einer Brücke kurz vor der kleinen Stadt Jeßnitz in Sachsen-Anhalt kamen wir mit unserem Satellitenwagen erst an, als der Ort vor den Toren von Bitterfeld schon unter Wasser stand.

Von Jeßnitz, einer kleinen Stadt mit fast 4000 Einwohnern, waren teilweise nur noch die Dächer der Häuser zu sehen, wir entdeckten sogar einen Mann, der sich auf dem Dach seines Hauses verschanzt hatte, das er nicht verlassen wollte. Auch von dem direkt neben unserem Standort gelegenen Einkaufszentrum ragte nur noch die Oberkante der Einkaufswagen heraus; während unserer Berichterstattung verschwanden sie fast ganz.

Der Besitzer der Einkaufsanlage hatte reichlich Vorkehrungen getroffen: Schon bei den ersten Hochwasserwarnungen der Gemeinde ließ er alle Türen zumauern; bei den Fenstern ging das allerdings nicht, also lief das Wasser dort herein.

Auch wir konnten mit unserem Satellitenwagen nicht ganz vorfahren, wir mussten auf der Brücke stehen bleiben, immer bereit, den Wagen etwas weiter wegzufahren. Zu weit weg vom Geschehen durfte er aber auch nicht parken, da wir nur knapp 100 Meter Kabel hatten, das zur Übertragung mit der ausgefahrenen Satellitenschüssel auf dem Dach des Wagens notwendig ist.

Zu dem bizarren Bild kamen hier in dem komplett überfluteten Ort Jeßnitz die Geschäftsinhaber, die verständlicherweise Angst um ihre Existenz hatten. Der Fleischer vom Ort, ein großer, bullig wirkender, gestandener Mann um die 40, brach während einer Live-Schaltung in Tränen aus. Daraufhin musste ich meine Live-Reportage vorzeitig beenden, weil ich merkte, dass ich den Mann nicht weiter befragen konnte.

Diese unerwartete Situation brachte mich an die Grenzen journalistischer Professionalität, denn Mitgefühl zeigen ist das eine, Distanz halten das andere.

Natürlich konnte ich mit dem sympathischen Fleischer mitfühlen, der Angst um seine Existenz hatte und um alles, was er geschaffen hat. Dass dieser Mann, der wie ein Baum im Sturm wirkte, jedoch in Tränen ausbrechen würde, damit hatte ich trotz aller journalistischer Erfahrung nicht gerechnet.

Gefahr der Routineberichterstattung

Nach dem ersten Schock über das Hochwasser stellte sich schon bald eine nahezu professionelle Haltung ein, auch wenn keiner so genau wusste, was als Nächstes passieren würde. Manche Journalisten wurden beim stundenlangen Warten auf die Fluten zu mutig, was auch zu unvorsichtigen Aktionen anregte: Obwohl die Leinebrücke, auf der wir mit unserem Satellitenwagen standen, eigentlich gesperrt war und das Wasser schon bedrohlich nah an die Brücke heranreichte, passierten alle möglichen Leute ständig die Polizeiwachen.

Wir hatten unseren Satellitenwagen vor der Absperrung positioniert und eines unserer Kabel über die Brücke gelegt – so musste ich jedes Mal meinen Presseausweis vorzeigen, um zu meiner Live-Schaltung auf die andere Seite der Brücke zu kommen. Immer wieder wiesen mich die Einsatzkräfte der Polizei darauf hin, dass ich dies nur auf eigene »Gefahr für Leib und Leben« tun könnte. Aber in solchen Augenblick dachten wir alle nur daran, möglichst schnell und viel zu berichten; über Gefahren konnten wir kaum nachdenken. Die verschiedensten Redaktionen riefen an und wollten die neuesten Bilder; ein Beitrag von mir für die »Tagesschau« an einem ereignisreichen Samstagvormittag auf dieser Bitterfelder Brücke soll in Varianten über 20-mal gelaufen sein; mir selbst fehlte der Überblick. Schon nach einigen Tagen Hochwasser-Berichterstattung stellte sich die Gefahr der Routine ein. Als Journalistin musste ich immer damit rechnen, dass die

Zuschauer vieles schon nicht mehr hören und sehen wollen. Immer neue Informationen und Berichte über die vom Hochwasser betroffenen Bewohner zu bringen war jetzt besonders wichtig.

Hier wurde es auch zunehmend schwierig, nicht immer dieselben »Betroffenen« vor die Kamera zu holen, die vielleicht auch bei anderen Sendern gerne ihre Meinung sagen wollten oder schon gesagt hatten. Außerdem stellten sich die Menschen nahe den Hochwasser-Brennpunkten häufig als Katastrophentouristen heraus. Deshalb war es besonders wichtig, die Interviewgäste vor den Live-Reportagen möglichst ausführlich zu befragen, was in Anbetracht der schnell aufeinander folgenden Live-Schaltungen sehr schwierig war.

Schließlich kam auch Bundespräsident Johannes Rau auf die Leinebrücke, um sein Mitgefühl mit den Flutopfern zu zeigen. Die Tragweite der Hochwassers freilich war damals noch nicht ganz klar.

Die Innenstadt Bitterfelds war zu diesem Zeitpunkt bereits evakuiert, fast mutterseelenallein standen wir mit unserem Satellitenwagen auf dem Marktplatz. Gespenstisch still und leer war es, eine ungewohnte Situation für eine Reporterin und eine Fernsehcrew. Die Einsatzbusse standen bereit, um die letzten Unverbesserlichen aus der Stadt zu schaffen, bis die Flut kommen sollte. Alles, wirklich alles in Bitterfeld hatte geschlossen, vor sämtlichen Geschäften und Restaurants stapelten sich hunderte Sandsäcke.

Als ich kurz vor einer Live-Schaltung einen Spaziergang durch die ausgestorbene Stadt machte, traf ich eine

Zwischen Mitgefühl und Distanz

Hochschwangere, die mir erzählte, sie habe die ganze
Zeit geschlafen, die Geburt ihres Kindes sei schon eine
Woche überfällig, warum es denn hier nun so leer sei?
Ich empfahl ihr dringend, lieber aus der Stadt zu fahren, da hier die medizinische Versorgung wohl kaum
für sie gesichert sei, denn auch die Krankenhäuser waren bereits geschlossen. Sogar Tankstellen hatten ihre
Säulen abgebaut; alles hatte etwas von einem Kriegszu-
stand, so als wollten sich die Menschen vor Plünderungen oder feindlichen Übernahmen schützen, nur dass
der Feind in dem Fall das Hochwasser war.

Unseren einsamen Platz am Bitterfelder Marktplatz
verließen wir schon bald, um unsere Technik da zu sta-
tionieren, wo wirklich alle waren: ein Übertragungswagen neben dem anderen. Wir mussten aufpassen, uns
nicht gegenseitig ins Gehege zu kommen. Hätten wir
nicht gewusst, dass wir uns direkt am plötzlich voll ge-
laufenen Goitzsche-Stausee befanden, man hätte das
Ganze direkt für einen netten Ausflugssee halten können. Hier herrschte fast eine Campingplatz-Stimmung.
Auch der bayerische Ministerpräsident und Kanzler-
kandidat Edmund Stoiber ließ es sich nicht nehmen,
mit Gummistiefeln über den Deich zu waten. Spätestens beim Vorbeilaufen des riesigen Politiker- und Jour-
nalistentrosses an unserem Satellitenwagen fragte ich
mich, ob das alles noch etwas mit aktueller Berichterstattung zu tun habe oder ob der Wahlkampf auf das
Land verlegt worden sei. Die Gefahr der Vereinnah-
mung durch die Politik war während der Hochwasserkatastrophe besonders groß.

171

Hier wurden wir zum ersten Mal mit konkreten Falschinformationen konfrontiert, erfuhren aber auch, wie diese zustande kommen. Es hieß die ganze Zeit, der Damm am Tagebaurestloch sei gesprengt worden, und tatsächlich hatten wir ein lautes Geräusch vernommen, das sich aus der Ferne genau so anhörte. Auch die Nachrichtenagenturen meldeten dies so. Also mussten wir annehmen, dass es stimmte. Denn der Damm war unpassierbar, und wir hatten keinen Hubschrauber zur Verfügung. Später stellte sich heraus, dass der Damm gar nicht gesprengt worden war – was die Ursache für das laute Geräusch gewesen war, bekamen wir nie heraus.

Oft blieb uns als einzige Möglichkeit, zur Recherche den Katastrophenstab anzurufen – und der war auch nicht immer aktuell informiert. Bei der Masse der Live-Schaltungen und Beiträge, die wir täglich zu produzieren hatten, blieb oft zu wenig Zeit zur genauen Recherche. Manchmal kam ein Anruf, und Minuten später mussten wir spontan in eine Sendung schalten. Natürlich ist die Organisation während einer Katastrophe auch in einem großen Sender immer schwierig, da wird es schon mal übersehen, die Reporterin vorher zu informieren, wann und ob sie in die Sendung geschaltet wird. Letztendlich hat es aber den Umständen entsprechend immer noch ziemlich gut geklappt.

An diesem kurzzeitig beinahe als Medienstandort zu bezeichnenden Platz an der Goitzsche hatten wir zum ersten Mal überhaupt keinen Kontakt zu Bewohnern, zu Betroffenen. Dadurch wurde die Situation – ausschließlich mit Medienleuten fast aller Nationen – beinahe irreal. Man musste sich immer wieder klar machen, um was es hier eigentlich ging. Zumal die meisten Medienleute sich auch noch in dasselbe Hotel im etwa 20 Kilometer entfernten Brehna einquartierten, das höher als Bitterfeld lag und dadurch nicht von den Fluten bedroht war.

Schließlich begaben wir uns zum Einsatzzentrum. Tausende von Helfern vom Technischen Hilfswerk und von der Feuerwehr, aber auch Freiwillige wurden hier koordiniert. Hierher kam auch der Geschäftsführer der Chemiewerke Bitterfeld-Wolfen, Matthias Gabriel, der natürlich auf eine Beruhigung der Situation bedacht war. Denn die massive Angst vor einer Überflutung der Werke und damit einem Eintritt von Chemikalien ins Grundwasser war noch nicht gebannt.

Aufgeben gilt nicht

Nach vier Tagen Bitterfeld hatte sich die Lage leicht entspannt; nun drohte es in der Dessauer Region kritisch zu werden. Also packten wir mal wieder unsere Sachen und fuhren in die neue Hochwasserkrisenregion. Ein Stadtteil Dessaus, Waldersee, war bereits überschwemmt. Hier war kaum noch ein Herankommen. Für die Bewohner der erst vor einigen Jahren erbauten Häuschen waren die Fluten hier besonders tragisch.

Auch wenn sich die aktuelle Berichterstattung nun auf andere Gebiete verlagert hatte, wollte ich nicht das Thema abschließen, ohne noch mit Betroffenen über ihr Schicksal zu sprechen.

Die Familie Hofmann war erst im Jahr 1995 nach Waldersee gezogen; sie wollte weg aus der eintönigen Plattenbausiedlung Dessau-Süd. Dass sie ihr Häuschen im Grünen und in Wassernähe nur sieben Jahre würden genießen können, hätten sie wohl nicht gedacht. Immerhin hatte man die Familie schon evakuiert, als der so genannte Schwedenwall brach. Sie konnten sogar noch mal schnell in ihr Haus zurück. Allerdings stieg das Wasser dann innerhalb einer Stunde im Birnbaumweg, wo sie wohnten, so hoch, dass sie ihr Heim verlassen mussten. Nun leben die Hofmanns bis auf weiteres bei Freunden in der Dessauer Innenstadt.

So richtig begriffen hatte Heinz Hofmann das Ganze noch nicht: Die Schäden am Haus sind vielleicht reparabel; was ihm wehtut, ist all die viele Arbeit, die er in das Grundstück gesteckt hat: Arbeit, die unwiederbringlich weg ist. Das Letzte, was die Familie Hofmann von ihrem Haus sah, war Wasser: ein Meter 50 hoch, fast Schulterhöhe. Doch aufgeben gilt für sie trotz allem nicht, sie wollen wie die meisten Walderseer auf jeden Fall zurückkehren und in Zukunft mehr für die Deichpflege tun. Ärmel hochkrempeln und mit anpacken, heißt sein Motto. Eigentlich hatte Heinz Hofmann gerade Urlaub und wollte in Südtirol wandern, aber dazu hat er jetzt keine Nerven. Das will er nachholen, wenn sein Häuschen wieder im Trockenen ist. Nun wollen die Hofmanns so schnell wie möglich versuchen, wenigstens das Obergeschoss wieder bewohnbar zu machen, und dann Schritt für Schritt alles wieder herrichten. Doch dazu müssen sie erst einmal zurück in ihr Haus kommen. Und wenn die akuten Probleme gelöst sind, kommen zusätzliche Folgen: In Waldersee ist es der Ölfilm auf dem Wasser, der durch das Leckwerden einiger Öltanks zustande kam.

Doch es gibt auch Positives bei einer Naturkatastrophe wie dieser: Immerhin hat die Firma von Heinz Hofmann alle Mitarbeiter, die bei der Bewältigung der Hochwasserfluten helfen oder selbst betroffen sind, bei voller Bezahlung von ihrer eigentlichen Arbeit freigestellt. Große Unterstützung erfuhr die Familie auch von Bekannten und Fremden. Wie viele haben die Hofmanns in dieser Krisensituation gemerkt, wie sehr sich die Menschen bemüht haben, gegen das Hochwasser anzukämpfen, und begreifen das als Chance für mehr Solidarität untereinander. Womöglich einen wieder entstehenden Gemeinsinn, den es nach Meinung von Heinz Hofmann auch schon zu DDR-Zeiten gab. Vielleicht kann nun wieder etwas entstehen, was in den Jahren nach der Wende verloren ging, weil jeder nur auf sich selber geguckt hat. Ironie der Geschichte: Dieses Jahrhunderthochwasser begann am 13. August – dem 41. Jahrestag des Mauerbaus.

Wahrheit und Illusion

Sobald die ersten Hochwasserwarnungen für die Dessauer Region herauskamen, hatten viele Menschen auch außerhalb Sachsen-Anhalts verständlicherweise Angst um das weltberühmte Bauhaus und den Wörlitzer Park. Kaum waren wir in der Gegend angekommen, fuhr ich mit meinem Kamerateam zu den Meisterhäusern nach Dessau. Genau wie die berühmte Bauhaus-Hochschule waren sie mit Sandsäcken geschützt, jedoch trocken. Für die erste Sendung am Mittag musste schon ein Beitrag fertig gedreht, getextet und geschnitten sein; zusätzlich hatte ich mich für eine Live-Schaltung in dieser Sendung vorzubereiten. Da bis zum Beginn der Sendung kaum noch Zeit war, fuhren wir nicht mehr zum Wörlitzer Park, um uns dort selbst ein Bild von der Lage zu machen. Das sollte sich später noch rächen.

Bedroht war auch der Stadtteil Ziebig, in dem sich ein großes Klärwerk befindet. Wäre dies überflutet worden, die gesamten Abwässer der 80 000-Einwohner-Stadt Dessau hätten nicht mehr geklärt werden können. Die Dämme um das Klärwerk herum wurden von Hunderten von Hilfskräften rund um die Uhr mit Sandsäcken befestigt.

In entsprechender Entfernung zu dem größten Damm parkten wir unseren Satellitenwagen, um auf der einen Seite die Hilfskräfte bei ihrer Arbeit nicht stören zu wollen und auf der anderen Seite den Zuschauern möglichst viel vom Geschehen zu zeigen – mehrere Redaktionen beschwerten sich später prompt darüber, die »Aktion« sei viel zu weit weg gewesen.

In jeder Schaltung wurde ich von den Moderatoren im Studio gefragt, was denn nun mit den berühmten Sehenswürdigkeiten in der Region sei. Mit eigenen Augen gesehen hatte ich ja nur das Bauhaus, und da ich selbst auf Grund der anliegenden Schaltungen unseren Standort nicht verlassen konnte, schickte ich unser Kamerateam hin, um nachzuschauen. In der Zwischenzeit teilte mir die Redaktion mit, dass alle Agenturen meldeten, der Wörlitzer Park stehe schon zumindest auf den Wegen unter Wasser. Auch Einsatzkräfte an unserem Standort, also Kilometer von dem Unesco-Kulturerbe entfernt, bestätigten dies. Da ich die Angaben nicht nachprüfen konnte, war ich mir noch immer unsicher; die Kollegen sagten aber, das sei nun eine gesicherte Erkenntnis. Entgegen meinem Gefühl – ich machte mir später deshalb große Vorwürfe – sagte ich in der nächsten Schaltung: »Teile des Wörlitzer Parks stehen unter Wasser.« Aber im Lauf desselben Nachmittags rief unser Kamerateam an und sagte, der Wörlitzer Park sei komplett trocken! Nach dieser Erfahrung versuchte ich, den Zuschauern die Problematik der Falschmeldungen und ungenauen Informationen darzustellen, um ihnen zu vermitteln, dass die Situation einfach sehr unübersichtlich sei. Eine Entschuldigung konnte das natürlich nicht sein.

Lange haben wir gerätselt, wie es zu dieser Falschmeldung, die wieder von mehreren Nachrichtenagenturen verbreitet wurde, kommen konnte. Einer unserer Kameramänner hatte die zündende Idee: Wahrscheinlich war ein Agenturjournalist mit dem Flugzeug über den Wörlitzer Park geflogen und hatte die künstlich und teilweise recht unkonventionell angelegten Wasserflächen ganz einfach für Hochwasser gehalten. Anders als damit – und mit dem Konkurrenzdruck der Medien, stets als Erste und als Schnellste berichten zu wollen – konnten wir uns das nicht erklären.

Das Jahrhunderthochwasser an der Elbe und Mulde bedeutete nicht nur für die Bewohner eine Extremsituation, sondern auch für die Journalisten, die darüber berichteten. Als Reporterin war ich viel mehr in die Situation involviert, als dies bei normalen Ereignissen oder tagesaktuellen Themen der Fall ist. Die Balance zu halten zwischen dem Mitfühlen mit den Menschen, über die man berichtet, und der journalistischen Distanz, die trotzdem unbedingt gewahrt werden muss, war in der Hochwassersituation eine besondere Herausforderung.

Wenn nichts mehr zu retten ist

ANKE MÜLLER

Die Flut hat den Menschen alles, aber nicht ihren Mut genommen. In den Straßen von Grimma, Freital, Pirna, Dresden, Bitterfeld, Eilenburg, ungezählten kleinen Gemeinden – überall das gleiche Bild: zerstörte Häuser, aufgerissene Wege, geborstene Bäume, Telefonmasten und wasserdurchtränkte Sandsäcke. All das ist das Ergebnis des Hochwassers, eines nie da gewesenen Hochwassers, der so genannten Jahrhundertflut – ein viel strapaziertes Wort im August 2002, doch letztlich auch das treffendste. Noch nie kam das Wasser aus Mulde, Elbe, Weißeritz und anderen Flüssen so hoch und so gewaltig.

Als das Wasser ging, kamen die Inspektoren und begannen mit der Bestandsaufnahme. Keine Zeit für Sentimentalitäten. Sie schmierten riesige Ausrufezeichen und Kreuze an die Häuser. Das erste steht für »Einsturzgefahr«. Letzteres heißt: »Betreten erlaubt.«

Bei Peter und Runa Otschik aus Freital reichte es nicht mal mehr für das Ausrufezeichen – ihr Haus wurde abgerissen. Sie hatten es erst in den Jahren 1992 bis 1994 gebaut. Der Vorgängerbau stand 150 Jahre. Wegen Baufälligkeit gab der Denkmalschutz das dreistöckige Gebäude frei. Der Neubau überlebte gerade mal acht Jahre.

Runa Otschik hatte im zweiten Stock ihre Arztpraxis, im Dachgeschoss lebte eine Mutter mit Tochter zur Miete. Als die Flut kam, waren nur noch Peter Otschik, eine Arzthelferin und die beiden Mieter im Haus. Am Montagabend des 12. August hatte sich der Keller mit Wasser gefüllt – so schnell, dass es in die Schächte des Hauses eindrang und durchs Haus rauschte. Das Geräusch, so Peter Otschik, »klang wie ein Wasserfall«. Dann konnte sich die Flut des sonst so beschaulichen Flüsschens Weißeritz in die Fundamente fressen.

Wenig später fing das Haus an zu kippen. Otschik knüpfte sämtliche Bettlaken, die er finden konnte, zusammen, ließ sie aus dem Fenster. Dann seilten sich er und die anderen Hausbewohner langsam ab. Mit Hilfe der Nachbarn konnten sie sich ins Nebenhaus retten, doch auch dort stieg der Pegel. Drei Stunden später wurden sie vom Dach mit einem Hubschrauber evakuiert.

Das Ehepaar Otschik ist beruhigt, dass niemand verletzt wurde. Jetzt plagen sie zunächst finanzielle Sorgen. Sie haben einen Kredit über 100 000 Euro laufen und sind nicht gegen Hochwasser versichert. Hilfe ist also nicht zu erwarten.

»Wir stehen vor einem Riesenschuldenberg und müssen für etwas abzahlen, was es nicht mehr gibt«, sagt Peter Otschik. Doch von Resignation keine Spur. Bereits eine Woche später behandelt seine Frau im Nachbarhaus wieder Patienten.

Aber trotz ihres Willens zum Weitermachen wollte das Paar beim Abriss ihres Hauses dann lieber doch nicht dabei sein.

Stammgäste halten die Stange

Auch bei Bärbel und Walter Matzke aus Obervogelgesang, einem Ortsteil von Pirna, riss die Flut an den Pfeilern ihrer Existenz. Doch ihr Haus steht – durchtränkt bis an die Decke zwar, aber die Fundamente halten. Das Ehepaar Matzke wusste, dass das Wasser kommt, allerdings konnte ihnen niemand sagen, wie hoch es sein würde. Ihr kleines Traditionshotel, das sie vor zwölf Jahren gleich nach der Wende gekauft haben, liegt schon relativ hoch. Dennoch ergoss sich die Elbe mit all ihrem Schlamm und Schutt auf 1,30 Meter Höhe in das Erdgeschoss.

Zwölf Jahre hatten sie investiert, das Haus um- und ausgebaut, es um einen Biergarten erweitert. Walter Matzke sagt: »Darin stecken Ideen, Schweiß und gutes Geld.« Aufgeben können und wollen sie nicht. Die Kredite laufen weiter. Der Getränkekeller war völlig abgesoffen. Was wirklich noch zu retten war, ließ sich in den ersten Tagen schwer feststellen. Achtzehn Kisten musste Walter Matzke aus dem Gewölbe wuchten. Bei Tageslicht spritzte er die Flaschen oder das was davon noch übrig war mit frischem Wasser ab. Bei Korn und Wodka bestanden zunächst noch Chancen. Nur wusste niemand, in welcher Flasche was ist. Alle Etiketten waren ab. Allein bei den Alkoholika hatte Matzke einen Schaden von 5000 Euro zu verzeichnen. Auch die Kühlboxen waren dahin, macht noch mal 2500 Euro – und das lediglich im Getränkekeller.

Für den dreizehnjährigen Sohn Marko war die Flut fast ein kleines Abenteuer. Er musste nicht zur Schule,

konnte bei einem Freund übernachten und fand im
Hochwasser-Sperrmüll einen Plastiksack mit dutzenden
Modellautos. Das war seine kleine Belohnung für viele
Tage Schlammschippen und Aufräumen nach der Flut.

Den Gewerbetreibenden im Elbtal wurde Hilfe versprochen. Matzke bekam Hilfe vom Landratsamt und
nicht zuletzt von seinen Stammgästen. Auch ihret-
wegen hat er bereits nach einer Woche den Schankbe-
trieb auf der grünen Wiese wieder aufgenommen.

Mit 48 Jahren kann noch nicht Schluss sein

Fleischermeister Manfred Keller aus Grimma muss dagegen eine Arbeitspause von drei Monaten verkraften.
Als an jenem Montag eine Flut wie im Jahr 1974 vor-
ausgesagt wurde, war er noch zuversichtlich. Damals
reichte das Wasser nur bis zu den Stufen seines Ladens.
Sicherheitshalber hatte er alles hochgestellt, was nicht
fest verankert ist. Doch das Wasser der Mulde stieg bis
unter die Decke des Fleischgeschäfts. In wenigen Stunden wurde seine Existenz ruiniert. Das Familienunter-
nehmen sitzt seit dem Jahr 1876 am Grimmaer Markt 1.
In den vergangenen zehn Jahren investierte er zweieinhalb Millionen Mark nach und nach in sein Ge-
schäft. Die Flut riss sein zwölf Quadratmeter großes und
zweieinhalb Meter hohes Kühlhaus aus der Veranke-
rung. Mehr als fünf Tonnen Fleisch wurden vernichtet.
Insgesamt richtete das Wasser einen Schaden von mehr
als einer Million Euro an: Eine Woche nach der Flut
hatten Keller, seine 13 Angestellten – die er auf Kurz-

WENN NICHTS MEHR ZU RETTEN IST

arbeit setzen musste – und viele Helfer sämtliche Flie-
sen und den Putz abgehackt. Er hatte erst im Juli alles
neu gefliest. Die 70 Zentimeter dicken Mauern müssen
trocknen, langsam trocken – insgesamt drei Monate.
Seine Zuliefererfirmen zeigten sich kulant und boten
ihm die kostenlose Reparatur seiner Geräte an. Auch
sein Vermieter hatte Verständnis und setzte die Miete
um die Hälfte runter.

Manfred Keller hat eine Versicherung. In der Police
sind auch Elementarschäden aufgeführt, bei einer
Selbstbeteiligung von 25 000 Euro. »Wenn der Rest des
Schadens ersetzt wird, geht es weiter. Es bleibt mir
nichts anderes übrig.« Mit 48 Jahren einpacken?

Nein, das wollte er nicht. Außerdem steckt seine
Tochter Christin gerade in Stuttgart in einer Fleischer-
Ausbildung. Sie soll den Laden später übernehmen.
Christin und sein Personal hätten auf ihn eingeredet,
ihn ermutigt. So stand seine Entscheidung zum Durch-
halten schnell fest.

Als Soforthilfe bekam Keller 1500 Euro vom Landratsamt und 1500 Euro von der Stadt: zusammen ein Tropfen auf den heißen Stein, aber immerhin. Seine Mutter
und Schwiegermutter springen finanziell zunächst ein.

»Ich kann ja nicht warten, bis das Geld kommt«, sagt
Keller. Die Elektriker kriegen was, und das Kabel be-
komme man ja auch nicht geschenkt. Zudem lägen
noch 50 Prozent Altlasten auf dem Gebäude. Doch
Manfred Keller hatte Glück. Der positive Bescheid der
Versicherung kam bald. Das war der Startschuss. Ein
Neuanfang beginnt.

ANKE MÜLLER

Als die Ratten aus der Mulde kamen

Die Kellers mussten gar nicht weit gucken, um zu sehen, wie viel Glück sie noch im Unglück hatten. Ihre
Tochter Ricarda zum Beispiel, die ebenfalls in Grimma
lebt, musste aufgeben. Seit Februar 1998 hatte sie eine
Kneipe namens »Kuckuck«. Mit Enthusiasmus hatte sie
die Kneipe aufgemacht und betrieben: vier Jahre lang
kein Urlaub, vier Jahre lang kein Wochenende, jeden Tag
geöffnet – trotzdem hat sie ihren Laden gern gemacht.

Erst im Februar 2002 wurde der »Kuckuck« mit verschiedenen Wischtechniken neu gemalert und der
Stuck frisch gestrichen. Am Morgen des 12. August war
sie noch mit ihrem Freund und ihren Hunden an der
Mulde. »Man konnte zugucken, wie es stieg«, so Ricarda
Keller. Aber zu diesem Zeitpunkt haben sie einfach
noch nicht mit dem Schlimmsten gerechnet. »Wir haben regelrecht Katastrophen-Sightseeing gemacht.« Jedes Wehr, jede Hänge- und jede Steinbrücke haben sie
sich angeguckt und trotzdem nicht daran geglaubt,
dass ihnen ihre Existenz genommen werden könnte.

Erst als Ricardas Freund am Abend so gegen 22 Uhr
die Ratten aus der Mulde flüchten sah, wurde ihnen
mulmig. Zu dieser Zeit fuhr auch schon ein Feuer-
wehrwagen durch die Straßen, der ein Hochwasser wie
1974 ankündigte. Dann fingen sie an, Sandsäcke zu füllen: »Bis sie uns zwangsevakuiert haben«, sagt Ricarda.
Sie sind dann rüber in den Ratskeller, der tiefer im Ort
liegt, um Sandsäcke zu schleppen. Ricarda wusste ja
oder hoffte, dass die Klosterstraße, wo ihre Kneipe liegt,

erst später von den Fluten heimgesucht wird. Doch vergebens. Erst als sie am nächsten Tag mit dem Boot durch Grimmas Straßen fuhr, wurde ihr bewusst, was geschehen war. Sie war nicht in Tränen aufgelöst, sagt sie. Es waren mehr die Erinnerungen, als sie an ihrer Schule und an dem Haus ihrer Eltern vorbeipaddelte. »Die Bootsfahrt, ja, das war das Schlimmste.«

Im »Kuckuck« stand das Wasser genau wie bei ihrem Vater bis unter die Decke. Das Mobiliar war hin. Sie hätte noch zwei Kreditraten bei der Bank zu zahlen gehabt, dann wäre sie fertig gewesen. Sie dachte immer, nächstes Jahr wird alles besser, wollte sich ein Auto kaufen, mit dem man auch Fässer transportieren kann, aber nun war alles futsch. Sie schmeißt hin. Der »Kuckuck« ist Geschichte.

Aber sie hat schon wieder eine neue Idee. In Grimma und Umgebung gelte sie als Hundeverrückte, sagt sie. Und die Idee einer Welpenschule schwirre ihr schon lange im Kopf herum. Das will sie jetzt angehen. Zunächst zahlt sie ihre restlichen Schulden von 7500 Euro zurück: »Es ist wie ein Auto zu bezahlen, was man nie fährt«, so Ricarda. Trotzdem ist sie nicht verbittert. Die Leute, die ihr Leben riskierten, alte Menschen, die selbst kaum was haben und ihr 50 oder 100 Euro zusteckten, die machen ihr Mut. Sie will in Grimma bleiben. Sie hat vier Jahre hart gearbeitet und nichts verdient, und trotzdem will sie sich »blauäugig«, wie sie selbst sagt, wieder ins nächste Abenteuer stürzen. Eine Welpenschule steht auf dem Programm, und vielleicht macht sie da auch noch ein bisschen Gastronomie. Klar fragen sie ihre Stammkunden: »Wo sollen wir denn jetzt trinken gehen?« Sie weiß um ihre soziale Verantwortung. Aber die Entscheidung steht fest. Der »Kuckuck« ist tot. Es lebe die Welpenschule.

Meißens Doppelschwerter im Kampf um Touristen

In der Meißener Porzellanmanufaktur kann man den Schaden einige Tage nach dem verheerenden Hochwasser noch gar nicht beziffern. Dabei hat der Produktionsbereich der ursächsischen Firma Glück gehabt. Eine Woche Produktionsausfall, das sei zu verkraften, sagt Firmensprecherin Gundela Corso. Die Keller standen unter Wasser. Der Elbeschlamm hat das empfindliche Formenlager zugeschüttet, das nun akribisch wieder gesäubert wird. Aber die Formen sind zu retten. Das eigentliche Problem kommt auf den Edelporzellanproduzenten erst zu: Meißen lebt zu einem Gutteil von Touristen. Die strömten sonst gerade im Sommer ins Porzellanmuseum und nahmen im Firmenladen gleich noch eine Sammeltasse mit: »Wir haben mit Umsatzeinbußen zu kämpfen«, sagt Gundela Corso. »Durch die Stornowelle bleiben die Touristen aus.«

Seit dem Jahr 1710 ist Meißen zum Symbol edelsten europäischen Porzellans geworden. Und die Doppelschwerter haben noch ganz andere Krisen bewältigt. »Das Wichtigste ist jetzt, dass wieder Touristen kommen.« Derweil hat die Manufaktur eine Medaille auf den Markt gebracht, um anderen Flutopfern zu helfen. Zwölf Euro das Stück, sieben davon werden gespendet.

»Wir sind zwar selbst betroffen, aber andere hat es ja viel schlimmer erwischt.« Die Medaille kann auch im Internet bezogen werden. Gundola Corso: »Solange die Touristen nicht herkommen, wandert eben das Porzellanstück zu ihnen.«

Nur zwei bis drei Wochen Zeit

Zu Marcus Kamm sind schon viele gewandert; vor allem Politiker, die den Schaden bestaunten. Kamm hat die Fassung bewahrt und bewahrt sie noch. Noch. Seiner Firma Rasoma in Döbeln sitzt die Zeit im Nacken. »Noch zwei, drei Wochen, dann geht's an die Substanz«, sagt Kamm. So lange kann er die 71 Angestellten halten. Dann werden größere Rechnungen fällig. Also muss die Hilfe vom Bund her, und zwar schnell. Sonst hat auch Döbeln bald noch ein Problem mehr.

Die Maschinenfabrik stellt sensible Spezialgeräte her, wie sie etwa die Autoindustrie braucht. Gleichgültig ist das Wasser-Schlamm-Gemisch in die empfindlichen Anlagen gestiegen und hat in wenigen Tagen dreieinhalb bis vier Millionen Euro Schaden verursacht. Eine erste Überweisung hat Kamm schon bekommen: 400 Euro Soforthilfe. Das hat nicht einmal für die Verpflegung und die Kästen Bier für die Helfer gereicht.

Sieben Millionen haben er und sein Kompagnon in Rasoma investiert. Den Gewinn steckten sie immer sofort in die Kredittilgung. Mit einem Wort: Flüssiges Kapital ist nicht da. Und die Maschinen kann man auch keiner Bank mehr als Sicherheit anbieten.

»Ich hab die Anträge ausgefüllt«, sagt Kamm sehr gefasst. Seine Leute haben den Schlamm weggeschaufelt, die Maschinen auseinander geschraubt: »Da hatten wir Glück. Wir sind schließlich Maschinenbauer.« Und er hat die Kunden vertröstet. Doch die Rechnungen werden fällig. »Sonst haben wir keine Chance.« Und dabei ist Kamm noch immer eigenartig gefasst.

»Es gibt genug zu tun«

Eigentlich waren die Bitterfelder glücklich über das Wasser. Die Flutung der vielen Tagebaurestlöcher, die im Frühjahr 1999 begann, hat der Region gut getan. Rund um die Goitzsche wurden Promenaden angelegt. Der Schmutz und Staub der Chemieregion war fast vergessen. Die Bitterfelder waren vorgewarnt. Sie hatten gesehen, was der Fluss in Grimma und Eilenburg angerichtet hatte. Aber niemals hätte jemand gedacht, dass die Mulde mit einer solchen Kraft den Stausee voll- beziehungsweise überlaufen und Dämme brechen lässt, sagt Pfarrerin Annette Bohley aus Bitterfeld.

Am Donnerstag, dem 15. August, kam die Flut. »Man konnte zusehen, wie das Wasser in der Goitzsche stieg«, sagt die Pfarrerin. Gegen Mittag fuhren auch die ersten Polizeiwagen durch die Stadt, mit der Durchsage: »Machen sie sich zur Evakuierung bereit.« Die Pfarrerin: »Es war wie ein Film. Alle Geschäfte haben zugemacht. Die Stadt war innerhalb kürzester Zeit wie ausgestorben.«

In aller Eile verließen die Menschen Bitterfeld und richteten ein Verkehrschaos an. Die Pfarrerin selbst quartierte sich bei ihrem Kollegen in Wolfen ein. Sie hatte Glück. Das Lutherhaus, in dem sie arbeitet, und Ihre Wohnung sind verschont geblieben. Deswegen fuhr sie auch jeden Tag in die Pfarrei und arbeitete am Telefon. Sonst war niemand mehr in der Stadt zu erreichen. Alle Schulen und Behörden waren zu: »Ich habe versucht, Auskünfte zu geben, Spenden entgegenzunehmen, die Leute zu beruhigen.«

Erst anderthalb Wochen nach der Flut wurde die Evakuierung aufgehoben. Die Leute durften in ihre Häuser zurück. Und der Schock sitzt tief. Die allermeisten Bitterfelder können immer noch nicht glauben, was da passiert ist. In den ersten Gesprächen erfährt Pfarrerin Bohley von der Betroffenheit der Menschen.

Nein, resigniert seien sie nicht, aber sehr verunsichert. Wo bleibt das Wasser, wo läuft es hin, kommt es mit gleicher Gewalt wieder, seien die Fragen, die sie sich stellen. Auch zweifeln manche jetzt daran, ob sie weitermachen sollen wie bisher. Arbeit gibt's eh nicht, sagen viele. Was mit den giftigen Reststoffen aus dem Chemiedreieck ist, komme erschwerend hinzu.

Die Menschen wollen wissen, wer sich um die Dämme kümmert, warum die Auenlandschaften nicht versiegelt wurden, wieso das Wissen der alten Leute um das Wasser so ignoriert worden ist.

Das ist ein wunder Punkt für viele, die seit Jahrzehnten in Bitterfeld leben und in der Chemie gearbeitet haben, für die die Mulde umgeleitet werden musste. Sie sagen sich, es kann doch nicht sein, dass wir die vielen Jahre umsonst gearbeitet haben, und empfinden diese

Fragen regelrecht als »nachträgliche Kränkung«, sagt die Pfarrerin. Sie schwärmen dagegen vom tollen Katastrophenschutz damals, der ja mit heute nicht mehr zu vergleichen sei.

In den nächsten Wochen und Monaten will die Pfarrerin dabei helfen, dass Bitterfeld wieder einen normalen Alltag erleben kann. Es wird eine Gruppe gebildet, die entscheidet, wie mit den Spenden umgegangen wird, wer wie viel bekommt. Die Pfarrerin weiß aber auch, dass es Enttäuschungen geben wird. Manch einer wird sich bei der Spendenübergabe ungerecht behandelt fühlen, andere werden sich nicht trauen, um Geld zu bitten. Sie warten stattdessen darauf, dass man auf sie zukommt. Wieder andere werden Hilfsideen in den Raum stellen, mit denen niemand umzugehen weiß. Annette Bohley sagt: »Es gibt genug zu tun.«

Vierzig Jahre danach

HELMUT SCHMIDT

Als Hamburg vor vierzig Jahren in der Nacht vom
16. auf den 17. Februar 1962 vom Hochwasser heimgesucht wurde, traf das die Menschen in der Stadt völlig
unerwartet. Nicht deshalb, weil man eine Sturmflut
ausschloss, Hochwasser hatte es immer schon gegeben.
Wohl aber, weil sich im Bewusstsein der Bürger die
Überzeugung verfestigt hatte, dass Hamburg durch
Wasser nicht mehr wirklich gefährdet werden könne.
Eine Sturmflut wie die vom Februar 1962, bei der ein
Fünftel des hamburgischen Staatsgebietes überflutet
wurde, hatte niemand für möglich gehalten. Großstäd-
ter sind im Vergleich zur Landbevölkerung den Naturgewalten weniger stark ausgeliefert, sie haben dadurch
das Gefühl für Gefahren, die ihnen von der Natur drohen, mehr und mehr verloren. Die Hamburger mussten im Jahr 1962 lernen, dass die moderne Technik die
Naturgewalten nicht vollständig beherrschen kann.
Diese Lehre ist uns jetzt, vierzig Jahre später, durch die
verheerenden Überschwemmungen der Elbe und ihrer
Nebenflüsse auf schmerzliche Weise wieder ins Bewusstsein gerückt worden.

Insgesamt 315 Hamburger sind damals während der
Sturmflut zu Tode gekommen. Und trotzdem hatte die

Stadt noch Glück, denn es hätte sehr viel mehr Menschen treffen können. Am Morgen des 17. Februar, also direkt nach der Unglücksnacht, musste man damit rechnen, dass 10 000 Menschen ihr Leben verlieren könnten. Dass dann doch so viele Menschen gerettet werden konnten, lag ganz entscheidend an der tapferen Einsatzbereitschaft der zivilen und besonders der militärischen Helfer. Die große Hilfsbereitschaft, die umfassende Solidarität und die tätige Nächstenliebe habe ich damals als besonders beglückend erlebt.

Beeindruckend war einerseits die Zusammenarbeit aller Kräfte, die helfen konnten, Menschen zu retten. Beeindruckend war genauso das Engagement sehr vieler junger Leute, denen manch einer angesichts des wachsenden Wohlstands und der deshalb zunehmenden Bequemlichkeit eine große Einsatzbereitschaft gar nicht zugetraut hätte. Hilfsbereit waren aber nicht nur die Hamburger und die Deutschen, Hilfe kam auch aus Dänemark, England, Holland und vom Oberkommandierenden der Nato in Europa.

Die Lehre von damals hat sich im August 2002 in Sachsen, Sachsen-Anhalt, Brandenburg und Schleswig-Holstein bewahrheitet: Solidarität macht stark. Weder das Grundgesetz noch der Bundestag noch die Regierungen können mitmenschliche Solidarität erzwingen. Sie ist vielmehr die persönliche moralische Aufgabe des Einzelnen. Aber Solidarität und Brüderlichkeit reichen nicht aus. Die Flutkatastrophe vom Februar 1962 war ein übergesetzlicher Notstand, der es rechtfertigte, sich auch über Gesetze und Vorschriften hinwegzusetzen.

VIERZIG JAHRE DANACH

Jeder war damit einverstanden, dass angesichts einer solchen Bedrohung geltende Bestimmungen vorübergehend außer Kraft gesetzt werden mussten. Niemand beharrte auf seinen Kompetenzen, alle zogen an einem Strang. Es gab für die Beteiligten keine Unterstellungsprobleme, weder bei den angeforderten deutschen und ausländischen Soldaten noch bei der Polizei, der Feuerwehr und den zivilen Behörden und Ämtern. Auch die Medien erwiesen sich als hilfsbereit und nützlich. Alle verstanden die Notwendigkeit unbürokratischer Zusammenarbeit. Wir alle haben damals dazugelernt.

Hier liegt für mich einer der wesentlichen Unterschiede zwischen der Hamburger Flutkatastrophe von 1962 und den Überschwemmungen der Elbe und ihrer Nebenflüsse im Sommer 2002. In Hamburg hatten nur ein Zivilist und ein Militär das Sagen: der Innensenator Schmidt und der Admiral Rogge. Ähnlich war es übrigens im Jahr 1997 beim Oderhochwasser: Der Umweltminister Platzeck und der General von Kirchbach gaben die Befehle. Im August 2002 waren an dem Kampf gegen die Flut viele Verwaltungen und Gremien beteiligt. Trotz des Kompetenzwirrwarrs funktionierte die Zusammenarbeit der Hilfskräfte in den vom Hochwasser betroffenen Gebieten erstaunlich gut; sie hätte bei strafferer Organisation aber noch besser funktionieren können. Vor allem die Bundeswehr hat, gemeinsam mit dem Technischen Hilfswerk, den Feuerwehren und zahlreichen Hilfsorganisationen auf Kreis- und Landesebene, hervorragende Arbeit geleistet.

193

Den zweiten Unterschied halte ich für noch gravierender, weil er möglicherweise langfristige Auswirkungen haben wird. Im August 2002 war zwar Wahlkampf, aber ich hätte mir doch ein engeres Zusammenrücken von Regierung und Opposition gewünscht. Es wäre von der Bevölkerung als weithin sichtbares Signal verstanden worden, wenn sich Gerhard Schröder und Edmund Stoiber zusammentelefoniert und gemeinsam entschieden hätten, den Wahlkampf für vierzehn Tage auszusetzen. So wie im Jahr 1977 im Falle der Geiselnahme von Hanns Martin Schleyer durch die RAF-Terroristen und bei der anschließenden Entführung der Lufthansa-Maschine nach Mogadischu Regierung und Opposition zusammenstanden. Damals war es selbstverständlich für die Regierung, die Opposition einzuladen, zu informieren und mit ihr die Lage zu erörtern und Lösungsvorschläge zu besprechen. Und für die Opposition war es selbstverständlich, nicht mit eigenen, womöglich konträren Vorschlägen an die Öffentlichkeit zu gehen. Wenigstens Spitzenpolitiker müssten wissen, dass es Ereignisse gibt, wo nicht der Politiker gefragt ist, sondern der Staatsmann.

Hinzu kommt, dass von den Hochwasserschäden vor allem die neuen Bundesländer betroffen sind. Deshalb halte ich die Überschwemmungen vom Sommer 2002 für eine nationale Katastrophe, deren Folgen tiefer greifen werden als die der Überschwemmungen in Hamburg vor vierzig Jahren. Es ist deshalb eine Katastrophe für die ganze Nation, weil es ausgerechnet die Menschen trifft, die gerade erst mit dem Aufbau ihrer Exis-

VIERZIG JAHRE DANACH

tenz begonnen hatten. Sie hatten viel geleistet und zu
Recht geglaubt: Endlich haben wir es geschafft. Jetzt
hat die Flutkatastrophe viele von ihnen um Hab und
Gut gebracht. Wäre das Unglück im Westen geschehen –
es wäre zwar schmerzlich gewesen, aber es hätte Gebiete getroffen, die über weit mehr Reserven verfügen.

Auch deshalb ist heute die ganze Nation gefordert.
Wir konnten nicht nach Dörnitz fahren, weil wir dann
nur die Straßen verstopft hätten. Bundesweit wurde in
zahlreichen Aktionen zu Spenden aufgerufen, und das
Echo war überwältigend, die Solidarität groß. Die Regierung hat schnell ein umfassendes Hilfsprogramm
aufgelegt. All das wird aber keineswegs ausreichen,
denn es wird nicht damit getan sein, den Zustand vor
der Flut wieder herzustellen. Wir brauchen vielmehr einen gewaltigen qualitativen Sprung, der den Osten
nach vorn bringt – über den Zustand vor der Flut hinaus. Jetzt, wo der Wahlkampf vorüber ist, wird es von
der Regierung abhängen, dies zu erkennen und das
Aufbauprogramm Ost in einem neuerlichen Anlauf zu
einer gemeinsamen nationalen Anstrengung zu machen. Die Menschen im Osten brauchen nicht nur materielle Hilfe, sondern auch Zuspruch und Ermutigung –
nicht nur von den Kirchen und karitativen Einrichtungen, sondern auch und gerade von den Politikern, denen in der Regierung und denen in der Opposition.

Die Lehre aus der Hamburger Flutkatastrophe vom
Februar 1962 gilt bis heute: Solidarität macht stark. Vie-
les ist erreichbar, wenn wir uns alle gemeinsam für eine
Aufgabe einsetzen, die im wahren Sinne des Wortes

notwendig ist und die darüber hinaus in unserem nationalen Interesse liegt. Ich bin überzeugt, dass ein derartiger solidarischer Einsatz auch heute möglich ist. Bei den Überschwemmungen der Elbe und ihrer Nebenflüsse im August 2002 haben wir zahllose persönliche Beispiele für tatkräftige Nächstenliebe erlebt. Es kommt darauf an, diese Solidarität, gerade auch die Solidarität der alten Bundesländer mit den neuen im Osten, auf Dauer zu festigen und weiter auszubauen.

Darüber hinaus wird unsere besondere Aufmerksamkeit in jedem Fall der Vorsorge gelten müssen. Diese war weder 1962 in Hamburg noch 2002 in Sachsen, Sachsen-Anhalt und Brandenburg ausreichend. Hamburg hat nach der Flutkatastrophe alle Anstrengungen unternommen, um sich vor einer neuerlichen Sturmflut, so gut es geht, zu schützen. Das sollte für die neuen Bundesländer Ansporn sein. Man darf die Vorsorge allerdings nicht allein dem Staat und seinen Behörden überlassen. Wir Bürger müssen erkennen, was wir selbst tun können und tun sollen, um auf mögliche zukünftige Unglücksfälle besser vorbereitet zu sein. Solidarität, Vernunft und Tatkraft sind nötig, um Katastrophen, wie wir sie 1962 in Hamburg und vierzig Jahre später an der Elbe und ihren Nebenflüssen erlebt haben, vorzubeugen und wirkungsvoll entgegenzutreten.

»Ihr, die ihr auftauchen werdet aus der Flut ...« – Die Flutkatastrophe 2002 und die deutsche Einheit

FRIEDRICH SCHORLEMMER

Nirgendwann waren die Deutschen sich seit jener euphorisch-überraschenden Nacht des 9. November 1989 so nahe, wie während der traurig sich überstürzenden Nachrichten von der Flut, die im August 2002 – mit bislang ungeahnter Wucht und Masse – aus Böhmen und aus dem Erzgebirge herunterschoss. Bilder der Verwüstung und Verzweiflung erweckten tiefe Gefühle des Mit-Leidens und mobilisierten den Willen zu persönlicher Hilfe. Auch Erschrecken. Was ist los mit unserer Welt, was ist unser aller Anteil an weltweiten »extremen Wetterlagen«?

Im Mittelpunkt: Dresden. Die Symbolstadt des Infernos vom 13. Februar 1945 und Symbol für selbstbewussten Wiederaufbauwillen, aber auch Städte und Dörfer, deren Namen jetzt jeder kennt, der die »Reise durch ein geschundenes Land« verfolgt hat: Pirna, Schmiedeberg, Grimma, Weesenstein, Meißen. Und Eilenburg, Bitterfeld, Dessau, Mühlberg, Torgau, Wittenberg-Seegrehna sowie das Wörlitzer Gartenreich. Hitzacker und Amt Neuhaus. Stündliches Mitbangen für jede Sickerstelle, jede Sandsackaktion und jede Evakuierung, jeden Durchbruch und jede Entwarnung, die gemeldet wurden.

Viele Westdeutsche sahen persönlich – oder aus den Medien – erstmalig, was alles Wunderbares doch überall wieder erstanden war und nun »den (reißenden) Bach hinunterging«, in gigantischen Fluten versank. Und sie sahen und hörten, was die Ostdeutschen bisher eingesetzt hatten, wie verzweifelt die hart Betroffenen jetzt sind, wie viel Mut zugleich, noch mal und noch mal zu beginnen – wenn man ihnen materiell eine Chance gibt und wenn sie nicht auf den alten Schulden (Krediten) sitzen gelassen werden. Die zeigen ja nicht bloß »Nehmerqualitäten«, sondern ein enormes Anpackpotenzial!

Von wegen jammern – kämpfen!

Tiefste Erschütterung, lähmende Unbegreiflichkeit, irrationale Schuldzuweisung, adressensuchende Wut, dumpfe Frustration, tränenerstickte Stimmen gestandener Männer – all das vermittelten Medien, ohne den üblichen Katastrophenvoyeurismus. Dass nicht noch viel mehr überflutet und vernichtet wurde, ist mitten in allem Leid ein Wunder. Das Wunder war auch Folge eines Mutes gegen alle Wahrscheinlichkeit, gegen alle als begründete schlimmste Befürchtung, gegen bohrende Gefühle der Aussichtslosigkeit. Emotionaler Wechsel, manchmal im Minutentakt. Und viel Sachverstand und Umsicht, samt der Mobilisierung modernster Technik. Tausende kämpften vereint mit brennendem Herzen und kühlem Verstand gegen die Fluten.

»Ihr, die ihr auftauchen werdet aus der Flut …«

Auch wenn der Osten auf eine Weise in den gesamt-
deutschen Blick kommt, wie wir uns das wahrlich nicht
gewünscht hatten, so ist doch eine ganz selbstverständliche Zusammengehörigkeit erlebbar geworden. Diese
Flutkatastrophe hat uns zusammengebracht, mit Herz
und Hand. Da sind noch ganz andere Dämme gebrochen. Durch Hilfe. Ein neues Bewusstsein für Hilfeleistungen in »das Land jenseits der Elbe« ist gewachsen –
anders als nach 1990. An dem Schaden sind »die im Osten« nicht selbst schuld. Das hätte uns an Rhein, Main,
Mosel auch passieren können. Da ist Hilfe nötig, viel
und schnell; nicht »für den Osten«, sondern für unser
Land. Koste es, was es brauche! Das ist eine Bürde, die
von allen getragen werden muss, so wie dies auch gälte,
geschähe dies an Rhein oder Weser. Die Verschonten –
ahnend, dass sie zufällig verschont, die anderen aber
ohne Schuld hart getroffen sind – brachten eine Spen-
densumme auf, die in Deutschland einmalig ist.

Über 100 Millionen Euro sind viel, stehen aber in keinem Verhältnis zu den Schäden und zu dem, was auf den
Sparbüchern der Nichtbetroffenen entbehrlich wäre. Ist
es naiv oder vermessen, einen einmaligen »Flutsoli« zu er-
heben, neben aller freiwillig erfolgten Spendenbereit-
schaft, neben allen Mitteln aus dem Staatshaushalt? Die
Banken sind gefordert; sie dürfen nicht mauern, ihre
Kunden nicht murren. Es geht nicht um die Existenz, nur
um geminderten Gewinn. Es bleibt nach der Flut doch
»alles in der Habsucht ersoffen …« (Martin Luther).

Jeder von uns lasse nur einmal die Vorstellung ganz
nahe an sich heran: Ich selbst wäre getroffen – in mei-

ner Wohnung, in meinem Betrieb, auf meinem Bauernhof und ginge dann aus purer Dankbarkeit eines Verschonten an mein Erspartes. Es ist nicht übertrieben, wenn der Bundespräsident dies eine »nationale Katastrophe« nannte. Sie verlangt nun auch eine nationale Anstrengung, die dem Katastrophenausmaß entspricht. Eine außerordentliche Anstrengung, die das Gemeinwesen und jeden Einzelnen fordert.

Vor fünfzig Jahren gab es das Lastenausgleichsgesetz. Dies war eine Vermögensabgabe der nicht von (Heimat-)Verlust Betroffenen. Dies war keine Steuer, sondern eine Vermögensabgabe, um anderen wieder auf die Füße zu helfen. Von uns allen muss alles uns Mögliche dafür getan werden, dass die Betroffenen Ausgangsbedingungen bekommen, mit denen sie wieder anpacken können. Und dann werden wir ihnen auch Mut machen, noch einmal anzupacken.

Kanzler Schröder hat am 26.8.2002 in Magdeburg das Prinzip für die Hilfe sehr zutreffend definiert: »Keiner darf nach dieser Flut materiell schlechter gestellt sein als vorher.« Das ist kein vollmundiges Versprechen, sondern eine Messlatte, ein Handlungskriterium, eine Zielangabe. Es wäre fatal, wenn jemand verspräche, niemandem würde es schlechter gehen, es gibt auch unwiederbringliche Verluste. Aber einen möglichst gerechten Ausgleich kann und muss man anstreben! Materieller Schaden ist ersetzbar; unwiederbringlich wäre das Leben Tausender gewesen. Wir können auch dankbar sein.

Trotz allem ist nicht wegzuwischen, was es zwischen Ost und West an weiterwirkender Fremdheit, Asymme-

»Ihr, die ihr auftauchen werdet aus der Flut ...«

trie und Bewertungsmustern gibt. Zur Überwindung
wird es noch längeren Atem brauchen. Und doch ist die
Einheit der Deutschen im bisherigen Umgang mit der
Jahrhundertflut erlebbar. Bei dieser Katastrophe wurde
sichtbar, was man Zivilgesellschaft nennt. Und ein Wort
ist in dem allgemeinen Sprachschatz – mit Handlungs-
relevanz! – zurückgekehrt: Solidarität. Die Solidarität
der Nichtbetroffenen mit den Betroffenen, der Betroffenen selbst mit den anderen Gefährdeten und eine Solidarität, in der Mitgefühl sich mit Hilfe durch Spenden
und Handanlegen verbindet. Miterschüttertsein, Mitbangen, Mithoffen und nun auch Mithelfen! Die Helfer
kamen von nebenan und von weit her; sie waren einfach zur Stelle. Spontan, von niemandem gerufen, waren sie dort, wo sie gebraucht wurden, bildeten Hilfs-
ketten. Alle Generationen und Berufe. Dies war ein
»Unser-Land-Bewusstsein«. Und der Ort der Hilfe hatte
einen Namen, die Not hatte ein Gesicht, der Schaden
eine Zahl. In der Not brach Gemeinsinn durch und das
Bedürfnis, unbürokratisch, schnell und konkret zu helfen. Jeder, der jetzt hilft, wird sich später sagen: Dass das
wieder so schön ist, daran habe ich auch einen kleinen
Anteil – ob in Dresden, Meißen, Grimma, ob im Erzgebirge oder in den Elbauen bei Wittenberg, vor Wörlitz,
in der Prignitz oder an der Jeetzel. Ein großes Potenzial
an Gutwilligkeit lässt sich in unserem Land mobilisie-
ren. Jedenfalls im Ausnahmezustand. Das wird sich im
Alltag nicht perpetuieren lassen – so sehr man es sich
wünschen mag. Zugleich ist und bleibt es eine überraschende und für alle ermutigende Erfahrung, dass die

Bevölkerung nicht gerufen werden musste, dass sie auch keiner aufwändigen Organisation bedurfte. Die Hilfswilligen kamen in Scharen und fanden sich an den Orten, wo sie gebraucht wurden – bisweilen gar in der Überzahl, fügten sich spontan in die Abläufe ein, an denen die Fachleute tätig waren –, ob beim Sandsäcke schippen oder als Deichläufer. Kompetenz verbrüderte sich mit Engagement. Und da sahen sie plötzlich, wo die Helfer herkamen: aus Rheinland-Pfalz, Bayern, Württemberg, Hessen, Nordrhein-Westfalen, Berlin. Die Niedersachsen bedankten sich bei den Brandenburgern für die Entlastung ihrer extrem gefährdeten Dämme durch die gesteuerte Flutung an der Havel. Das föderale Deutschland bestand eine Nagelprobe seiner Zusammengehörigkeit. Und es wird sie weiter zu bestehen haben bei der mühseligen Nacharbeit, jetzt im Dreck und Gestank, beim Ausbessern und Aufbauen, beim Umgang mit allem Kontaminierten und aufbrechenden Konflikten. Denn so, wie die Flut Menschen bei ihrer Abwehr zusammengebracht hat, so wird sie mancher Knatsch bei der Verteilung der Hilfs- und Spendenflut auseinander bringen. Und die Anwälte warten auch schon ...

Was es heißt: »Wir sind ein Volk«

Und doch: Nachhaltig wird ein Eindruck bei den Flutopfern und den Flussanrainern bleiben – wie plötzlich fachkompetente, engagierte, aufopferungsbereite Hilfe durch das Technische Hilfswerk, die Feuerwehren, die Bundeswehr und das DRK erfolgte! Es wurde erlebt, was es heißt: Wir sind ein Volk. Dies ist unser Land. Wir haben eine Heimat, hier und dort. Wir sprechen eine Sprache in vielen Dialekten. Wir gehören zusammen.

Wie schnell wurde die Zusammenarbeit in den Krisenstäben verzahnt. Auch wenn es unvermeidbare Konflikte und Kompetenzgerangel gab, lagen doch die Nerven blank, waren die Gefahren in der Schnelle der Zeit schwer kalkulierbar. Maßnahmen waren in ihren Wirkungen kaum absehbar. Musste evakuiert werden und wann? Sollte geflutet werden? Was? Mit welchem Effekt? Wer übernimmt die Verantwortung? Auch alte Reflexe kamen hier und da zurück: »Die Fremden« wüssten hier nicht Bescheid und wären bereit, »uns« zu opfern ... Eine DDR-typische Mischung aus Opferwahn, Gerüchtegläubigkeit und Erfindungsreichtum bei deren Verarbeitung sowie schnelle Schuldzuweisung auf »die da oben« diagnostizierte der Wittenberger OB nach zwei Dammbrüchen. Die Flut führte auch zu Wut, und die Wut suchte sich einen Adressaten und wurde ungerecht. Nun aber braucht es Mut. Und nun kommt Mut, sofern der »Solidarpakt gegen die Flut« auf die Länge der Zeit erlebbar bleibt.

Schließlich ist es eine Erfahrung, die Menschen immer wieder mit sich machen: Emotionale Hochzeiten – freudige oder traurige – verbinden uns für Momente auf eine uns selbst überraschende und berührende Weise. Kräfte der selbstlosen Hilfe, des tiefen Mitgefühls, der spontanen Einsatzbereitschaft werden freigesetzt. Elementare existenzielle Herausforderungen sind wichtig, fast unentbehrlich, und bringen uns einen Erkenntnis-

ruck, eine Veränderung der Gefühlslagen, einen Durchbruch in Beziehungsbarrieren. Aber sie verführen auch
zu (vor-)schnellen Schlussfolgerungen, die bei nachfol-
gender Enttäuschung die vorherigen Urteile umso mehr
verfestigen. Man hatte schon vor fünf Jahren bei der
Oderflut gedacht, sie hätte die Ost- und Westdeutschen
endgültig zusammengebracht.

Jedenfalls wurde die Mauer, die immer noch Schatten wirft, an den Deichen gänzlich überwunden. Das
Grundgefühl mancher Ostdeutscher – abgeschrieben,
abgehängt, abgewertet zu sein – verschwand, weil viele,
viele tausende gekommen waren und ganz selbstverständlich halfen. Sie wurden freudig-überrascht be-
grüßt, mit vielen Worten und Gesten bedankt. Schließlich wollten sie nichts – als helfen! Und sie konnten was.
Und sie setzten sich ein, als ob's das Eigene wäre. Was
da in angestrengtester Tag- und Nachtarbeit beschützt
wurde, immer unter dem Vorbehalt »es könnte alles
nichts genützt haben«, war unser Land, geschützt mit
Millionen Sandsäcken. Und das wird im individuellen
wie im kollektiven Gedächtnis der Deutschen bleiben:
dass man sich in der Not auf die Hilfe anderer – und
dies nicht in Ost und West gespalten! – verlassen kann.
Und vonseiten der Helfer wird im Gedächtnis bleiben,
dass man in höchster Not dabei war, sich der Gefahr
entgegenstellte und sich selbst in Gefahr brachte, um
Mitmenschen, die Kultur und die Natur, die Städte und
die Dörfer vor (noch) größerem Unheil zu bewahren. Und
es bleibt jenseits aller Umfragen geradezu Respekt vor
einer Jugend, die aus eigenem Antrieb kommt, wenn

»Ihr, die ihr auftauchen werdet aus der Flut ...«

sie gebraucht wird. Sie ist da, sowie jeder das Gefühl
hat, dass es sinnvoll ist, dass man erkennbar helfen kann,
dass man mit anderen und für andere sich einsetzt, dass
gemeinsame Anstrengung etwas bringt, ohne zu fragen,
ob man dafür etwas bekommt. Politik sollte sich ernsthaft
die »Sandsackfrage« stellen: Welches Projekt haben wir
anzubieten, wofür sich junge Leute gern einsetzen, wofür
sie ihre Freizeit opfern, wo sie ihre Kraft, Kreativität und
Fähigkeit einbringen können, ohne dass es dabei um
»Kohle« geht. Jedenfalls kann man mit dem Gemeinsinn
dieser Jugend in jeder schwierigen Lage rechnen. Ihr Engagement wird nur nicht genügend abgerufen.

Die deutsche Einheit bleibt weiterhin eine materielle
und eine menschliche Aufgabe. Es ist Ausdruck einer Politik der ökonomischen und sozialen Nachhaltigkeit, dass
die circa 2500 zerstörten Betriebe jetzt zuerst Geld bekommen, dass sie entlastet werden, damit sie überhaupt
bleiben, damit sie nicht als Lieferanten ausfallen und
nachher nicht wieder auf den Markt kommen. Sie müssen so schnell wie möglich wieder in Produktion kommen
– lieferfähig werden! –, damit sie nicht die ohnehin wenigen Kunden auf immer verlieren. Betriebe funktions-
fähig machen – sehr schnell –, dies hat Vorrang, neben
dem Vorrichten der Wohnungen und Häuser. Dies mag
kurzfristig auch schmerzlich sein, es ist mittelfristig das
einzig Richtige. Und schließlich geht es um die Elbe. Ich
lebe seit 45 Jahren an der Elbe und liebe diese Landschaft über alles. Tief hat sich in die kindliche Seele das
Erlebnis von 1954 eingeprägt, mit meinem Vater nachts
auf Deichwache, die unheimliche Stille, jenes Ausgelie-

fertsein an die Elementargewalt des Wassers, die reißende Flut, den butterweichen Deich, das Wanken mit
dem Sandsack auf dem Rücken ... schließlich hielt alles.
Immer wieder Hochwasser. Im Sommer, im Winter.
Wunderschöne Weiten – bei Hoch- und Niedrigwasser.
Die Elbe lag im Osten. Die Elbe blieb der Fluss der Einheit und war der Fluss der Teilung – wie hab ich als Kind
die Schaufelraddampfer aus Hamburg beneidet und
das Wasser, das einfach nach Hamburg fließen konnte.
Wie absurd klingt heute der alte Grenzstreit um Ufer
oder Flussmitte. Man stelle sich die Flut mit NVA-Grenz-
soldaten vor! Wären Menschen mit der Flut geflohen –
eine Fluchtwelle auf der Flutwelle?

> *» Wenn wir jetzt nicht handeln, versündigen wir uns an*
> *denen, die nach uns kommen «*

Der deutschen Teilung verdanken wir, dass die Elbe
nicht ausgebaut wurde, weil man sich nicht hätte einigen können. Also ist sie weitgehend mit großen Auenlandschaften und ohne Staustufen, ohne weitere Be-
gradigungen erhalten geblieben. Wir sollten lernen für
die Elbe und alle ihre Zuflüsse, dass sie ihre natürlichen
Windungen behalten und weder eingeengt noch vertieft werden, sondern dass ihre Auen schrittweise erweitert werden. Hochwasser sind etwas ganz Natürliches. Und all unser Handeln muss so sein, dass wir auch
mit höheren Wasserständen umgehen können. (Die
An-Rheiner werden noch schmerzliche, weitreichende
Schlüsse aus der Elbeflut ziehen müssen.) Denn was wir

erlebt haben, ist nicht nur unvorhersehbares Unglück, eine Schicksalslaune der Natur: Wir sind Teil der Naturkatastrophe, weil wir nicht mehr Teil der Natur sind, in die wir uns – sie nutzend – einfügen, sondern weil wir uns – alles unterjochend – gefügig machen wollen. Jedenfalls wird unser länderübergreifendes Netzwerk der Bürgerinitiativen PRO ELBE zivilen Widerstand leisten – gegen störrische Schifffahrtsämter und uneinsichtige Ministerien. Die Elbe braucht Beschützer; wir werden uns aber auch mit besseren Deichen und erweiterten Auen schützen. Zu unser aller Nutzen – von der Quelle bis zur Mündung. Und die Aufforstungsprogramme sind noch gar nicht mitgerechnet. Die Versiegelungsmanie, die täglich mit gigantischen Ausmaßen weitergeht, muss gestoppt werden. Es bedarf buchstäblich der Aufbrüche, damit die Erde wieder atmen kann. Das ist heute Heimatschutz, an dem sich auch die Bundeswehr beteiligt hat und weiter beteiligen kann.

Ein junger sächsischer Familienvater, der Tag und Nacht mit Sandsäcken gegen die Flut gekämpft hat und dem dann doch alles überflutet wurde, sagte: »Wir haben nicht gegen das Wasser, sondern wegen der fehlenden Liebe zur Umwelt verloren.« Und auf einem Plakat, das schon vor und noch während der Flutkatastrophe auf der Augustus-Brücke in Dresden stand: »Gegen Klimakiller lassen sich keine Dämme errichten.« Darin wurde dazu aufgefordert, die Ursachen zu beseitigen. Es geht um umweltverträgliche Energiegewinnung. Schnellstens. Entschlossen. Alles andere kostet uns allen längerfristig unendlich viel: Dürre, Überschwemmung, Stürme. Weltweit. Unser Problem ist, dass wir uns als Gesellschaft nur das leisten, was gerade auf der Tagesordnung steht. Kurzfristig werden Mittel zur Schadensbeseitigung bereitgestellt. Und seien sie noch so hoch. Für weitergehende Einsichten und grundlegendes Umsteuern zur Beseitigung (komplexer) Ursachen bleibt kaum Zeit, weil schon wieder Neues, anderes auf die Tagesordnung gekommen ist. Katastrophenfolgebeseitigung reicht nicht. Eine schnelllebige, mit Informationsmüll zugeschüttete Welt blockiert langfristige Politikansätze: Eine nachhaltige Politik aber braucht die Einsichtsbereitschaft von uns Bürgern und braucht den unpopulären Handlungsmut von Politikern, die der Maxime Kofi Annans folgen: »Wenn wir jetzt nicht handeln, versündigen wir uns an denen, die nach uns kommen.«

Präventives Handeln steht vor der schwierigen Beweislage seiner Richtigkeit – zumal dann, wenn es erfolgreich ist. Politik aber darf nicht immer nur problemgehetzt reagieren, sondern muss voraussehend Gefahren minimieren. Solange das Sensationelle oder Katastrophische – medienbestimmt – nur kurzfristiges Handeln auslöst, aber nicht Langzeiteinsichten fördert, stellen wir uns nicht unserer Verantwortung. Vielleicht aber brauchen wir solche »paradoxen Interventionen« wie eine solche Katastrophe, um zu wissen, wer wir sind und wie sehr wir zusammengehören, aufeinander angewiesen sind und unsere Lebensgrundlagen im lokalen und globalen Kontext zu bewahren haben. Auf längere Sicht gilt es, etwas von jener Energie und vorurteilsfreien Zusammenarbeit, jener Verständnis- und Einfühlungsfähigkeit, jener Solidarität und Akzeptanz, jenem Einfallsreichtum und Zukunftswillen (samt dem Mut zur Einsicht in nötige Veränderungen) aufzubringen. Das wäre der schmerzlich-produktive Ruck der Deutschen, die in akuter Not einander näher gekommen sind. Es ist nicht wegzureden, dass es weiter gegenseitige Be- und Abwertungen sowie länger andauernde Asymmetrien gibt; dass Westwanderung anhält, nicht zuletzt, weil Arbeitslosigkeit Aussichtslosigkeitsgefühle produziert.

Vielleicht haben viele (West-)Deutsche erst bei der Zerstörung mitbekommen, wie sehr die Ostdeutschen schon erfolgreich angepackt und nicht handaufhaltend gejammert hatten, wie schön das Land an Elbe, Saale und Mulde ist. Wie viele Kräfte die zwölfjährige Aufbauarbeit persönlich gekostet hat und wie viel Mut so viele jetzt immer noch haben und brauchen, sich noch einmal aufzurappeln. Das kostet vielleicht die gigantische Summe von 20 Milliarden Euro und eine kaum zu bemessende Courage. Und nicht aus dem Blick zu lassen: Bayern, Ungarn, Rumänien, die Ukraine, die Slowakei, Österreich – China und Korea.

»Ihr, die ihr auftauchen werdet aus der Flut ... gedenkt unserer mit Nachsicht«, schrieb Brecht. Gedenkt unserer ohne Nachsicht, wenn wir nicht Einsicht hatten, dass nicht nur alles wieder neu, sondern vieles anders werden muss.

Die Wassermassen haben uns eine Lektion erteilt – ob es auf Dauer eine heilsame Lektion wird, ist offen. Sie reicht bis nach Johannesburg.

Eine Lektion in Nachhaltigkeit?

UWE MÖLLER, CLUB OF ROME

Die »große Flut«, die jüngst aufgrund extremer Regenfälle Teile Deutschlands mit großen Schäden und Zerstörungen so heftig und unerwartet heimsuchte, hat schlagartig die Umweltproblematik wieder in das Bewusstsein der Öffentlichkeit gerufen. In vielen Äußerungen und Kommentaren zu diesem Ereignis wird an die Botschaft des Club of Rome erinnert.

Dieser, im Jahr 1968 gegründet, hatte mit seinem im Jahr 1972 veröffentlichten Bericht »Die Grenzen des Wachstums« die völlig neue, revolutionierende Frage nach der Begrenztheit der natürlichen Ressourcen gestellt, in einer Zeit, in der wirtschaftliches Wachstum mit dem Ziel, immer mehr Menschen einen höheren Wohlstand zu ermöglichen, als etwas Selbstverständliches angesehen wurde.

Stehen dafür auf unserem Planeten aber hinreichend Rohstoffe und Energien zur Verfügung?

Wie belastbar ist die natürliche Umwelt – Luft, Wasser, Boden, Artenvielfalt?

Das waren die Fragen, die die Gründungsväter des Club of Rome damals bewegten.

Die Grenzen des Wachstums

Der Bericht »Die Grenzen des Wachstums« – weltweit in einer Auflage von über zwölf Millionen Exemplaren in mehr als 25 Sprachen erschienen – fand damals so außerordentliche Resonanz, weil ihm ein rechnerisches Weltmodell zugrunde lag, das quantifizierte Aussagen zu denkbaren Zukunftsszenarien bis weit ins 21. Jahrhundert möglich machte. Der Computer führte die Sozial- und Wirtschaftswissenschaften zu neuen Horizonten, denn bis dahin war es nur möglich gewesen, die soziale und wirtschaftliche Realität in einfache verbale Modelle zu fassen, jetzt konnte man in umfassenden, komplexen Systemen rechnen.

Nun war das Rechnen in Weltmodellen etwas Neues, in seiner Fragestellung mit den »Grenzen des Wachstums« etwas durchaus Provozierendes, mit der Folge, dass von einer sich herausgefordert fühlenden Wissenschaft »nachgerechnet« wurde. Das Ergebnis war eine weitverbreitete Kritik am Weltmodell des Berichts und seinen Zukunftsszenarien; sei es, dass man die Parameter oder die angenommenen Wechselbeziehungen im Modell nicht für zutreffend hielt – und, überhaupt, der Denkansatz! Die »Grenzen des Wachstums«, nur verbal herausgearbeitet, hätten zweifelsohne kaum eine vergleichbare Aufmerksamkeit gefunden.

Wurde der Bericht »Die Grenzen des Wachstums« also zunächst von der Fachwelt überwiegend kritisiert, so hat er jedoch entscheidende Anstöße dafür gegeben, dass sich das Bewusstsein für die globalen Zusammenhänge von Ökonomie und Ökologie entwickelt hat. Inzwischen ist das Wissen um die Begrenztheit der Ressourcen auf diesem Planeten allgemein bekannt. Wir wissen, dass wir zu einer nachhaltigen Nutzung der natürlichen Ressourcen gezwungen sind, wollen wir nicht die Überlebensgrundlagen für die zukünftigen Generationen zerstören.

Hatte der Bericht »Die Grenzen des Wachstums« mit seinen Projektionen auch die Jahrzehnte bis zur Jahrtausendwende im Visier, so haben die Autoren, Denis und Donella Meadows, im Jahr 1992 mit ihrem Buch »Jenseits der Grenzen des Wachstums« anhand der vorliegenden Daten des Jahres 1990 eine Bilanz ihrer damaligen Vorstellungen und Rechnungen ziehen können.

Hatte der erste Bericht aus dem Jahr 1972 in seinen Szenarien bei wachsender Weltbevölkerung und steigender Produktion von Gütern und Dienstleistungen sich demnächst andeutende Engpässe in der Rohstoff- und Energieversorgung vorhergesagt, so zeigte die »Bilanz« von 1992 an dieser »Front« eher Entwarnung an. Bei den Rohstoffen haben sich die Reserven als größer erwiesen als zunächst angenommen, der technische Fortschritt hat eine effizientere Rohstoffnutzung ermöglicht, auch die in vielen Bereichen vordringende Wiederaufarbeitung hat zu einer Entlastung geführt.

Zwar wissen wir um die zeitlich absehbare Begrenztheit der fossilen Energieträger, die zu 90 Prozent unseren gegenwärtigen Energiebedarf decken (Kohle, Erdöl, Erdgas). Bei Erdöl und Erdgas nähern wir uns bereits dem Zenith der Ausbeutung der bisher erschlossenen, leicht zugänglichen und preiswerten Quellen. Das veranlasst uns aber immer noch nicht, entscheidend über eine sinnvollere Energienutzung nachzudenken. Im Zweifel glaubt man, rechtzeitig mit neuen Energietechnologien drohenden Mangelsituationen begegnen zu können.

Keine Entwarnung für das globale Dorf

Was aber die Zahlen von 1990 in erschreckender Weise offenbaren, ist die Tatsache, dass die Belastung und Zerstörung der natürlichen Umwelt in den davor liegenden 20 Jahren doppelt so schnell zugenommen hat, wie in den Projektionen aus dem Jahr 1972 befürchtet worden war. Der »Naturverbrauch« ergibt sich einmal aus der »Verschwendungsökonomie der Reichen« (die 1,5 Milliarden Menschen im »Norden« verfügen über mehr als 80 Prozent der Weltwirtschaftsleistung mit der entsprechenden Beanspruchung der Naturressourcen, während dem »armen Süden« mit 4,5 Milliarden Menschen weniger als ein Fünftel der Wirtschaftsleistung zur Verfügung steht), zum anderen aus der ebenfalls ressourcenbelastenden »Überlebensökonomie der Armen« und führt:

1. zur Zerstörung fruchtbaren Bodens, die das Naturpotential zur Herstellung der für das Überleben der Menschheit notwendigen Biomasse gefährdet;

2. zur Zerstörung lebenswichtiger Trinkwasserreserven, was in vielen Regionen der Dritten Welt gefährliche Konfliktpotentiale entstehen lässt;

3. zur Verschmutzung von Flüssen und Ozeanen und ihrer Überfischung;

4. zur Zerstörung genetischen Potentials durch ein sich weiter beschleunigendes Artensterben und

5. zum erhöhten Risiko von Klimaveränderungen.

Diese Bedrohungen sind im »Norden« nicht so einfach zu vermitteln, gefährden sie doch im wesentlichen die Existenz der Menschenmassen in der südlichen Hemisphäre. Sie bedeuten dort weitverbreitet Hunger, Unterernährung, Krankheit und soziales Elend. Sie führen zu Wanderungsbewegungen und Verteilungskämpfen, zu Gewalt, Terror und militärischen Konflikten, die zusätzlich kostbares Human-, Sozial- und Naturkapital zerstören. Alles das wird im materiell wohlhabenden und politisch stabilen »Norden«, so auch bei uns in Europa, immer noch vornehmlich als »ferne Probleme« wahrgenommen, obgleich die nach der »Wohlstandsinsel Europa« strebenden zunehmenden Asylantenströme wie auch die wachsenden Gefahren, die sich aus den Terrorbedrohungen ergeben, zunehmend doch die Erkenntnis dämmern lassen, dass die »eine Welt« oder das »globale Dorf«, in der oder in dem wir alle leben, nicht »politische Lyrik«, sondern zunehmend »harte Realität« darstellt.

Die Klimarisiken, die sich aus dem »Treibhauseffekt« ergeben, sind ein besonders zutreffendes Beispiel dafür, dass die Umweltprobleme auf unserem Planeten mit seinen geschlossenen und vernetzten Naturkreisläufen einen globalen und umfassenden Zuschnitt haben. Sie erfordern daher ein entsprechend umfassendes und globales Handeln. Dem stehen jedoch vielfältige Schwierigkeiten entgegen:

EINE LEKTION IN NACHHALTIGKEIT?

1. Die Vorgänge und Abläufe, die das Klima bestimmen, sind sehr vielfältig und in ihren wechselseitigen Verknüpfungen und Kausalitäten nicht immer eindeutig zu belegen. Es spricht aber vieles dafür, dass die Menschen durch ihre wirtschaftlichen Aktivitäten über den Ausstoß vielfältiger Treibhausgase zu den Klimaveränderungen beitragen.

2. Da die Klima-Abläufe langfristigen Charakter haben und mögliche Auswirkungen nur mit erheblicher zeitlicher Verzögerung eintreten, muss dem Vorsichtsprinzip Rechnung getragen werden. Das heißt: Die bereits vorhandenen Erkenntnisse über die Klimarisiken zwingen uns zum Handeln.

3. Das ist umso notwendiger, als vieles dafür spricht, dass der Vorgang der Aufheizung der Atmosphäre bereits seit längerem läuft und ein entschlossenes sofortiges Handeln sich erst mit erheblicher Verzögerung stabilisierend auswirken wird.

4. Wie das Ringen um das Kyoto-Protokoll jedoch zeigt, ist es ungemein schwierig, die internationale Gemeinschaft zu einem gemeinsamen und abgestimmten Verhalten zu bewegen. Es gibt viele Verursacher mit unterschiedlichem Gewicht und unterschiedlicher Sicht auf die Klima-Problematik. Zudem bedarf es in der Klimapolitik eines langen Atems, während die politischen Horizonte sich eher an kurzfristigen und partikularen Interessen orientieren.

5. Hinzu kommt, dass eine erfolgreiche Klimapolitik einschneidende Veränderungen in der Energielandschaft notwendig macht. Es müssen die erheblichen vor-

handenen Energie-Einsparpotentiale genutzt und erneuerbare Energiequellen erschlossen werden, um den Einsatz fossiler Energieträger drastisch zu verringern. Das ist
jedoch mit einschneidenden wirtschaftlichen Struktur-
veränderungen verbunden, gründet sich unser Lebensstandard doch wesentlich auf den Einsatz reichlicher und
billiger Energie, die immer noch fast ausschließlich aus
den fossilen Energieträgern geschöpft wird.

Gibt es bereits vielfältige Anzeichen von Klimaveränderungen, die auf den Treibhauseffekt zurückzuführen
sind, so haben sich diese bisher wesentlich in tropischen
und subtropischen Regionen der Erde ausgewirkt: Wet-
terextreme mit verstärkten Dürren und Überschwemmungen haben zugenommen, Klima- und damit auch
Vegetationszonen beginnen sich zu verschieben mit zunehmend erheblichen Auswirkungen auf die Wirtschaft.
Zu politischen Konsequenzen führt das jedoch bisher
noch nicht, haben diese Regionen doch weder wirtschaftlich noch politisch ein hinreichendes Gewicht,
und kämpft die Bevölkerung dort unter schwersten Bedingungen zunächst um ihr tägliches Überleben.

Von besonderem Gewicht sind in diesem Zusammenhang die USA, die mit vier Prozent der Weltbevölkerung
ein Viertel des CO_2-Ausstoßes verursachen. Auch hier
mehren sich die Anzeichen, dass der Treibhauseffekt
auf dem nordamerikanischen Kontinent die Klimarisiken verschärft, aber immer noch ist für den überwie-
genden Teil der US-Gesellschaft billige und reichliche
Energie für die Aufrechterhaltung ihres Zivilisations-
komforts unverzichtbar.

Wann erfolgt hier ein Umdenken? Hinzuweisen ist immerhin auf den Bundesstaat Kalifornien, der aufgrund erheblicher Smog-Probleme und von Erfahrungen mit Engpässen in der Stromversorgung strikte Umweltbedingungen für den Verkehr und Maßnahmen zur Energieeinsparung eingeführt hat.

Ändert sich das Meinungsklima?

Und wie sieht es in Europa und Deutschland aus? Wir gehen zwar mit der Hälfte des Pro-Kopfverbrauches wesentlich sparsamer mit der Energie um als die US-Bürger, aber auch wir verfügen noch über erhebliche Energieeinsparungspotenziale. Ein entscheidender Anreiz, diese zu nutzen, läge naturgemäß in der Verteuerung der Energie, zum Beispiel durch die Einführung einer Energiesteuer. Aber wir wissen aus leidvoller Erfahrung, dass ein solches Vorgehen am »politischen Markt« nicht honoriert, sondern eher abgestraft wird.

Kann die »große Flut«, die der Öffentlichkeit die Klimazusammenhänge in Erinnerung ruft beziehungsweise verdeutlicht, zu einem veränderten Meinungsklima führen, das der Energie- und Klimapolitik neue Anstöße vermittelt, oder wird man nach kurzer Aufgeregtheit wieder zum »Alltagsgeschäft« übergehen? Welche Fragen stellen sich in diesem Zusammenhang der Politik? Wie soll man den Wiederaufbau der durch die Naturgewalten zerstörten und verwüsteten Regionen in Angriff nehmen?

Zweifelsohne besteht ein großer Druck, die gewachsenen Strukturen wiederherzustellen, da das für einen allseits gewünschten schnellen Wiederaufbau wohl auch die einfachste Lösung darstellt – und wie bisher bei Naturkatastrophen auch das gängige Verfahren, ging man doch allgemein davon aus, dass das jeweils eingetretene Ereignis einen Jahrhundert-Charakter hatte. Was ist aber, wenn Regenfälle dieses Ausmaßes aufgrund der veränderten Klimabedingungen zum Regelfall werden und sich bereits im nächsten Jahr oder in einem kürzeren Mehrjahresrhythmus wiederholen? Reichen dann die jetzt ins Auge gefassten Maßnahmen aus, die im Rahmen des Wiederaufbaus auf den vorgegebenen Strukturen zur Risikovorsorge im Wesentlichen nur zusätzliche »Schutzwälle« beziehungsweise »Entlastungsräume« vorsehen, oder müssen nicht sehr viel einschneidendere Maßnahmen erfolgen, die erheblich veränderte Flächennutzungen beinhalten mit Konsequenzen für veränderte Siedlungsstrukturen mit entsprechender Verlagerung der Infrastrukturen?

Und nicht zu vergessen: Stellen diese Klimarisiken uns, die wir über erhebliche materielle Ressourcen verfügen, bereits vor große Herausforderungen, so gilt dies umso mehr für die von den klimabedingten Naturkatastrophen betroffenen Regionen des »Südens«, wo Dürren und Überschwemmungen immer häufiger Millionen von Menschen in existentielle Not treiben und hunderttausende von Opfern zu beklagen sind. Und nochmals gilt es klar herauszustellen: Das sind keine »fernen Probleme«, sie gefährden in einer immer enger und kleiner werdenden Welt Stabilität und Wohlergehen der gesamten Menschheit.

Die Effizienzrevolution

Gilt es also, eine einschneidende Wende in der Energie-
politik einzuleiten, um die Nutzung fossiler Energieträger drastisch zu verringern, so sind natürlich in erster Linie die Energieverschwender des »Nordens« gefordert.

Die Einsparpotenziale sind einfach zu beschreiben:
Rund zwei Drittel des Energieverbrauchs entfallen allein auf die »Zivilisationsansprüche« Raumtemperatur
(Heizung und Kühlung), Waschkomfort (Warmwasser)
und Mobilität (Individualverkehr). Hier sind Einsparpotenziale mit bereits vorhandenen Technologien mindestens um den Faktor fünf möglich.

Diese Effizienzrevolution könnte sowohl durch staatliche Auflagen (striktere Normen für Gebäudeisolie-
rung und Benzinverbrauch) als auch durch eine Verteuerung der Energie erreicht werden. Die dazu über
einen längeren Zeitraum notwendigen Investitionen
würden sich auf nur ein bis zwei Prozent des Bruttoso-
zialproduktes belaufen, eine Größenordnung, die wirtschaftlich jederzeit verkraftbar ist. Außerdem gilt es die
Kosten für den Naturverbrauch und die Klimaschäden
gegenzurechnen – und letztlich stehen diese Investitionen nicht in unserem Belieben, sondern sie sind für das
Überleben der Menschheit ein existentielles Muss.

Staatlichen Maßnahmen, seien es Energiesparaufla-
gen, die mit Kosten für Investitionen verbunden sind,
seien es Energiesteuern, die zu höheren Energieprei-
sen führen, wird entgegengehalten, dass sie international (oder im EU-Rahmen) abgestimmt werden müssen,

weil sonst Wettbewerbsnachteile für diejenigen Volks-
wirtschaften entstehen, die bei der Energieeinsparung
als Vorreiter auftreten.

Dabei wird vergessen, dass die erhöhten Energiekos-
ten im Wesentlichen vom Verbraucher getragen werden –
und das auch nur in einer Übergangsphase, denn die
neuen Produkte und Dienstleistungen mit erheblich
geringerem Energieverbrauch gleichen mindestens die
Belastungen der höheren Energiepreise aus. Außerdem wissen wir, dass in vielen Bereichen sich heute bereits Investitionen in Energieeinsparung rechnen. Es
fehlt häufig an der notwendigen Information. Das gilt
sowohl für den Unternehmenssektor – obgleich der
Wettbewerbsdruck zu ständigen Bemühungen um Kos-
tensenkung zwingt; aber der Spielraum dazu, das zeigt
die Praxis, ist immer noch nicht optimal ausgenutzt –
als vor allem aber für die privaten Haushalte, die mit geringen Verhaltensänderungen und geringfügigen Investitionen erheblichen Energieaufwand einsparen
könnten. Energie ist eben immer noch zu billig!

Das wichtigste Argument für einen möglichst frühen
Einstieg in effizientere Energietechnologien sind die
zu erwartenden steigenden Energiepreise. Wie bereits
erwähnt, nähert sich die Ausbeutung der leicht zugänglichen und preiswerten Erdöl- und Erdgasquellen,
die in den vergangenen Jahrzehnten den Wirtschafts-
boom mit dem allseits angestrebten energieintensiven
Zivilisationskomfort ermöglicht haben, ihrem Zenit.
Die Erschließung neuer Quellen wird erheblich kosten-
aufwändiger sein. Dieses begrenzte Erweiterungspotential

EINE LEKTION IN NACHHALTIGKEIT?

muss zudem dem wachsenden Energiehunger der Dritten Welt Rechnung tragen, der sich aus der unverzichtbaren Steigerung ihres Lebensstandards vom Niveau existentieller Not zu einer ausreichenden Grundversorgung speist. So droht eher ein Verteilungskampf um knapper werdendes Erdöl und Erdgas.

Würden die USA ihren Energieverbrauch halbieren, was ohne Komforteinbußen möglich wäre, wenn sie sich der Standards der Energietechnologie in Westeuropa bedienten, so trüge das erheblich zur Entspannung an den Energiemärkten bei, denn die USA würden nicht mehr als größter Energieimporteur auftreten müssen. Man müsste sich dann auch aus Versorgungsgründen nicht mehr um die Sicherheit ausländischer Energiequellen kümmern (vor allem im Nahen und Mittleren Osten, zukünftig im Kaspischen Seebecken), was mit erheblichen militärischen Investitionen und sicherheitspolitischen Risiken verbunden ist.

Werden die USA für diese an Ölinteressen orientierte Machtpolitik vor allem auch in Europa gerne kritisiert, so darf doch nicht vergessen werden, dass gerade auch Europa auf absehbare Zeit weiterhin von der Ölzufuhr aus dem Nahen und Mittleren Osten abhängig bleibt. Ändern würde sich das nur, wenn auch wir in Europa unsere Unabhängigkeit von Energieimporten senkten. Das würde wie im Falle der USA eine Halbierung des Energieverbrauchs erfordern, was in Richtung des Dreiliterautos, des Nullenergiehauses sowie eines energieeffizienten Büros weist. Alles Ziele, die mit darstellbaren Anstrengungen und tragbaren Umstellungen erreichbar sind.

UWE MÖLLER

(K)eine Frage der Akzeptanz

Noch sind wir weit davon entfernt, die mit dieser Energiewende verbundenen Konsequenzen zu akzeptieren. Die Erkenntnis dieser Notwendigkeit ist zwar inzwischen selbstverständlicher Bestandteil in den Grundsatzprogrammen aller Parteien, aber im politischen Alltag kommt sie kaum zum Tragen, da »Nachhaltigkeit« als politische Münze sich bisher beim Wähler kaum auszahlt. Vielleicht erzeugt die »große Flut« etwas mehr anhaltende Nachdenklichkeit und eröffnet der Politik neue Möglichkeiten zur nachhaltigen Gestaltung.

Wäre es auch denkbar, dass die breiten aufgeklärten Bildungsschichten – mit denen man jederzeit offen und verständnisvoll den »Diskurs« über die Notwendigkeit einer nachhaltigen Entwicklung pflegen kann und die auch stets artikulieren, dass sie sich ihrer Verantwortung zukünftigen Generationen gegenüber bewusst sind – sich in ihrem Konsumverhalten »grünen Produkten und Dienstleistungen« am Markt öffnen? Sie, die mit ihrem höheren Lebensstandard über erhebliche Kaufkraft verfügen, könnten damit die Umstrukturierung der Wirtschaft in Richtung Nachhaltigkeit mit Steigerung der Ressourcen- und Energieeffizienz erheblich beschleunigen, denn auf vielen Märkten stehen Unternehmen mit einem »grünen« Angebot bereit in Erwartung nachhaltiger Nachfrage.

Natürlich wissen die Unternehmen, die ihre Investitionen langfristig planen müssen, dass die Märkte der Zukunft »grün« sind. Vorteilhaft ist es, wenn die Nachfrage nach nachhaltigen Leistungen aus der Einsicht des Nachfragers erfolgt. Geschieht dieses nicht, so kommen später die Sachzwänge über die unvermeidbar eintretenden Engpass- oder Krisensituationen zur Geltung, die den Staat zum Handeln mit Restriktionen und Verboten zwingen und/oder zu Preissteigerungen mit entsprechenden Marktanpassungen führen.

Was gegenwärtig den Unternehmensleitungen eine vorausschauende langfristige Investitionsplanung in Richtung nachhaltiger Produktion erschwert, ist zweifelsohne das von den Kapitalmärkten ausgehende kurzfristig orientierte Rendite-Interesse (shareholder value). Auch hier gilt es, ähnlich wie es an den Konsummärkten notwendig ist, den Verbraucher vom Vorteil nachhaltiger Nachfrage zu überzeugen und dem Kapitalanteilseigner zu verdeutlichen, dass sein langfristiges Rendite-Interesse zunehmend nur in nachhaltigen Investitionen gesichert werden kann.

Haben und Sein

Ob es jedoch gelingt, für die Menschheit im globalen Dorf eine nachhaltige Entwicklung zu sichern, entscheidet sich in den Wachstumsmärkten der Dritten Welt. Hier herrscht bei den heute noch armen und zukünftig noch wachsenden Menschenmassen der verständliche Wunsch nach höherem Lebensstandard, wie die Wohlstandsgesellschaften des »Nordens« ihn vorleben. Nur wissen wir, dass die Natur, die Rohstoff- und Energiereserven den sich daraus ergebenden Belastungen nicht standhalten. Der gegenwärtige Naturverbrauch, zu mehr als 80 Prozent vom »Norden« verursacht, zerstört bereits das Naturkapital und damit die natürlichen Lebensbedingungen zukünftiger Generationen. Unser Lebensstil ist damit nicht auf den »Süden« übertragbar. Die »Tiger-Staaten« Südostasiens, die unserem Industrialisierungspfad mit hohen Wachstumsraten so erfolgreich gefolgt sind, von vielen beneidet, können nicht als Vorbild dienen, war dieser Weg doch mit erheblichen Ressourcenbeanspruchungen und Umweltzerstörungen verbunden.

Das zeigt sich gegenwärtig besonders eindringlich am Beispiel Chinas, das in einigen Regionen »erfolgreich« den wirtschaftlichen Wachstumspfad beschreitet mit ganz crheblichen Umweltbelastungen, vor allem verursacht durch den mittels schmutziger Kohletechnologie gedeckten Energiebedarf – eine für die Menschen dort inzwischen existenzielle Problematik (gesundheitsgefährdende Luftverschmutzung), die zunehmend auch der chinesischen Regierung bewusst wird.

Der große Energiehunger in der Dritten Welt kann angesichts der Begrenztheit der Reserven (vor allem Erdöl und Erdgas) und der Klimarisiken (vor allem Einsatz von Kohle) nicht aus fossilen Brennstoffen gestillt werden. Im »Süden« gilt es daher vor allem die Solartechnologie in Verbindung mit der Wasserstofftechnologie voranzutreiben. Auszuschließen ist aber auch nicht, dass angesichts dieser Mangelsituation manche Länder der Dritten Welt sich dazu entschließen werden, Kernenergie einzusetzen. Will man diesen Weg mit seinen besonderen Risiken vermeiden, so muss der »Norden« mit seiner Wirtschaftskraft und seinem Technologiepotential vor allem die Solar- und Wasserstofftechnologie zur Anwendungs- und Marktreife bringen.

Bis zur Mitte dieses Jahrhunderts werden zwei Drittel der circa acht Milliarden Menschen in der Dritten Welt in Ballungsräumen mit einer Bevölkerung von 30 bis 50 Millionen leben. Es ist daher völlig unvorstellbar, die Ansprüche an den Lebensstandard dort mit unserem Lebensstil und den sich darauf gründenden Verfahren und Produkten bedienen zu wollen. Letztlich benötigen wir in den kommenden Jahrzehnten eine Dematerialisierung der Wirtschaft im globalen Maßstab mindestens um den Faktor zehn.

Die durch die wirtschaftlichen Aktivitäten des Menschen ausgelösten, die Natur belastenden und zerstörenden Stoffströme betragen bereits ein Vielfaches der durch die Natur ausgelösten materiellen Bewegungen. Ein Bundesbürger verursacht für die Befriedigung seines Lebensstandards jährlich weltweit Mengenbewegungen von etwa 86 Tonnen; auf einen (armen und bisher anspruchslosen) vietnamesischen Bauern oder Landarbeiter entfallen dagegen weniger als zwei Tonnen.

Die Energie spielt bei dieser Dematerialisierung eine zentrale Rolle, hat sie doch selbst mengenmäßig wesentlich Anteil an den Stoffströmen: je billiger und reichhaltiger sie zur Verfügung steht, umso mehr erleichtert sie Mengenbewegungen.

Die Dematerialisierung unserer Wirtschaft und unseres Lebensstandards beinhaltet zwei unterschiedliche Aspekte: Einmal kann dazu ganz erheblich der technische Fortschritt beitragen durch eine Steigerung der Ressourceneffizienz; zum anderen bedarf es einer Veränderung des Lebensstils, der in gewisser materieller Genügsamkeit (Suffizienz) immateriellen Werten größere Bedeutung beimisst.

Warum muss zum Beispiel in einer Gesellschaft über den eigentlichen rationalen Mobilitätsnutzen des Autos hinaus diesem ein so hoher emotionaler Wert beigemessen werden mit erheblichen Auswirkungen auf Ressourcenverbrauch und Umwelt, während es für Kultur und Bildung an den notwendigen Mitteln mangelt?

Könnten individuelle und gesellschaftliche Leitbilder sich nicht stärker am »Sein« als bisher weitgehend am »Haben« orientieren?

Werden uns die Grenzen des materiellen Wachstums nicht ohnehin dazu zwingen?

Und wäre das letztlich nicht eine »bessere und lebenswertere Welt«?

Wir dürfen nicht vergessen, dass wir im »Norden« in unserer verantwortlichen Vorbildfunktion für die aufstrebenden Gesellschaften des »Südens« diesen neuen Lebensentwurf in einer überzeugenden Mischung von Effizienz und Suffizienz entwickeln und vorleben müssen. Hoffen wir, dass die »große Flut« über die von ihr verursachten unmittelbaren Probleme hinaus uns allen einige Anregungen für die unverzichtbaren weiterführenden nachhaltigen Gedanken vermittelt!

Nicht das Klima spielt verrückt, sondern der Mensch

HANS JOACHIM SCHELLNHUBER

Die Menschheit führt seit Beginn der Industriellen Revolution ein unerhörtes Großexperiment mit unserem Planeten durch: Als im 18. Jahrhundert die Wälder Europas kahl geschlagen waren, suchte man verzweifelt nach einer neuen Energiequelle für die abendländische Zivilisation. Die Lösung hieß Kohle, welche im Verein mit bahnbrechenden technischen Neuerungen die moderne Gesellschaft mit ihrem beispiellosen Wohlstand hervorbrachte. Einen zusätzlichen Entwicklungsschub lieferte die Erschließung gigantischer Erdölreservoire nach dem Zweiten Weltkrieg, wodurch die Globalisierung mit ihrem weltweiten Transport von Personen und Gütern überhaupt erst möglich wurde.

Fossile Brennstoffe, die sich über viele Millionen Jahre im Schoße der Erde gebildet haben, stellen also den Lebenssaft der Industriegesellschaft dar. Als die OPEC-Länder in den Siebzigerjahren des letzten Jahrhunderts wegen des Nahostkonflikts die großen Ölkrisen heraufbeschworen, stotterte der Motor der Weltwirtschaft. Die Sorge um die künftige Verfügbarkeit von Kohle, Erdgas und Erdöl wurde daraufhin zum

überragenden politischen Thema. Auch heute ist diese
Sorge keinesfalls gegenstandslos, denn die politischen
Kontrollen über die fossilen Energieressourcen sind
höchst ungleich verteilt, und die konventionellen La-
gerstätten werden in spätestens 200 Jahren vollkommen erschöpft sein.

Viel früher jedoch wird uns eine scheinbar vernach-
lässigbare Nebenwirkung des Brennstoffverbrauchs vor
eine Herkulesaufgabe stellen, deren Lösbarkeit noch
völlig ungewiss ist: Mit dem Verbrauch von Energieträgern wie Erdöl in Motoren und Heizungen werden
nämlich unsichtbare Gase in die Atmosphäre entlassen –
zurzeit allein mehr als 20 Milliarden Tonnen Kohlendioxid (CO_2) jährlich!

Kohlendioxid ist ein so genanntes Treibhausgas; dieser Name weist auf die Fähigkeit hin, die von der Erdoberfläche ins kalte Weltall strebende Wärmestrahlung
wieder zum Boden zurückzuwerfen und damit ein auf-
geheiztes Treibhausklima für den ganzen Planeten zu
erzeugen. Ohne Treibhausgase in der Lufthülle der Erde
wäre höheres Leben nicht existenzfähig, aber der Energiehunger der Menschheit hat die natürlichen Gasan-
teile von Kohlendioxid bereits um 30 (Kohlendioxid)
bis 150 (Methan) Prozent erhöht – dies ist das Großexperiment, von dem ich eingangs sprach.

Sein Ausgang zeichnet sich immer deutlicher ab: Der
verstärkte Treibhauseffekt wird die Erde spürbar erwär-
men, das Weltklima verändern und dadurch einen gewaltigen Anpassungsdruck für Natur und Kultur aufbauen, dem vieles nicht standhalten wird.

Die große Flut im August 2002 gibt einen Vorge-
schmack auf die schauderhafte Suppe, die wir uns selbst
eingebrockt haben.

Menetekel am Himmel

Die Bibel berichtet über eine Furcht erregende Bege-
benheit, die der Prophet Daniel selbst erlebt und gedeutet hat. Während eines nächtlichen Festmahls des
babylonischen Königs Belsazar schrieb plötzlich eine
Geisterhand die Worte »mene, mene, tekel, upharsin«
an die Palastwand. Diese Warnung in aramäischer Sprache wies auf den baldigen Untergang von Belsazars
Herrschaft hin, und der verkürzte Ausdruck »Menetekel« bezeichnet deshalb in zahlreichen Kulturen heute
ein Ernst zu nehmendes Warnzeichen vor künftigen
Schrecken.

Ist nun die August-Flut ein solches Menetekel, das auf
unwiderlegbare Weise vom beginnenden Klimawandel,
ja gar von der näherrückenden »Klimakatastrophe«
kündet? Die Antwort auf diese einfach gestellte Frage
muss leider kompliziert ausfallen: Das Ereignis, das
Mitteleuropa so schwer getroffen hat, fügt sich perfekt
in die zu erwartende Gesamtentwicklung eines vom
Menschen gestörten Naturhaushaltes ein. Für sich allein betrachtet beweist es allerdings gar nichts – außer
unserer dramatischen Verwundbarkeit gegenüber den
Umweltkräften, die wir bereits zu beherrschen glauben.
Denn das Klima ist die langjährige Gesamtheit aller
Wettererscheinungen in einer bestimmten geografischen

Region. So wenig, wie man wegen einer einzigen Hitze-
welle von über 40 Grad Celsius in Deutschland sagen
könnte, dass unsere Umwelt jetzt subtropisch geworden
sei, so wenig kann das Auftreten einer einzelnen »Genua-
Zyklone« den Beweis für das Umkippen des Weltklimas
erbringen.

Eine solche Genua-Zyklone, also ein umfangreiches
sommerliches Tief über dem nordwestlichen Mittelmeer, war der Ausgangspunkt jener fatalen Wirkungs-
kette, die das Verderben über Ostdeutschland, Österreich, Tschechien und viele andere europäische Länder
brachte. Wenn das Azorenhoch durch starke atlanti-
sche Luftbewegungen nach Südwesten zurückgedrängt
wird, schießen über dem erhitzten Mittelmeer riesige
Wolkentürme in den Himmel, deren ungeheuere Re-
genfracht unter gewissen Umständen nordostwärts über
die Alpen, das Riesengebirge oder die Karpaten zu ziehen beginnt. Die Meteorologen sprechen in diesem
Fall von einer Vb-Wetterlage, deren Auswirkungen ge-
fürchtet sind. Wie in diesem August ergießt sich oft sint-
flutartiger Regen über diejenigen Landschaften, wo
der Wolkenzug ins Stocken gerät – in Stunden können
Niederschlagsmengen anfallen, wie sie sonst nur in Monaten zusammenkommen. Treffen diese Wassermassen
nun auf ein weitgehend kanalisiertes Flusssystem ohne
natürliche Rückhalteflächen, dann erzwingen Bäche
und Ströme die Rückkehr in ihr altes Bett, wo man inzwischen aber ungeheuere Mengen an öffentlichen und
privaten Gütern etabliert hat. Törichterweise wurden
in den letzten Jahrzehnten, vor allem aus Hang zum Pit-

toresken, gerade diejenigen Areale vorrangig besiedelt, die am meisten von Überschwemmungen gefährdet sind.

Die Vb-Wetterlage vom August 2002 war nun besonders stark ausgeprägt – noch prononcierter als das atmosphärische Muster vom gleichen Typ, das im Jahr 1997 das berüchtigte Oderhochwasser mit verheerenden Schäden vor allem in Polen bewirkte.

Als Menetekel des menschgemachten Klimawandels könnten allerdings selbst das Ausmaß und das rasche Aufeinanderfolgen dieser beiden Extremereignisse nicht gedeutet werden. Aber im komplexen Klimageschehen kann man auch nicht eine einzelne Geisterhand erwarten, die eindeutige Warnzeichen an den Himmel schreibt. Vielmehr sind derzeit viele symbolische Hände dabei, verwirrende und teilweise widersprüchliche Botschaften an die Mauern der Natur zu kritzeln, und das Ganze nimmt die Form eines erschreckenden Graffito an: Wirbelstürme in der Karibik, Waldbrände in den USA, Dürre in Westindien, schwerste Monsunregen in Südostasien, Kältewellen in Südafrika und so weiter. Die Klimamaschinerie scheint weltweit in eine gefährliche Schlingerbewegung geraten zu sein, und die Indizien häufen sich, dass unsere Zivilisation einen gewichtigen Anteil daran hat.

Um die Menetekel der Gegenwart zu interpretieren, werden sinnvollerweise statt Propheten Wissenschaftler herangezogen, die sich allerdings gelegentlich wie »Erleuchtete« gebärden. Um Ausmaß und Folgen des menschlichen Großexperiments mit der Atmosphäre so objektiv wie möglich bewerten zu können, haben die Vereinten Nationen einen historisch beispiellosen Untersuchungsprozess in Gang gesetzt, der aber dem Ernst der Klimaproblematik durchaus angemessen ist: In einem weltumspannenden Gremium (englischer Name: Intergovernmental Panel on Climate Change, abgekürzt IPCC) trifft sich die gesamte einschlägige Fachwelt aus Meteorologen, Physikern, Hydrologen, Ökologen, Sozialwissenschaftlern und Ingenieuren, um alle fünf Jahre einen »Sachstandsbericht« zu verfassen, dessen Aussagen Zeile für Zeile mit den Regierungsvertretern aller Herren Länder auf sachliche Richtigkeit und politische Unparteilichkeit geprüft werden. Am dritten Bericht dieser Art, der letztes Jahr erschienen ist, waren direkt oder indirekt circa 3000 Wissenschaftler beteiligt, das heißt die gesamte Fachkompetenz, die international verfügbar ist. Die IPCC-Dokumente sind voluminös und schwer verdaulich, aber sie stellen die seriöseste und ausgewogenste aller Informationsquellen zur Klimaproblematik dar. Wenn die Zeichen am Himmel überhaupt gedeutet werden können, dann durch dieses Gremium. Deshalb werde ich die Hauptaussagen des IPCC-Berichts 2001 im Folgenden kurz zusammenfassen.

Der Klimawandel und seine Folgen

Dass sich die Erde in den letzten Jahrzehnten deutlich erwärmt hat, ist unstrittig. Die 1990er-Jahre waren die Dekade mit den höchsten Durchschnittstemperaturen, 1998 war das heißeste Jahr seit Beginn der regelmäßigen Wetterbeobachtung. Aber alles deutet darauf hin, dass

NICHT DAS KLIMA SPIELT VERRÜCKT ...

das Jahr 2002 die bisherigen Rekorde noch brechen wird. Tendenz: weiter rapide steigend. Diese Entwicklung ist mit großer Wahrscheinlichkeit überwiegend vom Menschen selbst verursacht – natürliche Faktoren wie die Schwankungen der Sonneneinstrahlung spielen dabei eine eher untergeordnete Rolle, auch wenn sie nicht vernachlässigt werden dürfen.

Mit Computermodellen versucht die Wissenschaft die Vergangenheit, Gegenwart und Zukunft des Klimasystems zu simulieren. Diese Modelle gehören zu den aufwändigsten Instrumenten, derer sich die moderne Forschung bedient; die entsprechenden Kalkulationen lassen sich nur auf den leistungsfähigsten Supercomputern der Welt durchführen. Typischerweise müssen tausende von vernetzten Umweltprozessen und Milliarden von Detaildaten bei einer einzigen Simulation berücksichtigt werden. Obwohl die Modelle noch nicht alle Kinderkrankheiten überwunden haben und wichtige Naturvorgänge (zum Beispiel die Treibhauswirkung der Wolken) noch nicht zufrieden stellend verstanden sind, wächst das Vertrauen in die Leistungsfähigkeit dieser Instrumente von Jahr zu Jahr. Hierzu tragen nicht zuletzt die am Potsdamer Institut für Klimafolgenforschung (PIK) erzielten Ergebnisse bei, wo mit einem speziellen Modell die Klimaschwankungen der letzten 120 000 Jahre (!) nachgezeichnet und schlüssig erklärt werden konnten.

Blickt man nun mit den Klimamodellen in die Zukunft, dann ergibt sich ein ziemlich beunruhigender Befund: Wenn die Menschheit ihr Großexperiment unbekümmert fortsetzt und immer mehr Treibhausgase gen Himmel schickt, dann wird die globale Mitteltemperatur im 21. Jahrhundert nochmals um 1,4 bis 5,8 Grad Celsius ansteigen.

Um diese Projektion richtig einordnen zu können, müssen drei Dinge betont werden:

1. Der große Unterschied zwischen Ober- und Untergrenze in der Erwärmungserwartung hängt vor allem mit unterschiedlichen Annahmen über die Entwicklung von Weltwirtschaft, Technologie, internationaler Kooperation und Bevölkerungswachstum zusammen.

2. Selbst der »Durchschnittswert«, also 3,6 Grad Celsius menschgemachter Erderwärmung in diesem Jahrhundert, entspricht bereits nahezu dem Unterschied zwischen einer Eis- und einer Warmzeit dieses Planeten. Da sich die Erde gegenwärtig ohnehin schon am Scheitelpunkt ihrer natürlichen Fieberkurve befindet, würde der zusätzliche Temperaturschub sie in eine »Heißzeit« katapultieren – mit einer in der bisherigen Zivilisationsgeschichte einmaligen Geschwindigkeit.

3. Mit weniger als etwa 1,5 Grad Celsius Erwärmung im 21. Jahrhundert kommt die Menschheit selbst bei optimistischsten Einschätzungen nicht mehr davon. Und selbst dies würde bereits eine riesige Belastung für unsere Umwelt darstellen.

Denn die Wissenschaft versteht es auch immer besser, die *Folgen* der Erderwärmung zu erkennen und vorherzusagen. Zunächst die beobachtete Entwicklung: Mit dem Anstieg der globalen Temperatur haben die Niederschläge in den mittleren und hohen Breiten der Nordhalbkugel in den letzten Jahrzehnten zu-, über den traditionell dürregeplagten Subtropen aber leicht abgenommen. Damit verstärkt sich der Gegensatz zwischen feuchten und trockenen Regionen noch! Wegen der Bedeutung der Niederschlagstrends für die Thematik dieses Buches werde ich diese Entwicklung und ihre Auswirkungen im nächsten Abschnitt etwas ausführlicher darstellen.

Seit den 1960er-Jahren ist die Schneebedeckung der Erde um circa zehn Prozent geschwunden; fast sämtliche Gletscher der Welt befinden sich auf einem massiven Rückzug. Die Meereisdecke im Nordpolargebiet ist in den letzten 30 Jahren um bis zu 40 Prozent dünner geworden. Unaufhaltsam steigt der Meeresspiegel um etwa 1,5 Millimeter pro Jahr an. Dies liegt zum Teil an den schmelzenden Eismassen in Grönland, den Alpen und im Himalaja, vorwiegend aber an dem schlichten physikalischen Effekt der Wasserausdehnung bei Erwärmung. Zahlreiche Ökosysteme haben bereits auf die noch moderaten Erwärmungen vieler Regionen reagiert: Das Frühjahrswachstum setzt um Wochen eher ein, die Verbreitungsgebiete vieler Pflanzen und Tiere verschieben sich polwärts, und manche Arten haben bereits schwere Schädigungen erfahren. Besonders betroffen sind die Korallenriffe der äquatorialen Meere, die großflächig abzusterben drohen.

Dies ist jedoch nur der Anfang einer Entwicklung, die unsere Umwelt von Grund auf verändern dürfte. Der IPCC-Bericht 2001 fasst die besorgniserregenden Perspektiven zum ersten Male in einer quantitativen Gesamtschau zusammen. Das Maß der Bedrohung durch den

Klimawandel wird anhand von fünf Kriterien abge-
schätzt, nämlich

1. Verlust von einzigartigen natürlichen und zivilisa-
torischen Systemen,

2. Zunahme von Extremereignissen,

3. Vertiefung der Gegensätze zwischen den Industriestaa-
ten des Nordens und den Notstandsländern des Südens,

4. Gefährdung von Welternährung und -gesundheit,

5. Destabilisierung der großen Muster der planetari-
schen Dynamik (asiatischer Monsun, Golfstromsystem
und so weiter).

Die Analyse, an der ich selbst in leitender Funktion beteiligt war, kommt anhand dieser Kriterien zu dem
Schluss, dass eine weitere Erderwärmung um mehr als
zwei Grad nicht mehr verkraftbar wäre: Das Meer würde
dann zahlreiche Inseln verschlingen und das Auftauen
von Frostböden ausgedehnte Infrastrukturen vernichten.
»Naturkatastrophen« wie Orkane, Sturmfluten, Hitze-
wellen und Dürren würden über ein erträgliches Maß
hinaus zunehmen. Die geopolitischen Spannungen würden durch die Tatsache, dass die Entwicklungsländer die
Hauptschäden des Klimawandels erleiden müssten, erheblich verschärft. Die globale Wirtschaftsentwicklung
würde durch Einbußen bei Landwirtschaft, Fischerei,
Verkehr, Siedlungswesen und Wasserwirtschaft massiv
gebremst.

Selbst die Gefahr einer völligen Veränderung der bisherigen Betriebsweise der gesamten Klimamaschinerie
wäre dann nicht mehr auszuschließen. Langfristig könnte
dabei etwa das westantarktische Schelfeis abschmelzen

und einen globalen Meeresspiegelanstieg von mehr als fünf Metern verursachen.

Wir stehen somit vor einem schier unauflösbaren Dilemma: Die Projektion der Erderwärmung durch die Modelle liegt im Mittel bei über drei Grad Celsius, aber mehr als zwei Grad Celsius werden bereits als intolerabel eingestuft. Was können wir tun?

Das Jahrhundert der Überschwemmungen

Bevor ich versuchen werde, auf die zuletzt gestellte und alles entscheidende Frage eine Antwort zu geben, möchte ich – wie oben versprochen – die uns besonders gegenwärtige Flutproblematik genauer beleuchten.

Schon seit Jahrzehnten ist zu beobachten, dass Überschwemmungen weltweit immer häufiger und zerstörerischer werden: Allein in den 1990er-Jahren gab es etwa zwei Dutzend katastrophale Flutereignisse mit Gesamtschäden von jeweils mehr als einer Milliarde Euro. Bei acht dieser Desaster kamen jeweils mehr als 1000 Menschen um. Das mörderischste Ereignis der jüngeren Überschwemmungsgeschichte war die Sturmflut in Bangladesh im April 1991, die über 140 000 Leben vernichtete. Materiell am verheerendsten war bisher die chinesische Sommerflut im Jahr 1998, die wirtschaftliche Schäden von über 30 Milliarden Euro verursachte. Die Kosten der mitteleuropäischen Augustflut des Jahres 2002 stoßen allerdings in denselben Bereich vor. Damit werden Überschwemmungen langsam aber sicher zu einem dominierenden Faktor der Versicherungsbilanzen.

Beunruhigend ist zudem, dass gewaltige Flutereignisse immer häufiger in Gegenden auftreten, die sich – wie das Odereinzugsgebiet – bisher davor sicher fühlten.

Historiker werden nicht müde, darauf hinzuweisen, dass es auch in früheren Jahrhunderten »Sintfluten« gab (auch wenn das namengebende Ereignis selbst eher ein Mythos ist). Dokumentiert sind die schreckliche »Thüringische Sintflut« von 1342, die Überflutung des gesamten Nürnberger Raumes im Jahr 1595, das Michaelis-Hochwasser von 1732, das wiederum Franken heimsuchte, und die große mitteleuropäische Flut von 1784. Aber die Häufung von »Jahrhundert- und Jahrtausendhochwassern« in den letzten Dekaden stimmt doch sehr bedenklich, vor allem weil klar ist, dass der Mensch hier seine ungeschickten Hände im Spiel hat.

Ein Überschwemmungsdesaster wird durch fünf Hauptfaktoren bestimmt:

1. Niederschlagsereignis,
2. Abflussverhalten,
3. Gerinnestruktur,
4. Werteexposition und
5. Katastrophenmanagement.

Die letzten vier Faktoren werden durch unsere Zivilisation unmittelbar beeinflusst – durch Versiegelung der Landschaft, Flussbegradigungen, gewerbliche Erschließung von Auen und Eindeichungen.

Dass hier oft unverzeihliche Fehler gemacht wurden, wird mit jeder Überschwemmung deutlicher: Man sollte jetzt endlich die raumplanerischen Lehren aus diesen Tragödien ziehen.

Sorgfältige wissenschaftliche Studien belegen jedoch, dass Faktor Nummer eins, also das Wasser, das in einem massiven Einzelereignis vom Himmel fällt, der wichtigste Auslöser der Katastrophe bleibt. Nur sind Häufigkeit und Umfang dieser Ereignisse nicht mehr allein Ausdruck eines göttlichen Willens oder einer übermächtigen Natur, sondern zunehmend ebenfalls vom Menschen beeinflusst – wenn auch viel indirekter durch die Verstärkung des Treibhauseffektes. Der physikalische Zusammenhang ist recht einfach: Wenn die Erde sich erwärmt, verdunstet mehr Wasser aus den Ozeanen, welches mit höheren Temperaturen auch besser von der Lufthülle aufgenommen und gespeichert werden kann. Durch den größeren Energiegehalt der Atmosphäre können sich aber auch viel stärkere Unwetter bilden, bei denen das Wasser sturzartig wieder zur Erde zurückkehrt.

Deshalb sagen die Klimamodelle übereinstimmend voraus, dass die Niederschläge im 21. Jahrhundert nicht nur allgemein zunehmen, sondern auch immer geballter als Starkregenereignisse auftreten werden. Die Häufigkeit solcher Ereignisse hat sich in der zweiten Hälfte des 20. Jahrhunderts schon um zwei bis vier Prozent in gewissen Regionen erhöht; dieser Trend wird sich vor allem in denjenigen Weltgegenden verstärken, die ohnehin durch schwere Regenfälle geprägt sind. Nordamerika und Nordasien dürften in diesem Zusammenhang zu besonderen Problemzonen werden, aber auch Nordeuropa sieht ausgesprochen nassen Zeiten entgegen.

Da nun aber keine Landschaft auf Dauer eine wirklich massive Niederschlagsmenge aufsaugen und kein Flussgebietsmanagement der Welt beliebig hohe Flutwellen bändigen kann, wird dieses Jahrhundert zum »Jahrhundert der Überschwemmungen« werden.

So sieht es jedenfalls die Wissenschaft, und dennoch gibt es Möglichkeiten, die Schäden an Menschen und Gütern zu begrenzen. Dafür brauchen wir eine Klimaschutzpolitik, die kraftvoll im vollen Bewusstsein der wahren Problemdimensionen handelt.

Was sollen wir tun?

Die einzig vernünftige Schlussfolgerung aus der eben skizzierten Problemanalyse ist eine Doppelstrategie: den Klimawandel nicht ausufern lassen und sich weit vorausschauend an die unvermeidbaren Umweltveränderungen anpassen. Beginnen wir mit dem Gegensteuern: Wie ich oben erläutert habe, müssen wir versuchen, ein schmales Zielfenster von eineinhalb bis zwei Grad Celsius Zusatzerwärmung innerhalb eines Planungshorizonts von 50 bis 100 Jahren zu treffen. Denn das Klimasystem reagiert aus vielerlei Gründen ausgesprochen träge auf äußere Eingriffe, sodass heute eingeleitete Maßnahmen sich erst in Jahrzehnten auswirken werden.

Wir haben es also mit einem extrem langen Bremsweg zu tun, was zugleich einen Segen und einen Fluch darstellt: Denn die Versuchung ist riesengroß, den Klimaschutz wie bisher auf die Schultern unserer Enkel abzuwälzen und dabei den richtigen Zeitpunkt zum Handeln zu verpassen. Tatsächlich müssen wir schon heute beginnen, die Emissionen von Treibhausgasen aus Industrie, Verkehr und Haushalten spürbar einzuschränken, am besten weltweit um ein Prozent pro Jahr während des ganzen 21. Jahrhunderts. Dabei sollten aber die reichen Länder vorangehen, denn sie haben seit circa 200 Jahren die Atmosphäre als kostenlose Müllkippe benutzt und die Klimakrise überhaupt erst hervorgebracht.

Betrachtet man allerdings die bisher beschlossenen umweltpolitischen Maßnahmen, dann muss man ein Gefühl der Verzweiflung unterdrücken: Das berühmt-berüchtigte Kyoto-Protokoll der Vereinten Nationen wird bis zum Jahr 2012 die globalen Treibhausgasemissionen wahrscheinlich nur um etwa ein Prozent mindern und damit die Erderwärmung um weniger als ein Zehntel Grad abschwächen! Dieses Abkommen ist also in seiner jetzigen Form ein zahnloser Tiger. Notwendig sind ganz andere Größenordnungen des Klimaschutzes: Bis zum Jahr 2025 müssten die globalen Emissionen um mindestens 20 Prozent reduziert werden, der Treibhausgasausstoß der Industrieländer bis zum Jahrhundertende sogar um etwa 80 Prozent.

Wie soll dies zu schaffen sein?

Nun, es gibt drei große Hebel, wo eine moderne Gesellschaft ansetzen kann:

1. Energieeffizienz (weniger Energieeinsatz bei gleicher Energiedienstleistung),

2. Substitution (Ersetzen von fossilen Brennstoffen durch erneuerbare Energiequellen) und

3. Sequestrierung (Rückhaltung von Treibhausgasen beim technischen Verbrennungsprozess).

Deutschland könnte beispielsweise mit drei konkreten Maßnahmen vorangehen, die sich langfristig auch ökonomisch rechnen würden:

1. Begrenzung der Neuzulassung von PKWs auf Dreiliterfahrzeuge ab 2010.

2. Erhebung eines »Sonnencents«, das heißt eines Aufschlags von einem Prozent auf den Preis jeder mit fossilen Brennstoffen erzeugten Energiedienstleistung. Die gewonnenen Mittel sollten (anders als bei der problematischen Ökosteuer) in die Entwicklung regenerativer Energietechnologien (Solarzellen, Windkraftwerke, Geothermie, Biogasanlagen et cetera) investiert werden.

3. Verpflichtung aller großen konventionellen Kraftwerke, Erdölraffinerien und Zementfabriken zur physikalisch-chemischen Abtrennung der Treibhausgase (vor allem CO_2) beim Verbrennungsprozess und zu sachgerechter Deponierung der anfallenden »Klimaschlacke«.

Dies sind nur einige der vielen Möglichkeiten des Klimaschutzes, die technisch, wirtschaftlich und sozial in den Wohlstandsländern realisierbar wären. Allerdings gilt es auch, die Entwicklungsländer so bald wie möglich mit ins Boot der Verantwortung zu holen. Denn in 20 Jahren werden Staaten wie China, Indien, Indonesien oder Brasilien mindestens ebenso viel zur Störung der Atmosphäre beitragen wie die heutigen Industrienationen.

Hauptziel muss daher sein, die Entwicklung des Südens klimafreundlich zu gestalten und die Fehler des Nordens nicht zu wiederholen. Das bedeutet insbesondere, dass erneuerbare Energien aus Sonne, Wind, Wasser und Biomasse rasch zu den Schwungrädern des Fort-

NICHT DAS KLIMA SPIELT VERRÜCKT ...

schritts werden müssen. Dazu bedarf es wohl eines globalen Marshallplans, der umfangreiche Investitionen in nachhaltige Zukunftstechnologien bei den jetzigen Habenichtsen dieser Welt initiiert. Auf diese Weise könnte etwa die bitterarme Sahelzone innerhalb von 50 Jahren zu einem Hauptexporteur von Wasserstoff für die Brennstoffzellen in europäischen Autos werden.

Eine weltweite Finanzierungsstrategie zur Bewältigung des Klimawandels ist aber auch deswegen nötig, weil selbst die Anpassung an »nur« zwei Grad Celsius zusätzlicher Erderwärmung eine ungeheuere Herausforderung für die Weltgemeinschaft darstellen wird. Vorsichtige Schätzungen geben die *jährlichen* Kosten der menschgemachten Klimaveränderungen im 21. Jahrhundert mit 100 bis 200 Milliarden Euro an. Wer soll nur diese Zeche bezahlen? Deshalb muss umgehend ein globaler Anpassungsfonds unter dem Dach der Vereinten Nationen eingerichtet werden, der dieser finanziellen Dimension Rechnung trägt. Die jetzige Flut in Mitteleuropa macht uns schmerzlich bewusst, dass der Staat im Normalbetrieb keine Rücklagen für größere Umweltkatastrophen bildet. Diesen Mangel an Vorsorge können wir uns aber in Zukunft buchstäblich nicht mehr leisten.

Zudem sollten sämtliche Stadt-, Regional- und Raumplanungsverfahren mittelfristig auf die sich wandelnden Klimaverhältnisse abgestimmt werden. So müssen etwa Stadtentwässerungssysteme für das »Jahrhundert der Überschwemmungen« neu konzipiert werden.

Aber werden wir tatsächlich etwas aus der »Jahrhundertflut 2002« lernen? Ich erinnere mich lebhaft an zahlreiche Gespräche mit Fachkollegen in tristen Hotellobbies oder Flughafenhallen nach IPCC-Arbeitstreffen irgendwo auf der Welt. Die zentrale Frage dabei war immer wieder, ob Politik und Öffentlichkeit denn irgendwann aufwachen und die ungeheure Herausforderung der Klimaproblematik erkennen würden. Immer wieder wurde dabei die Meinung geäußert, dass allein gewaltige Katastrophen – etwa die Verwüstung Manhattans durch einen Hurrikan – die Verantwortlichen aufrütteln könnten.

Nun hat Deutschland eine solche Katastrophe erlebt, aber angesichts der Opfer und Schäden verbietet sich jede Genugtuung des Warners. Zudem wird dieses Ereignis in wenigen Monaten wieder in Vergessenheit geraten, und die Argumente der Klimaskeptiker, dass ein Einfluss des Menschen auf das Klima noch nicht hundertprozentig erwiesen sei und man deshalb mit kostspieligen Schutzmaßnahmen tunlichst zuwarten sollte, werden wieder die Oberhand gewinnen.

Aber dennoch: Die Fachwelt geht geschlossen von einer 80- bis 90-prozentigen Wahrscheinlichkeit dafür aus, dass unsere Zivilisation das Klimasystem massiv beeinflusst und damit unabsehbare Folgen heraufbeschwört. Weitermachen wie bisher – business as usual – ist deshalb wie eine verschärfte Form des Russischen Rouletts, die ich vor einigen Jahren als »Amerikanisches Roulett« bezeichnet habe: Dabei setzt man sich einen sechsschüssigen Revolver, in dessen Trommel *nur eine Patrone fehlt*, an die Schläfe und drückt ab. Wenn die Menschheit dieses Spiel tatsächlich spielen will, ist sie verrückt ...

Was sagt uns die Geologie zu Flutkatastrophen und Klima?

FRIEDRICH-WILHELM WELLMER
MIT ULRICH BERNER UND CARSTEN SCHWARZ

Die diesjährigen katastrophalen Überschwemmungen in Deutschland werden sehr lange ihre Auswirkungen auf unsere wirtschaftliche Situation und unsere gesellschaftlichen Rahmenbedingungen haben. Derartige Naturereignisse sind leider nicht vorhersagbar – schon gar nicht das Ausmaß der Wassermassen und ihre Auswirkungen auf uns Menschen. Eine Region kann jährlich überflutet werden, es kann aber auch durchaus 1000 Jahre und länger dauern, bis eine erneute Überflutung einsetzt. Dies wiederum ist abhängig von den natürlichen Wetter- und Klimaschwankungen in einer Region. Überlagert werden diese natürlichen Vorgänge aber auch wesentlich durch den Einfluss des Menschen auf die Landschaftsgestaltung. Intensive Rodungen führten beispielsweise dazu, dass im ausgehenden Mittelalter nur noch zehn Prozent der Fläche Deutschlands bewaldet waren. Heute ist Deutschland wieder zu 30 Prozent mit Wald bedeckt. Dies ist eine wichtige positive Veränderung, denn der oberflächige Abfluss des Wassers ist bei Acker und Weide wesentlich größer als unter Wald. Die Folge geringen Bewuchses sind großflächige Abflüsse, die die Kapazität der Flussläufe sprengen. Flussregulierungen und Eindeichungen, Flächenversiegelungen sowie die Besiedelung der natürlichen Überschwemmungsgebiete leisten ebenfalls ihren Beitrag zu einer erhöhten Überflutungsgefahr.

Ereignisse dieser Art sind allerdings für uns Geologen nichts Unbekanntes. Unzählig oft sind unsere Flüsse in der Vergangenheit über die Ufer getreten. Die Menschheit hat dies in vielen Dokumenten festgehalten. Angefangen von mündlichen Überlieferungen über die Bibel und Kirchenbücher bis hin zu Schulbüchern und heute modernen elektronischen Informationsmedien. Je länger diese extremen Ereignisse zurückliegen, desto eher wird die Gefahr jedoch verdrängt. Um dem Anwachsen der Menschheit zu begegnen, werden Siedlungen und Industrieanlagen immer öfter auch in potenziell überflutungsgefährdeten Bereichen angelegt.

Wir Geowissenschaftler können das Ausmaß früherer Überschwemmungen an der Verbreitung der hierfür typischen Flussablagerungen ablesen. Diese Auesedimente sind auf Grund ihrer Kornzusammensetzung, ihres Anteils an organischer Substanz und anorganischen Spurenstoffen eindeutig von anderen angrenzenden Ablagerungen zu unterscheiden. Bei den Staatlichen Geologischen Diensten Deutschlands werden diese geologischen Flächendaten seit langer Zeit erhoben und in Karten zusammengeführt. Werten wir diese Daten gemeinsam mit topografischen Informationen, also den Geländehöhen, aus, so zeigen sich die Landschaftsareale, die potenziell überflutet werden können. Bei der Anlage von Gebäuden, Straßen und Trassen sollten diese Daten und Interpretationsergebnisse immer in die Planungen einbezogen werden. Im Folgenden erläutern wir Erkenntnisse aus den geologischen Untersuchungen zu potenziellen Überflutungsgebieten an Beispielen aus Niedersachsen sowie unsere Einschätzung zu klimatischen Prozessen.

Flussablagerungen – Archiv der Überflutungsgeschichte?

Mit Untersuchungen typischer Überflutungsablagerungen können Geowissenschaftler die Verbreitung historischer Hochwässer nachweisen. Darin enthaltener Blütenstaub von Pflanzen(pollen) ermöglicht eine Altersbestimmung der Sedimente, die sich dann unterschiedlichen Überflutungsereignissen zuordnen lassen. Dabei ergeben sich Parallelen zwischen menschlichen Eingriffen in die Natur und der Intensität der Überflutungen. Seit etwa 5000 v. Chr. kann beispielsweise in Nordwestdeutschland eine zunehmende Wechselbeziehung zwischen Siedlungstätigkeit beziehungsweise Wirtschaftsweisen und Überflutungen nachgewiesen werden; seit 1000 Jahren macht sich zusätzlich der Deichbau bemerkbar.

Feinkörnige Flussablagerungen aus Ton und Schluff, vom Geowissenschaftler als Auelehm bezeichnet, werden als typisches Relikt einer Überschwemmung in der Nachbarschaft des Hauptstromes abgelagert. Dies ist genau der Schlamm, den Bewohner überfluteter Bereiche heute aus ihren Wohnungen und Siedlungen entfernen. Diese Aueablagerungen entstehen durch abgespülte Kulturböden, deren Bestandteile zum Beispiel bei Starkregenereignissen in die Flüsse eingespült werden. Bei Überflutungen wird diese Fracht dann in Stillwasserbereichen abseits der eigentlichen Hauptrinne eines Flusses wieder abgesetzt. Seit es Ackerbau gibt, treten vermehrt Auesedimente auf und legen sich als dünne Schleier über die überfluteten Areale. Ein Höhepunkt solcher Überflutungen kann beispielsweise an der Weser bereits für die jüngere Bronzezeit (zwischen 3500 und 2800 Jahren vor heute) belegt werden. Auch die Völkerwanderung oder der Dreißigjährige Krieg lassen sich in den Ablagerungen nachweisen. Damals rückläufige Siedlungs- und Ackerbauaktivitäten führten zu einer neuerlichen Zunahme der Bewaldung, die sich wiederum im Pollenspektrum der Flussablagerungen niederschlug.

Geowissenschaftler kartieren die geologischen Verhältnisse einer Landschaft und erfassen dabei auch die

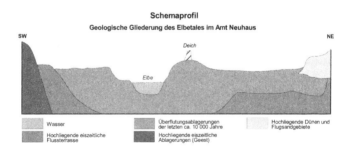

Schematischer Schnitt durch das Elbetal im Amt Neuhaus. Die breite Talfüllung mit Fluss- und Hochflutablagerungen markiert die auch heute noch hochwassergefährdeten Gebiete links und rechts der Elbe.

flächenhafte Verbreitung von Hochflutablagerungen. In Karten dargestellt zeigen die Ergebnisse, wie extrem sich historische Überflutungen ausgebreitet haben. Korrelationen mit den modernen topografischen Karten zeigen, welche der heute besiedelten Bereiche damals überschwemmt wurden.

Die in den Kartendarstellungen auf Seite 78 tiefgelb gekennzeichneten Gebiete belegen die Verbreitung von Aueablagerungen der Elbe im niedersächsischen Amt Neuhaus sowie der Leine im Stadtgebiet von Hannover, die den katastrophalen Überflutungen des Mittelalters zugeordnet werden können. Es gibt keinen Grund anzunehmen, dass solche Überflutungen nicht auch heute noch auftreten können. Das stark vereinfachte Schemaprofil der Elbe im Bereich Amt Neuhaus zeigt die durch Fluss- und Aueablagerungen charakterisierten Berei-

Überflutung bei Amt Neuhaus im Jahr 2002.

Jährliche Überschwemmung der Leineaue bei Hannover Mitte der 1990er-Jahre.

che im Hinterland der heutigen Deiche, die weiterhin als potenzielle Gefahrenzonen gelten müssen. Die aktuelle Entwicklung dieses Sommers, die gut an den auf Seite 79 gedruckten Satellitenaufnahmen im Bereich Wittenberg der Jahre 2000 und 2002 abzulesen ist, macht dies deutlich. Ein Zusammentreffen von Schnee-

schmelze im Frühjahr bei gleichzeitigen Starkregenfäl-
len auf noch flachgründig gefrorenen Böden wäre ein
Szenario, das die heutigen Ereignisse beispielsweise an
Elbe und Donau sicher übertreffen würde.

In unseren Breiten sind Überschwemmungen allein
zunächst kein Hinweis auf eine Klimaänderung, sondern
Beleg für einen natürlich wiederkehrenden Prozess.
Deichbauten können die Gefahr mindern, bergen aber
die trügerische Sicherheit, dass der Fluss sich beherrschen
ließe.

Geologische Karten mit ausgewiesenen Überflutungsablagerungen zeigen dagegen verlässlich, welche Gebiete
hinter den Deichlinien weiterhin als gefährdet gelten
müssen. Überflutungsablagerungen sind also tatsächlich
ein Datenarchiv mit verlässlichen Hinweisen auf Gefähr-
dungspotenziale.

Wann wird Wetter zum Klima?

Für die heute akut vom Hochwasser der Mulde und Elbe
betroffenen Menschen ist es wenig hilfreich, wenn sie
erfahren, dass – in geologischen Zeiträumen betrachtet –
die Überschwemmung im Jahre 2002 nicht die erste war
und bei weitem nicht die größte Flut, die es in dieser Region gegeben hat. Doch aus den Erkenntnissen, die sich
aus der Verbreitung der Flussablagerungen gewinnen
lassen, können wir für die Zukunft Strategien für den
Umgang mit derartigen Fluten ableiten.

Bei der Frage nach den Ursachen für außergewöhn-
liche Ereignisse wie die Jahrhundertflut 2002 ist ein

Der Hubschrauber der BGR sucht mit elektromagnetischen Verfahren nach Wasser unter der Namib-Wüste.

Was sagt uns die Geologie …?

Wasserfall in den mittleren Breiten (Frankreich)

Tundra in Sibirien

Menschenleben zu kurz, um auf eigene Erfahrungen zurückgreifen zu können. Andererseits sind einfach erscheinende Erklärungen willkommen.

Die Unterscheidung zwischen Wetter und Klima sei hier als Beispiel genannt: Die Beobachtung aller Wettererscheinungen über längere Zeiträume ermöglicht es, über mehrere Jahrzehnte Mittelwerte etwa der Niederschlagsmengen, der Temperatur und der Windgeschwindigkeiten zu berechnen. Die über 30 Jahre gemittelten Werte bezeichnen wir als Klima. Innerhalb einer derartigen Periode können extreme Ereignisse auftreten, die den Mittelwert nur gering beeinflussen. Wir kennen aus der Bibel die Geschichte von den sieben guten und den sieben schlechten Jahren: Gemittelt über den gesamten Zeitraum war das Klima konstant, obwohl es ein Wechsel zwischen sieben guten Jahren und sieben Jahren mit extremer Dürre war.

Wenige Themen nehmen heute in Politik und Medien so breiten Raum ein wie Klima – Klimaänderungen – Klimakatastrophen. Meist geht es dabei um mögliche Auswirkungen menschlicher Eingriffe in das Klimasystem, die durch das Verbrennen fossiler Energieträger und dem damit verbundenen Ausstoß von Kohlendioxid hervorgerufen werden sollen. Oft übersieht man allerdings das Ausmaß und die Dynamik natürlicher Klimaschwankungen.

Rückblickend auf die Erdgeschichte ermitteln Geowissenschaftler verlässliche Informationen über das Klima vergangener Zeiten. Aus den Gesteinen und dem Eis großer Gletscher gewinnen wir Informationen über

Wassertemperaturen ehemaliger Ozeane, die Trockenheit auf den Kontinenten oder den Kohlendioxidgehalt einer früheren Atmosphäre. Hervorzuheben ist, dass nicht das oft zitierte Kohlendioxid der einzige bestimmende Faktor des Klimageschehens ist. Vielmehr lässt sich anhand der rekonstruierten Klimageschichte belegen, dass die Sonne der entscheidende Motor für unser Klimasystem ist.

Woher kennen wir das Klima der Vergangenheit?

Will man das Klimasystem wirklich verstehen, so hilft nur der Blick zurück in Zeitabschnitte der Vergangenheit, in denen der Mensch nicht oder nur sehr wenig aktiv war. Mit der Kenntnis über diese Prozesse können wir dann einen möglichen Einfluss des Menschen abschätzen. Geologen und Paläoklimaforscher entschlüsseln daher das Klima früherer Zeiten, indem sie die Ablagerungen aus Seen und Ozeanen und das Eis großer Gletscher untersuchen. Diese Medien dienen als Archive für Klimainformationen. Unterschiedlichste Methoden stehen bereit, um diese Informationen zu entschlüsseln.

So ist es heute zum Beispiel möglich, die Wassertemperaturen ehemaliger Ozeane, die Luftfeuchtig-

»Eiswelle« bei Dronning Maudland (Antarktis)

keit beziehungsweise Trockenheit ehemaliger Landgebiete oder die Gaszusammensetzung einer früheren Atmosphäre zu rekonstruieren. In Seebecken sammeln sich Bodenpartikel, Pollen, Blätter und Staub zu oft meterdicken Ablagerungen. Unter besonders günstigen Ablagerungsbedingungen bildet sich sogar eine Jahresschichtung aus.

Diese Klimachroniken enthalten Jahresaufzeichnungen, die über lange Abschnitte die Genauigkeit der von Historikern genutzten Informationen übertrifft.

Von besonderer Bedeutung sind die Informationen aus den Kernen von Eisbohrungen. Eiskerne ermöglichen aufgrund ihrer Jahreslagen eine sehr genaue zeitliche Zuordnung. Untersuchungen an Eiskernen zeigen die natürliche Variabilität des atmosphärischen Kohlendioxids über die vergangenen 400 000 Jahre mit höherer Verlässlichkeit als Sedimentkerne, da die Zusammensetzung der im Eis eingeschlossenen Luftbläschen direkt gemessen werden kann.

Wie schnell ändert sich das Klima?

Unser heutiges, eher gleichmäßiges Klima kann uns dazu verleiten zu glauben, es könnte immer so ausgewogen sein. Untersuchungen der Erdgeschichte zeigen aber, dass viele Wechsel mit unterschiedlichen Geschwindigkeiten erfolgten. Es mag vielen gar nicht bewusst sein, aber wir leben heute in der Warmzeit eines Eiszeitalters. Die Wechsel zwischen Kalt- und Warmzeiten innerhalb des derzeitigen Eiszeitalters – des Quar-

Eine Spur der Zerstörung hinterlässt die Wasser-Schlamm-Lawine in der Gemeinde Weesenstein (13.8.).

Familie Jäpel auf der letzten Mauer ihres Hauses: Dreizehn Stunden mussten sie ausharren, ehe sie vom Hubschrauber gerettet werden konnten.

OBEN: Das Ausmaß der Zerstörung übersteigt jegliche Phantasie. UNTEN LINKS/RECHTS: Das Haus der Jäpels vor und nach der Flut (im Bild unten links).

Katastrophen schreiben eigene Geschichten: Hoffnung und Verzweiflung liegen dicht beieinander. Ob in Grimma (OBEN UND RECHTE SEITE UNTEN: 13.8.),

in Meissen (LINKE SEITE UNTEN: 16.8.)oder auf dem Ökobauernhof der Familie Herman Moddemann in Sachsen (OBEN: 17.8.).

OBEN: Dresden unter Wasser (17.8.). Teile der historischen Altstadt wurden völlig überflutet. UNTEN: Im Zwinger stehen die Stühle im Elbwasser (13.8.).

Am Morgen des 17.8. erreichte der Flutscheitel die Stadt. Da waren bereits 15 Prozent des Dresdner Stadtgebiets, 47 Quadratkilometer, überschwemmt.

Flurschaden: Das Hochwasser der Mulde hat in einem Feld bei Bitterfeld deutliche Spuren hinterlassen. Zum Zeitpunkt dieser Luftaufnahme (21.8.) ent-

spannte sich die Hochwasserlage in weiten Teilen Sachsen-Anhalts allmählich. Das Ausmaß der Schäden trat nun offen zu Tage.

Die ökologischen Schäden sind unabsehbar: Der Chemiepark in Bitterfeld am 15.8., nach dem Dammbruch. RECHTE SEITE OBEN: Mahnmal einer verhinder-

ten Katastrophe – das AKW Krümmel an der Elbe (19.8.). UNTEN: Zwischen Pillnitz und Pirna läuft Öl aus einer Förderbrücke (22.8.).

Infrastrukturschäden. OBEN: Bei Bad Düben überspült das Hochwasser einen Kreisverkehr (14.8.). UNTEN: Im niederösterreichischen Tulln pumpt die

Feuerwehr das Wasser ab (20.8.). Brücken und Straßen werden einfach weggespült. OBEN: Elbbrücke in Röderau (21.8.). UNTEN: Straße bei Bitterfeld (15.8.)

Sisyphosarbeit für Helfer und Betroffene. OBEN: Von den Fluten eingeschlossener Bauernhof bei Wittenberge (21.8.). UNTEN: Einsatz der Bundeswehr in

Bitterfeld (16.8.). Oben: Die von Elbe und Jeetzel umspülte Altstadt von Hitzacker, 21.8., Unten: in Freital bei Dresden (18.8.).

Memento mori: in der Klosterkirche von Grimma (17.8.). Allein in Deutschland waren mehr als vier Millionen Menschen vom Hochwasser betroffen.

WAS SAGT UNS DIE GEOLOGIE …?

tärs – vollzogen sich im Rhythmus der Änderungen der
Erdbahn um die Sonne. Die wesentliche treibende
Kraft dafür ist die Änderung der kleinen Ellipsenachse
der Erdumlaufbahn mit einer Zykluslänge von 100 000
Jahren. Aus der Erforschung unseres derzeitigen Eiszeitalters wissen wir, dass die Kaltzeiten länger andau-
ern als die Warmzeiten. Auch die Kaltzeiten sind in sich
durch ein Auf und Ab der Temperaturen geprägt. Bes-
tes Beispiel dafür ist die letzte Kaltzeit, die so genannte
Weichsel-Kaltzeit mit ihren Sprüngen zwischen Erwärmung und Abkühlung, die vor 11 500 Jahren zu Ende
ging. Die Temperaturen sanken dabei mit sehr deutlichen Schwankungen über mehrere Jahrhunderte bis
zum nächsten Sprung ins Warme. So ging es weiter mit
beständig abnehmenden Temperaturen bis zur größten Ausdehnung des Eises zwischen 21 000 und 18 000
Jahren vor heute. Die Gletscher reichten damals bis ins
mittlere Schleswig-Holstein und bis in den Süden von
Berlin. Am Übergang von der Kaltzeit in die heutige
Warmzeit stiegen die Temperaturen in Nordwestdeutschland innerhalb von fünf bis 15 Jahren um fünf bis sechs
Grad Celsius.

Die Warmzeiten innerhalb der Eiszeitalter waren
nicht frei von Abkühlungen und Erwärmungen, auch
nicht die Warmzeit Holozän, in der wir leben. Die Kli-
mawechsel im Holozän waren nicht so dramatisch wie
in der vorausgegangenen Weichsel-Kaltzeit; dennoch waren sie markant genug, um in historischen Zeiten die soziale und ökonomische Entwicklung der menschlichen
Kulturen zu beeinflussen. Dieses Auf und Ab zwischen Er-

wärmung und Abkühlung findet in einem Zeitrahmen statt, der im Wesentlichen den kurzfristigen Änderungen der Sonnenaktivität unterliegt. Dazu kommen Rückkopplungsvorgänge, in denen sich Klimaauswirkungen innerhalb des Klimasystems der Erde gegenseitig regulieren, verstärken oder abschwächen.

Klimarekonstruktionen erlauben es, die Zusammenhänge im Klimasystem besser zu erkennen, etwa den Einfluss der Sonne auf unser Klima. Ob Zyklen von 100 000 Jahren oder elf Jahren, die Sonne beeinflusst das Klimageschehen entscheidend im Großen wie im Kleinen. Beobachtungen belegen, dass die Sonnenflecken und der Sonnenwind das Klima in relativ kurzen Schwüngen von Zehnerjahren steuern. Die Kleine Eiszeit und der Temperaturanstieg seit Mitte des letzten Jahrhunderts sind großenteils auf ·den Einfluss der Sonne zurückzuführen.

Steuert allein Kohlendioxid das Klima der Erde?

Rekonstruktionen des Klimas vergangener Zeiten belegen, dass Treibhausgase in unserer Atmosphäre nicht allein für Klimaänderungen verantwortlich sind. Die vielen schnellen Temperatursprünge, die im Verlauf der letzten Eiszeit aufgetreten sind, spiegeln sich nicht in den Veränderungen der Kohlendioxidkonzentration der Atmosphäre wider. Die genauen Ursachen hierfür sind noch nicht klar. Diese Untersuchungen liefern jedoch viele Argumente dafür, dass die atmosphärischen Treibhausgase Methan und Kohlendioxid in

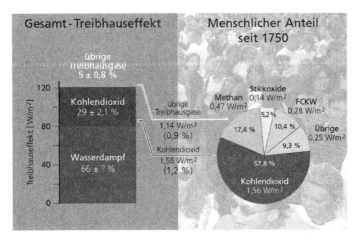

Der Wasserdampf ist das wichtigste Treibhausgas der Atmosphäre, gefolgt von Kohlendioxid und den übrigen Spurengasen Ozon, Methan und Stickoxid. Der menschliche Anteil seit 1750 an diesem Treibhaus-System beträgt etwa 2,7 Watt pro Quadratmeter oder 2,1 Prozent.

der Vergangenheit nicht die Auslöser und Hauptfaktoren schneller Klimaänderungen gewesen sind.

Auch der Vergleich der Temperaturentwicklung über die letzten 150 Jahre mit der Zunahme des Kohlendioxids stützt diese These. Die beobachteten Temperaturanstiege und -abnahmen lassen nur teilweise einen Bezug zum Kohlendioxid erkennen. So nahm zum Beispiel die Temperatur zum Anfang der Vierzigerjahre des letzten Jahrhunderts ohne eine Erhöhung des Kohlendioxids zu. Während zwischen 1945 und 1975 der Kohlendioxidgehalt stieg, nahm die Temperatur ab. Nur die Änderungen in der Aktivität der Sonne erfolgen zeitgleich mit dem Gang der Temperaturen. Der entscheidende Faktor für die Speicherung von Wärmeenergie

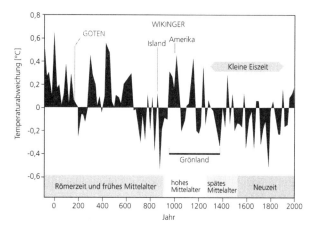

Klimaverlauf der letzten 2000 Jahre, bestimmt aus GISP2 Eiskern (Grönland). Die historischen Siedlungsnahmen waren durch klimatische Änderungen bedingt.

im Gesamtsystem der Treibhausgase ist der Wasserdampf, gefolgt von Kohlendioxid und den weiteren Treibhausgasen.

Die Auswirkungen des vom Menschen verursachten Treibhauseffektes lassen sich berechnen. Die Zunahme an anthropogenen, von Menschen verursachten Emissionen hat seit circa dem Jahr 1750 einen Anstieg des Kohlendioxid-Treibhauseffektes um 1,56 Watt pro Quadratmeter bewirkt; die übrigen anthropogenen Gase wie Methan, Stickoxide, FCKW summieren sich zu einem weiteren Treibhauseffekt von 1,14 Watt pro Quadratmeter.

Im Vergleich mit dem Gesamttreibhauseffekt unserer Erde machen diese anthropogenen Anteile beim Kohlendioxid 1,2 Prozent und bei den anderen Gasen

0,9 Prozent aus, also zusammen 2,1 Prozent. Somit sind fast 98 Prozent des irdischen Treibhauseffektes natürlichen Ursprungs.

Klima – Steuerrad der Kulturen

Einzelne vom Nordseeboden aufgefischte Gebrauchsgegenstände aus der Mittleren Steinzeit zwischen 8000 und 4000 v. Chr. zeigen, dass die Menschheit viele Überflutungen durch den steigenden Meeresspiegel erlebt hat. Für sie war das Vordringen des Meeres ein einschneidendes Ereignis, engte es doch ihre Lebensräume und Jagdgebiete ein und zwang sie, auf höher gelegene Gebiete auszuweichen. Wahrscheinlich geht die Sintflutsage in ihrem Kern auf diesen klimatisch bedingten und naturwissenschaftlich fassbaren Anstieg des Meeresspiegels zurück.

Aus der jüngeren Bronzezeit um 800 v. Chr. sind die ersten Siedlungsplätze in der Marsch belegt. Damals lebten die Menschen auf der natürlichen Oberfläche dieser Marschenlandschaft und betrieben dort Weidewirtschaft und Ackerbau, bis jüngere Meeresüberflutungen zur Aufgabe der Siedlungsplätze zwangen und diese mit Meeresschlamm überdeckten.

Immer wieder hat es während der Entwicklung der Menschheit Zeitabschnitte gegeben, in denen natürliche klimatische Änderungen die Menschen zum Umdenken und zum Handeln veranlasst haben.

So zeigen rund 7500 Jahre alte afrikanische Felszeichnungen eine grüne Sahara, in der sich Antilopen und Damwild tummeln. Die Flüsse der Sahara waren mit Nilpferden bevölkert, die von Booten aus gejagt wurden.

Die zunehmende Trockenheit infolge einer Klimaänderung – der regenbringende Monsun gelangte nicht mehr weit genug nach Norden – führte vor 3500 Jahren dazu, dass die Tiere und Menschen der Sahara begannen, in Gebiete mit ausreichender Wasserversorgung abzuwandern. Günstige Bedingungen gab es am Nil. Dort hatte sich bereits die Hochkultur der Pharaonen entwickelt.

Die deutliche Klimaverschlechterung ab etwa 145 n. Chr. veranlasste die Goten dazu, ihren ursprünglichen Siedlungsraum an der Ostsee aufzugeben und eine neue Bleibe an den Küsten des Schwarzen Meeres zu suchen. Beim nächsten Klimatief um 375 n. Chr. wurden sie von dort durch die einfallenden Hunnen vertrieben.

Die Landnahme der Wikinger auf Island erfolgte während eines kleinen Klimahochs um etwa 860 n. Chr. Grönländische Siedlungen der Wikinger existierten ab 960 n. Chr., seit dem ersten Klimahoch des beginnenden Hochmittelalters. Die Entdeckung Amerikas datiert auf 1000 n. Chr., das nächste Temperaturhoch des Hochmittelalters. Nach der ersten deutlichen Klimaverschlechterung auf Grönland um das Jahr 1360 ging es mit der dortigen Siedlungskultur der Wikinger zu Ende.

Klimaänderungen in historischer Zeit haben die menschliche Kultur also entscheidend geprägt. Wind und Wetter, Sonne und Regen beeinflussen die Ernteerträge der Landwirtschaft. Faktoren des Klimasystems bestimmen daher auch die Gewinne oder Verluste, die von den Bauern erwirtschaftet werden können. Über allem steht die Sonne als der entscheidende Motor des Klimasystems. Hierfür gibt es auch Belege aus der jüngeren Vergangenheit: Erhöhte Sonnenaktivität führte zwischen den Jahren 1750 und 1850 zu hohen Erträgen und geringen Preisen für das Getreide im Kurfürstentum beziehungsweise Königreich Hannover, während die geringere Sonnenaktivität um das Jahr 1800 einen Preisanstieg bewirkte.

Die Abhängigkeit der Menschen von klimatischen Veränderungen hat es nicht nur in der Vergangenheit gegeben, sondern Klimaänderungen werden auch die Zukunft der Menschen bestimmen. Daher besteht ein ausgeprägtes Interesse, die zukünftige Klimaentwicklung zu erkennen. Hier helfen die Erkenntnisse der Vergangenheit. Denn alle klimatischen Rekonstruktionen und Beobachtungen bilden die Basis für unser Klimaverständnis. Der Rückblick in die Klimavergangenheit ist ein Schlüssel für die Zukunft, weil dieses Wissen Eingang in Computerprogramme findet, mit deren Hilfe Modellierer versuchen, die Klimazukunft zu erschließen.

Wie verlässlich sind Modellrechnungen?

Das Klimasystem ist sehr komplex, da viele Faktoren aufeinander einwirken. Die Wechselwirkungen zwischen den verschiedenen Teilen des Klimasystems führen zu ständigen Änderungen innerhalb des Systems. Dies geschieht im Rahmen der unterschiedlichen zeitlichen Klimazyklen, die wir durch Beobachtungen ausgemacht haben. Es entstehen darüber hinaus Überlagerungseffekte im System. Es ist sehr schwierig, aus diesen vielfältigen Einflussgrößen die treibenden Kräfte für das Klima zu ermitteln und modellhaft darzustellen.

Eine Überprüfung der Modelle, die aus verschiedenen Einzelteilen zusammengesetzt sind, ist dabei unverzichtbar. Hierfür kann man die Daten aus den Langzeitbeobachtungen des heutigen Klimas, also der letzten 150 Jahre seit Beginn der menschlichen Aufzeichnungen, verwenden. Aber auch die Daten der Erdforscher mit ihren weit in die Vergangenheit reichenden Rekonstruktionen sind hier unabdingbar. Erst wenn der Vergleich zwischen Klimamesswerten oder Klimarekonstruktionen und den Ergebnissen aus den Formeln des mathematisch-physikalischen Modells große Ähnlichkeiten aufweist, kann man davon ausgehen, dass dieses Modell das Klimasystem zwar grob, aber nicht zu ungenau beschreibt. Ist das der Fall, so dürfte das den Formeln zugrunde liegende Verständnis des Klimasystems den natürlichen Abläufen recht nahe kommen.

Vergleicht man die Ergebnisse solcher Rechnungen mit den Beobachtungsdaten, wie etwa der Temperatur, so sieht man zwar die Tendenz eines Temperaturanstiegs über die letzten 150 Jahre, aber das tatsächliche Auf und Ab der Temperatur über diesen Zeitraum geben die Modelle nicht wieder. Die Forscher experimentieren mit ihren Computerprogrammen und bringen beispielsweise neben Kohlendioxid auch die Sonnenakti-

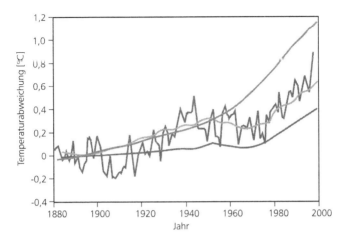

Computermodelle zeichnen den Temperaturverlauf der gemessenen und statistisch behandelten Daten nur nach, wenn die wichtigen Einflussgrößen Sonne, Treibhausgase und Aerosole berücksichtigt werden (Wigley 2000).

vität und zusätzlich Stäube in ihre Computermodelle ein, um die Reaktion des Klimas darauf zu beobachten. Der Einfluss der einzelnen Parameter jedoch ist umstritten.

Die Kombination von Treibhausgasen, Stäuben und Sonnenenergie lässt prinzipiell eine Nachbildung der jüngeren Klimahistorie zu. Dennoch weisen die Ergebnisse der verschiedenen Modelliergruppen große Unterschiede auf. Dies zeigt, dass es noch große Unsicherheiten in unserem Verständnis des Klimasystems gibt. Es gibt Hinweise, dass die Wolkenbildung entscheidend durch den Sonnenfleckenzyklus gesteuert wird. Wie dies geschieht, ist noch weitgehend unerforscht. Deshalb kann man unsere heutige Klimadynamik nur näherungsweise auf dem Rechner nachbilden.

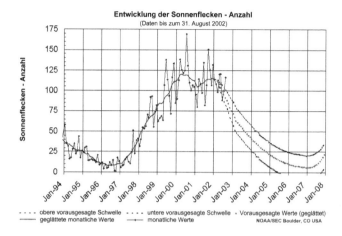

Aussagen zur Entwicklung der zukünftigen Sonnenaktivitäten sind nur eingeschränkt möglich und beziehen sich auf den jeweils begonnenen Sonnenfleckenzyklus. Der aktuelle Sonnenfleckenzyklus erreichte im Jahr 2000 seinen Höhepunkt. Berechnungen sagen sein Ende für das Jahr 2007 voraus.
Quelle: NOAA ISEL Boulder CO USA 2002

Szenarien oder Prognosen – was bringt uns die Zukunft?

Die Frage, ob wir mit der Verringerung des Ausstoßes von Kohlendioxid unser Klima schützen können, steht im Fokus der öffentlichen Diskussion. Die Prognosen des Intergovernmental Panel on Climate Change (IPCC) weisen Spannweiten der möglichen Temperaturerhöhungen in den kommenden 100 Jahren zwischen 1,4 und 5,8 Grad Celsius aus. Dies ist eine Unsicherheit von weit mehr als 100 Prozent. Wichtig für die Aussagen zur künftigen Entwicklung des Klimas sind seine Schwankungen in Abhängigkeit von den Aktivitätsänderungen der Sonne, die sich im Rahmen des Sonnenfleckenzy-

klus darstellen. Wir wissen aber nur wenig über dessen
Entwicklung in der Zukunft. Lediglich den Verlauf des jetzigen Sonnenfleckenzyklus können Forscher mit ihren
statistischen Berechnungen voraussagen.

Vorstellbar ist auch, dass der Sonnenfleckenzyklus in
der Zukunft nicht gleichförmig verläuft, sondern ins Stocken gerät und kurzfristig Pausen einlegt, wie schon in der
Vergangenheit zur Zeit der so genannten »Kleinen Eiszeit«. Auch dies kann derzeit in den Computermodellen
nicht ausreichend berücksichtigt werden. Klimasprünge,
die auf der Eigendynamik des Klimasystems beruhen, dessen Gesetzmäßigkeiten wir nicht kennen, die aber aus der
Vergangenheit immer wieder belegt sind, können mit diesem Programm ebenfalls nicht erfasst werden. Dies bedeutet nicht, dass wir keine Modellierung brauchen, vielmehr
besteht die absolute Notwendigkeit einer Klimamodellie-
rung der Vergangenheit. Sie ist unsere zweite Chance nach
der Rekonstruktion, unser Verständnis für das Klimasystem zu verbessern. Aber noch reicht unser Wissen über
Änderungen des Klimas nicht aus, um entscheiden zu
können, wie es sich in der Zukunft entwickeln wird. Kohlendioxid bestimmt das Klimageschehen nicht allein – es
gibt noch andere Kräfte. Und deren Anzahl, Einfluss
und Natur verstehen wir keineswegs im vollen Umfang.

Das Klima großräumig zu beeinflussen fällt uns offensichtlich schwerer, als wir befürchten; aber es ist auch
schwerer zu schützen, als wir wünschen. Die Modellrechnungen der Klimaforscher vermitteln uns mehr oder weniger wahrscheinliche Zukunftsbilder, die ihrem Charakter nach Szenarien liefern, jedoch keine Prognosen.

Warum fossile Energie sparen?

Um die Zukunftsfähigkeit unserer Gesellschaft zu erhalten, ist ein verantwortungsbewusster Umgang mit Kohle, Erdöl und Erdgas geboten, damit wir unseren Nachfolgegenerationen Reserven erhalten und ihnen noch einen Spielraum zum eigenverantwortlichen Handeln ermöglichen.

Fossile Energieträger sind ein Geschenk der Natur. Sie sind nicht vermehrbar oder wiederverwendbar. Verbrennt man sie bei der Energiegewinnung, sind sie für die Zukunft verloren. Zwar wird Kohle auch in den nächsten 200 Jahren keine Mangelware sein, aber unsere herkömmlichen und leicht erreichbaren Erdölquellen neigen sich dem Ende zu. Zudem benötigen wir das Erdöl nicht allein als Brennstoff, sondern auch dringend als Grundstoff für Produkte der chemischen Industrie, ohne die die Menschheit nicht mehr auskommen kann.

Der Grund für die Abnahme der fossilen Energieträger ist die wachsende Weltbevölkerung und ihr stark steigender Energiebedarf. Dieser kann teilweise aus weiteren fossilen Quellen gedeckt werden. Über die leicht und kostengünstig zu erreichenden Erdöl- und Erdgaslagerstätten hinaus gibt es auch riesige Kohlenwasserstoffvorkommen, die nur mit einem sehr großen technischen und finanziellen Aufwand erschlossen werden können.

Aber auch das Vordringen zu diesen Vorräten wird den menschlichen Energiebedarf der Zukunft nicht decken. So muss weltweit die Suche nach Ergänzung und Ersatz der fossilen Energiequellen vorangetrieben werden. Stichworte sind in diesem Zusammenhang beispielsweise die Brennstoffzelle, Geothermie, Solar- und Windenergie.

Daher gilt: Wir sollten unbedingt Rohstoffe sparen und behutsam mit unseren fossilen Energieträgern wirtschaften, da wir mittelfristig nicht ohne sie auskommen werden. Effizienzsteigerung bei der Energiegewinnung und -nutzung ist eine der notwendigen Maßnahmen. Auch wenn der viel zitierte »Motor Kohlendioxid« für klimatische Veränderungen möglicherweise nicht den überragenden Einfluss hat, so ist vernünftiges Verhalten und nachhaltiges Wirtschaften mit Energierohstoffen keineswegs überflüssig.

Stadt, Land, Fluss

HANSJÖRG KÜSTER

Das muntere Bächlein wird manchmal ein Sturzbach.

Bäche und Flüsse sind Teilstrecken des ewigen Wasserkreislaufs. Wasser verdunstet über den Meeren und kondensiert zu Wolken. Wolken werden über das Land getrieben. Aus ihnen fällt Niederschlag auf die Erde, vor allem dort, wo die Wolken zusammengeballt werden, beispielsweise am Rand der Gebirge. Das Niederschlagswasser sammelt sich; in Bächen und Flüssen fließt es zurück in die Meere.

Wie viele andere Sachverhalte in den Naturwissenschaften lässt sich der Kreislauf des Wassers einfach beschreiben, doch er ist unendlich viel komplizierter. Der größte Teil des Regenwassers gelangt nicht sofort in die Gewässer, sondern wird am Ort des Regens festgehalten: in den Poren des Bodens, im Grundwasser. Die Wurzeln der Pflanzen ziehen das Wasser mit den darin gelösten Mineralstoffen aus dem Boden heraus und verbrauchen einen Teil davon zur Photosynthese. Ein beträchtliches Quantum Wasser verdunstet von den Oberflächen der Blätter: Wolken bilden sich nicht nur über dem Meer, sondern auch über dem Wald, was man

STADT, LAND, FLUSS

gut beobachten kann, wenn nach einem kräftigen Regen Wolken- und Nebelfetzen aufsteigen und nach Meinung des Volksmundes »die Hasen kochen«. Besonders wichtige Wasserspeicher befinden sich nicht nur im Boden; zwischen den kleinen Moospflanzen, die im Schatten der Waldbäume am Boden wachsen, wird die Feuchtigkeit lange festgehalten.

Erst wenn es eine ganze Weile ergiebig geregnet hat, sind alle Wasserspeicher gefüllt, die Bodenporen genauso wie die Räume zwischen den Moosblättchen. Dann beginnt das Wasser zu fließen, im Boden, auf dem Boden. Es bilden sich Rinnsale; überschüssiges Grundwasser tritt in Quellen aus dem Boden hervor.

Normalerweise wird das Wasser sehr langsam an die Fließgewässer »abgegeben«; deshalb versiegen viele Quellen auch nach einer langen Trockenperiode nicht, und viele Bäche führen auch dann Wasser, wenn es schon lange nicht mehr geregnet hat. Dauert heftiger Regen lange an oder taut viel Schnee ab, stürzt aus den Quellen besonders viel Wasser hervor, und es bilden sich weitere Rinnsale, die den üblicherweise bestehenden Bächen zueilen. Dann beginnt das Wasser Kräfte zu entwickeln und die Landschaft zu gestalten. Dies lässt sich vor allem im Gebirge beobachten, denn dort regnet es mehr als im Tiefland, und auch die Schneedecke, die im Frühjahr taut, ist dort mächtiger als im Umland. Das Wasser rinnt mit starker Strömung bergab und formt dabei Täler. Felsen, die schon zuvor durch das winterliche Eis oder durch eindringende Wurzeln gespalten worden waren, werden vom Wasser vollends abgerissen. Herabgestürzte Felsen und Bäume werden zu Stauwehren, die von den Bächen wieder durchbrochen werden. Zuerst die kleineren, bei starker Strömung auch die größeren Steine werden vom Wasser in Bewegung gesetzt. Ihre Kanten werden durch die Kraft des Wassers abgerundet, sie werden zu Flusskieseln. Die vom Wasser angetriebenen Steine entwickeln eine enorme Kraft, zertrümmern weitere Felsen und andere Hindernisse, die sich dem Sturzbach in den Weg stellen. Tiefe Schluchten oder Klingen werden auf diese Weise ins Gebirge gelegt, auch wenn sein Gestein noch so alt oder noch so hart ist. Im nächsten Winter bildet sich erneut Eis in den Klüften des Gesteins und verbreitert die Spalten; dadurch wird die Sprengung eines weiteren Felsenstückes vorbereitet. Beim nächsten Hochwasser wird es abgerissen, sodass die Talklinge verbreitert oder noch tiefer eingeschnitten wird.

Jede Schlucht im Gebirge ist nicht in ferner geologischer Vorzeit entstanden, sondern bildet sich stets weiter. Immer dann, wenn viel Wasser abfließt, gräbt es sich ein Stück weit tiefer in den Untergrund ein und verbreitert das Tal. Stets werden Steine und Sand vom Wasser davongetragen: So baut das Wasser das Gebirge ab, in der Vergangenheit genauso wie heute. Wer in einem engen Tal lebt, sollte sich der Gefahren bewusst sein, die von der Erosionskraft des Wassers ausgehen.

Doch im Allgemeinen ist der Gebirgsbach etwas Beschauliches, ein »munteres Bächlein« mit Forellen im Wasser, mit Ulmen, Eschen, Ahornen, Erlen an seinen Ufern, die dank des reichlichen Wasser- und Mineral-

STADT, LAND, FLUSS

stoffangebotes, das der Bach ihnen liefert, schnell in die Höhe wachsen – bis zur nächsten Flut: Dann werden viele dieser Bäume umgerissen. Wo die Transportkraft des Wassers ein wenig nachlässt, sodass keine großen Steine mehr transportiert werden können, bleibt der grobe Schotter liegen, und es bildet sich eine Schotterflur. Nur wenige Pflanzen kommen dort in die Höhe: Weiden, Sanddorn, Tamarisken. Auch sie werden immer wieder von den Fluten umgerissen, wenn sich diese einen neuen Weg durch den Schotter bahnen. Aber sie schlagen neu aus, und immer wieder bildet sich neues Grün in der kargen Wildnis.

Muntere Bächlein werden seit dem Mittelalter zum Betrieb von Mühlen genutzt. Ein kleines Stück oberhalb der Mühle legt man einen Abzweig für das Wasser an und lässt es fast ohne Gefälle einen Mühlkanal entlang rinnen. Der Mühlkanal endet oberhalb des Mühlrades: Das herabstürzende Wasser treibt das Mühlrad an. Die Mühlen lagen früher immer außerhalb der Dörfer, denn die Bauern siedelten sich nur dort an, wo man vor Hochwasser sicher war. Der Müller aber musste mit der ständigen Gefahr leben, fern des Dorfes und seiner Gemeinschaft im Tal. Wenn eine Hochwasserwelle seine Mühle zerstörte, war der Betrieb relativ leicht wieder herzustellen. Oft brauchte man nur den schweren Mühlstein wieder zurechtzurücken, oder das hölzerne Mühlrad musste ausgebessert werden. Dann war die Mühle wieder betriebsfertig.

Bäche vereinigen sich zu Flüsschen, und viele von ihnen bilden gemeinsam einen großen Fluss. Wo ein Bach

289

in einen Fluss mündet, wird die Strömung beider Gewässer verlangsamt, weil sie sich gegenseitig aufstauen. Dort bildet sich dann ein Schwemmfächer aus Schotter und Sand, den das erlahmende Wasser nicht mehr weitertragen kann. Es können dabei sogar kleine Höhenrücken entstehen, die entlang eines Baches vom Talrand bis zum Fluss in dessen Mitte reichen. Diese Höhenzüge werden nur ganz selten überschwemmt und sind daher günstige Siedlungsareale. Auf ihnen befinden sich die Kerne vieler mittelalterlicher Städte. Sie liegen auf diese Weise sowohl an einem größeren Fluss als auch an einem kleineren Bach. Auf dem großen Fluss wurden Versorgungsgüter herantransportiert, zum Beispiel Holz. Weil seine Fließgeschwindigkeit durch den einmündenden Bach herabgesetzt wird, ließ sich bei der Stadt eine Furt einrichten oder sogar eine Brücke bauen. Eine wichtige Funktion für die Stadt hatte aber auch der kleinere Bach, denn sein Wasser trieb die Mühlen an, die direkt an der Stadtmauer oder sogar innerhalb der Stadt lagen. Das war wichtig, weil man auch bei einer Belagerung in der Stadt ständig Getreide zu Mehl mahlen musste, um die Bevölkerung zu ernähren. Zu Kriegs- und Friedenszeiten waren die Mühlen die gewerblichen Zentren der Städte: Die Stadtbewohner boten ihre Dienstleistungen für das Umland an, verarbeiteten Getreide, Holz oder Erz.

Wie gut die Gründer einer Stadt das Terrain beobachtet haben, bevor sie sich darauf ansiedelten, lässt sich vielerorts an den Wirkungen des extremen Hochwassers im Jahr 2002 erkennen. Die Stadtkerne blieben trocken, aber die alten Mühlenquartiere der Städte, die vielerorts schon vor Jahrhunderten zu Gartenanlagen und Parks umgestaltet wurden, versanken in den Fluten. Dresden ist dafür ein eindrucksvolles Beispiel. Der Kern der Altstadt liegt nicht nur hoch über der Elbe, sondern auch höher als das Terrain in seiner Umgebung. Zwischen der Altstadt und dem Gelände des heutigen Hauptbahnhofs lagen im Mittelalter Seen, in denen das Wasser zum Betrieb der Dresdner Mühlen gesammelt wurde. Man hat diese Seen später zugeschüttet. Aber das bewahrte das Gebiet südlich der Dresdner Altstadt nicht vor dem Hochwasser, wie sich im August 2002 zeigte.

Der träge Strom sprengt manchmal seine Deiche

Aus jedem munteren Bächlein wird irgendwann ein träger Strom, der aber nicht weniger ungefährlich sein kann, wenn viel Wasser in ihm zum Meer rinnt. Wenn die Strömungsgeschwindigkeit des Flusses am Rand der Gebirge nachlässt, reicht seine Kraft zuerst nicht mehr aus, den groben Schotter noch weiter zu transportieren. Das abgetragene Gesteinsmaterial aus dem Gebirge, inzwischen gleichmäßig abgerundet, wird nun aufgeschottert. Am Rand des Stromes ist die Kraft des Wassers geringer: Es verliert dort den Sand oder sogar das feine, tonige Erdmaterial mit seinen vielfältigen Mineralstoffen. Weil der Schotter voluminöser ist als der feine Ton, der am Rand des Flusslaufes deponiert wird, kommt es zur Bildung eines Dammflusses: Sein Wasserspiegel liegt schließlich höher als die Erdoberfläche am Rand des Tales. Daraus resultiert eine gefährliche Situation, denn das Wasser kann die natürlichen »Dämme« aus Schotter an seinen Ufern durchbrechen, die Ränder des Tales überfluten und sich dort einen neuen Flusslauf suchen. Im Verlauf der Jahrtausende brachen die Flüsse des Tieflandes an immer mehr Stellen zu den Rändern ihrer Ablagerungen durch, und es bildeten sich Mäander. Die vielen Windungen verlängerten den Flusslauf und verringerten die Strömung. Immer mehr Zeit brauchte das Wasser, um von der Quelle bis ins Meer zu gelangen. Zu den Veränderungen der Flussläufe im Tiefland kam es vor allem dann, wenn die Ströme viel Wasser führten.

Das Hochwasser der großen Ströme ist ruhiger als das der Gebirgsbäche, beinahe lautlos, aber nicht weniger gefährlich. Wo Schotter und grober Sand abgelagert werden und das Wasser immer wieder seine zerstörerische Gewalt entfaltet, starke Strömungen auftreten oder im Winter das Eis zusammengeschoben wird, wachsen nur wenige Pflanzen, vor allem Weiden, die wieder austreiben, nachdem sie von Wasser, Geröll oder Eis zerstört wurden. In den Lücken zwischen den Weiden sowie vor allem dort, wo das Hochwasser lange stehen bleibt und das Land erst im Hochsommer freigibt, wachsen verschiedene Kräuter, unter anderem die so genannten Stromtalpflanzen, zu denen der Kantenlauch, der Wiesenalant und die Färberscharte gehören. Die fruchtbaren Böden am Rand des regelmäßig überfluteten Areals werden von Auwäldern aus Eichen, Ul-

men, Linden und Eschen bewachsen, aber nur dann,
wenn das Hochwasser nach einer bestimmten Frist wieder
zurückgeht. Bei zu langer Überstauung gelangt zu wenig
Luft an die Wurzeln der Auwaldbäume, sie sterben ab.

Viele Auwälder wurden abgeholzt, weil man die fei-
nen Auenböden mit ihrer reichhaltigen Ausstattung an
Mineralstoffen für die Landwirtschaft nutzen wollte.
Ganz am Rand der Niederungen, wohin das Flusswasser in der Regel nicht vordringt, bilden sich Talrand-
moore, die oft von Erlenbruchwäldern bewachsen waren. Auch viele Erlenwälder hat man abgeholzt, denn
an den Erlenwurzeln leben Bakterien, die Stickstoff aus
der Luft fixieren. Diese Wälder sind gewissermaßen von
Natur aus gedüngt; das Gras wächst dort, wo ehemals
Erlenbrüche bestanden haben, besser als anderswo.

Um die Auen und Bruchlandschaften auf Dauer
landwirtschaftlich nutzen zu können, deichte man sie
ein. Viele Dämme an den Seiten der Ströme stammen
schon aus dem Mittelalter; Jahrhundert für Jahrhundert wurden neue Deiche gezogen. Dadurch versuchte
man den Fluss zu bändigen. Nun lagerte er den Sand,
den er aus dem Gebirge ins Tiefland brachte, nur noch
zwischen den Deichen ab, die Sohle des Flusses und
sein Wasserspiegel stiegen dadurch immer weiter an.
Das nicht mehr überflutete Land dagegen sackte in
sich zusammen; es trocknete aus. Der Dammfluss-Cha-
rakter wurde dadurch verstärkt, und brach ein Deich,
stürzte der Fluss mit großer Gewalt in das eingedeichte
Land hinein, in den Polder. Bei der Konstruktion der
Deiche dachte man oft nicht daran, worin die eigentli-

che Gefahr für sie bestand. Gerade bei trägen Flüssen müssen sie nicht nur das kurzfristige Anbranden seiner Wogen ertragen, sondern eine lange während Belastung; während das Hochwasser an Gebirgsbächen schon Stunden nach dem Regenguss zurückgehen kann, bleibt es später im Tiefland viele Tage stehen, drückt auf die Deiche und weicht sie auf, sodass sie am Ende doch noch brechen, wenn kaum noch jemand an die Bedrohung des Hochwassers denkt.

Träge Ströme ließen sich ebenso wie die Gebirgsbäche für den Betrieb von Mühlen nutzen, aber auf andere Weise: Man musste sie aufstauen. Doch bevor man damit begann, musste man sich entscheiden, welche Flüsse durchgehende Wasserstraßen für Schiffe und Flöße sein sollten und welche man zur Energiegewinnung nutzen wollte. In die Tieflandsabschnitte der großen Ströme wurden deswegen keine Dämme gelegt, sondern in deren Nebenflüsse. Aus der trägen Havel machte man durch den mittelalterlichen Mühlenstau eine Seenkette, um die Mühlen von Brandenburg und Rathenow zu betreiben. Viele dieser Mühlenstaue wurden später wieder beseitigt, um ein rascheres Abfließen des Wassers zu ermöglichen: Man wollte in den Talniederungen landwirtschaftliche Nutzflächen anlegen, die Fruchtbarkeit des Bodens ausnutzen. Und immer mehr Flüsse sollten als Wasserstraßen dienen: Dafür schnitt man auch viele Mäander durch Kanäle ab, sodass das Wasser schneller dem Meer zufließt.

Mit ganz geringem Gefälle wälzen sich im Unterlauf der Ströme immer größere Wassermassen den Meeren

STADT, LAND, FLUSS

zu. Ganz allmählich wird die Strömung der Flüsse von der Tidenströmung überlagert. Dort verliert der Fluss das letzte Quantum seines mitgeführten Festmaterials aus dem Gebirge. Schottersteine sind dann schon längst nicht mehr dabei, nur Sand. Ganz feiner Ton wird vom Meerwasser aufgenommen und kann von den Gezeiten zu fruchtbarem Marschland aufgeschlickt werden, sowohl entlang des Flusses als auch in den mündungsnahen Bereichen des Meeres.

So lässt sich die Geschichte jedes Flusses beschreiben. Aber in der Realität funktioniert jeder Bach, jeder Strom anders. Jeder Fluss ist ein Individuum, das man kennen muss, damit man das Gewässer schätzen, nutzen und seine Gefahren richtig beurteilen kann. In den Gebirgen, aus denen die Flüsse kommen, gibt es unterschiedliche klimatische Bedingungen. In dem einen Bergland regnet es mehr als in einem anderen. In einem Gebiet gibt es viel Schnee, der im Frühjahr schmilzt, in einem anderen nicht. In Kalkgebirgen kann Wasser im Untergrund versickern, in anderen nicht. Die Entfernungen zwischen den Quellen und den Mündungen der Flüsse unterscheiden sich, und die Strömung, die sich in ihnen entwickelt, ist sehr verschieden stark. Nicht nur die Simulation eines idealen Flusslaufes im Computer ist erforderlich, sondern auch die detaillierte und fortwährende Beobachtung der individuellen Landschaften an den Flüssen, um ihren Charakter richtig einschätzen zu können. Man muss ihre Ablagerungen untersuchen, feststellen, wann Sediment deponiert wurde. Denn so lässt sich erkennen, ob und wie oft auch in der Gegenwart und Zukunft mit Überflutungen zu rechnen ist und wie man sich davor schützen kann.

Die vier größten Flüsse Mitteleuropas und ihre Einzugsgebiete sollen in den folgenden Kapiteln kurz porträtiert werden. An allen diesen Flüssen ist es in den letzten Jahren zu verheerenden Überflutungen gekommen, die sich in jeweils anderer Weise auf ihre Umgebung auswirkten.

Die Donau

Die Donau, der (nach der Wolga) zweitgrößte europäische Strom, ist 2860 Kilometer lang, ihr Einzugsgebiet umfasst 817 000 Quadratkilometer. Von ihrem ursprünglichen Oberlauf blieb ihr nur ein kleines Rinnsal, denn andere Flüsse, die das Meer schneller und mit größerem Gefälle erreichen, zapften Oberläufe der Donau an und lenkten sie zu sich um. Daher fließen Neckar, Aare, Alpenrhein und Moldau zunächst in östlicher Richtung, auf die Donau zu, und biegen dann zum Rhein oder zur Elbe um.

Die heutige Donau entsteht durch den Zusammenfluss der Quellflüsse Brigach und Breg in Donaueschingen. Beide Quellflüsse entspringen im Schwarzwald; nach Starkregen und zur Zeit der Schneeschmelze führen sie viel Wasser, das die Donau über die Ufer treten lässt, vor allem in der Ebene der Baar zwischen Donaueschingen und Tuttlingen. In trockenen Perioden versickert das Donauwasser so gut wie vollständig, sonst zu einem großen Teil. Im Untergrund fließt es zum Aach-

STADT, LAND, FLUSS

topf, einer großen Karstquelle, von der aus es im Flüsschen Aach zum Bodensee und damit zum Einzugsbereich des Rheins gelangt.

Die Donau hat sich vor allem in der Zeit, als sie noch wasserreicher war, in die Kalksteinhochfläche der Schwäbischen Alb eingeschnitten. In einem weiten Bogen fließt sie dann am nördlichen Rand des Alpenvorlandes entlang. Dabei vereinigt sie sich mit sehr wasserreichen Flüssen aus den Alpen, die vor allem im Frühsommer über die Ufer treten können, dann nämlich, wenn im Hochgebirge der Schnee schmilzt. Beinahe jedes Jahr kommt es zu dieser Jahreszeit auch zu einem Hochwasser der Donau. Die wichtigsten Alpenzuflüsse, die in die obere Donau münden, sind Iller, Lech, Isar, Inn (der längste von ihnen; 510 Kilometer lang, Größe des Einzugsgebietes 26 200 Quadratkilometer) und Enns. Von links her münden Flüsse aus den Mittelgebirgen in den Strom, unter anderem Naab und Regen. Wie sich im August 2002 sehen ließ, führen diese ansonsten friedlichen Flüsschen nach starken Regenfällen erhebliche Wassermengen mit sich, die das Verhalten der Donau erheblich beeinflussen können.

Besonders gefährlich wird bei Hochwasser die Situation an den Flussmündungen, wo sich das Wasser mehrerer Gewässer gegenseitig aufstaut, in Regensburg, Deggendorf, Passau oder Linz. Sieht man sich diese Städte genau an, erkennt man, dass ihre Bebauung erst hoch über dem normalen Wasserniveau der Donau beginnt, sodass ein »normales« Hochwasser kaum Schäden hervorrufen kann. Bei katastrophalen Fluten versinken

297

die tief gelegenen Bereiche dieser Städte im Wasser, allerdings nicht deren alte Siedlungskerne, denn die sind vor jeglichem Hochwasser sicher.

In ihrem weiteren Verlauf durchquert die Donau als Tieflandsfluss die großen Beckenlandschaften und Tiefländer des Karpatenraumes und in engen Schluchten die Gebirge. Die Donaunebenflüsse aus den Karpaten führen das meiste Wasser im Frühjahr, sodass die Donau unterhalb des Pannonischen Beckens am ehesten im Frühjahr ausufert. Die Donaumündung ist ein Delta mit mehreren Flussarmen am Schwarzen Meer.

Der Rhein

Der Rhein in seiner heutigen Gestalt hat ein geringeres Alter als die Donau. Im Verlauf der jüngeren Erdgeschichte hat er der Donau immer wieder das Wasser abgegraben. Seine große Stärke geht auf sein erhebliches Gefälle zurück. Der Rhein ist viel kürzer als die Donau, und deshalb kann das Wasser über ihn schneller zum Meer hin abfließen als über die normalerweise träge Donau.

Der Rhein entsteht durch den Zusammenfluss von Vorder- und Hinterrhein in den Alpen. Die Entfernung von der Quelle des Vorderrheins bis zur Mündung in die Nordsee beträgt 1320 Kilometer. Der Rhein ist also weniger als halb so lang wie die Donau. Die Fläche des Rhein-Einzugsgebietes ist mit 251 000 Quadratkilometern wesentlich kleiner als das der Donau. Der Oberlauf des Flusses erhält vor allem im Frühsommer sehr viel Wasser, dann nämlich, wenn in den Alpen der Schnee und die Gletscher tauen. Die großen Wassermengen des Rheins füllen zunächst einmal den Bodensee an, ein großes natürliches Wasserreservoir, das die Gletscher der letzten Eiszeit schufen. Der Wasserstand des Bodensees ist im Sommer höher als im Winter; ganz allmählich, den ganzen Sommer über, wird Wasser aus dem »Schwäbischen Meer« an den Rhein abgegeben, sodass seine Wasserführung unterhalb des Bodensees vor allem im Sommer recht gleichmäßig hoch ist. Allerdings erreichen ihn dann, wenn er den Bodensee bereits verlassen hat, im engen Hochrhein-Tal zwischen dem Schwarzwald und dem Schweizer Jura, weitere wasserreiche Flüsse aus den Alpen, vor allem die Aare, die wie jeder andere Alpenfluss vor allem im Juni und Juli große Mengen Wassers heranträgt.

Bei Basel wendet sich der Rhein nach Norden, und zwar in keinem echten Tal: Die Oberrheinebene ist Teil eines tektonischen Grabens. In dieser Senke verhält sich der Rhein wie ein Tieflandsfluss: Er bildete weite Mäander, von denen heute viele durch die Rheinkorrektur abgeschnitten sind. Am nordwestlichen Ende der Oberrheinebene biegt der Rhein erneut in ein enges Tal ein, das Mittelrheintal mit seinen beiden engen Flussabschnitten, den ersten von Bingen bis Koblenz, den »anderen« von Andernach bis Godesberg. Dazwischen liegt ein breiter Talkessel, das Neuwieder Becken, in dem der Rheinlauf nicht derart stark festgelegt ist wie im engen Tal. Von Basel an wirken sich mehr und mehr vor allem die Wassermengen der Nebenflüsse aus den Mittelgebirgen auf den Wasserstand des Rheins aus; sie werden vor allem vom Schmelzwasser im Frühjahr und vom Regenwasser gespeist. Zu Hochwasser kann es vor allem dann kommen, wenn heftiger Regen große Schneemengen zum Tauen bringt. Wegen des insgesamt großen Gefälles des Rheins eilen auch die Hochwasserwellen schnell zur Nordsee. Die Dämme an seinen Ufern müssen sehr viel weniger an Dauerbelastung aushalten als diejenigen an Elbe und Oder. Ein Rheinhochwasser kann in Städten wie Koblenz, Bonn und Köln katastrophale Ausmaße annehmen, doch fließt es nachher viel rascher wieder ab als ein Hochwasser der Elbe.

Die (vor allem im Sommer) gleichmäßig hohen Wasserstände sind von Natur aus günstig für die Schifffahrt und Flößerei auf dem Rhein. Der Rhein ist schon seit der Römerzeit eine überaus wichtige Handelsachse quer durch Europa.

Die früh einsetzende Schifffahrt (und Flößerei) war entscheidend wichtig für die Entwicklung der Kultur in Mitteleuropa. Sie ermöglichte das Aufblühen der Städte am Niederrhein, vor allem in den Niederlanden. Die Städte wurden mit Rohstoffen aus dem Rheingebiet versorgt, vor allem mit Holz, das aus den Mittelgebirgen an die Rheinmündung transportiert wurde.

Mehrere bedeutende Nebenflüsse des Rheins sind schiffbar, darunter der 367 Kilometer lange Neckar, der 524 Kilometer lange Main, die 545 Kilometer lange Mosel und die 925 Kilometer lange Maas. Neckar, Main und Mosel sowie zahlreiche andere Flüsse schnitten sich tief in den Untergrund der Gebirge ein, als sich der Rhein bildete. In die tief eingekerbten Täler dieser Flüsse

STADT, LAND, FLUSS

münden kleine Bäche, die in Schluchten oder Klingen verlaufen; ihr Wasser wird vielerorts zum Antrieb von Mühlen genutzt. Nach einem Gewitterregen können in diesen Schluchten wahre Sturzbäche entstehen, die nicht nur Wasser, sondern auch fruchtbare Bodenkrume als Schlamm in die Flüsse hineintragen, sodass sich deren Wasser braun verfärbt. Der Wasserspiegel der Flüsse kann sehr rasch ansteigen; vor allem an der Mosel kommt es immer wieder zur Ausbildung verheerender Flutwellen, die mit recht großer Geschwindigkeit dem Rhein zueilen.

Im Bereich des Rhein-Maas-Deltas, wo der Rhein zum Dammfluss wird, liegt sein Wasserspiegel über dem Niveau des umliegenden Tieflandes, welches durch vier bis fünf Meter hohe Flussdeiche vor Überflutung geschützt werden muss. Gefährlich hohe Wasserstände können nicht nur bei Hochwasser des Rheins eintreten, sondern auch bei Springfluten der Nordsee; drückt dann zusätzlich der Nordweststurm Meerwasser in das Rheindelta, kann das Flusswasser nicht abfließen und ergießt sich nach Deichbrüchen in die unterhalb des Wasserspiegels gelegenen Polder der Niederlande. Dort weiß man seit jeher: Die Gefahr durch Überflutungen kommt meistens »von hinten«, das heißt, aus den Flüssen.

Gebildet hatte sich der Rhein seit der geologischen Epoche des Tertiär, zunächst als kleinerer Fluss, der vom Rheinischen Schiefergebirge bis zur Nordsee reichte. Als der Oberrheingraben entstand, kam ein Oberlauf des Rheins zum Fluss hinzu, der im Bereich des Kaiserstuhls entsprang. Im Eiszeitalter zapfte der Rhein dann die verschiedenen alten Oberläufe der Donau an und nahm sein heutiges Bild an.

Die Elbe

Die Elbe ist 1165 Kilometer lang und besitzt ein Einzugsgebiet von 146 500 Quadratkilometern. Ihre Länge unterscheidet sich nicht wesentlich von der des Rheins, aber ihr Einzugsgebiet ist erheblich kleiner. Auch liegen die Quellen des Rheins in größerer Höhenlage als die der Elbe; das Gefälle der Elbe ist viel geringer als das des Rheins, auch die Menge des Wassers, die in diesem Fluss zu Tale läuft. In der Elbe fließen pro Sekunde 790 Kubikmeter Wasser ab, im Rhein 2500! Im Oberlauf der Elbe sind die Höhenunterschiede noch recht groß, aber bereits in Mittelböhmen verläuft sie auf recht niedrigem Höhenniveau und besitzt den Charakter eines Flachlandflusses. Hochwasserwellen bewegen sich von dort aus sehr langsam nach Norden. In der Mitte der böhmischen Senke sammelt sich das Wasser aus allen Mittelgebirgen, die das tief gelegene Land umgeben. Nach heftigem Regen in diesem Gebiet und bei der Schneeschmelze läuft also alles Wasser im Bereich von Prag und Melnik zusammen, wo die Moldau in die Elbe mündet. Alles Wasser aus Böhmen fließt durch eine enge Schlucht im Elbsandsteingebirge, durch idyllische Flussschlingen. Bei Hochwasser wird aber deutlich, dass das enge Tal zwischen Tschechien und Sachsen ein wirklicher Flaschenhals ist; viele Meter hoch steigt der Wasserspiegel des Flusses an, wenn alles Wasser aus

STADT, LAND, FLUSS

Böhmen auf einmal in Richtung Nordsee unterwegs ist. Mit besonderer Wucht brechen in diesem Bereich Wassermassen aus dem nördlichen Erzgebirge und dem Elbsandsteingebirge zur Elbe durch, wenn es viel geregnet hat oder Schneeschmelze herrscht. Diese Wassermassen nehmen nicht den Weg der Flüsse im Süden des Erzgebirges, nämlich zunächst in die Eger (Ohře) oder Biela (Bílina) und dann in die Elbe, sondern erreichen die Elbe oder ihren westlichen Nebenfluss Mulde auf direkten Wegen mit sehr großem Gefälle. Daher konnten sich in den engen Tälern von Müglitz und Weißeritz und der Oberläufe und Nebenflüsse der Mulde im August 2002 gewaltige Fluten entwickeln, die weithin die Infrastruktur des Landes vernichteten.

Eigentlich war das große Gefälle dieser Flüsse aber eine wichtige Quelle des Wohlstandes in Sachsen. Viele alte Städte liegen dort, wo die Flüsse aus dem Erzgebirge das Vorland erreichen. Dort trieben sie früher die Mühlen der Hammerwerke an, in denen das Erz des Gebirges verarbeitet wurde, später die Turbinen der Fabriken des sächsischen Industriegebietes: in Chemnitz und Flöha, Zschopau und Döbeln, Grimma und Freital, einer großen Stadtgemeinde, die im Jahr 1921 aus dem Zusammenschluss mehrerer kleinerer Industrieorte entstanden ist.

Das Gefälle der Elbe war nördlich der Mittelgebirgsschwelle ursprünglich größer, denn vor der Eiszeit verlief die Elbe von Sachsen aus genau nach Norden, in Richtung der heutigen Ostsee. Dieser kurze Weg zum Meer wurde dem Fluss später durch die Moränen ver-

303

sperrt, die eiszeitliche Gletscher im norddeutschen Tiefland zusammenschoben. Vor den Endmoränen aus Gletscherschutt, die von Ost nach West verlaufen, bildeten sich Urstromtäler, in denen vor allem die großen Schmelzwassermengen abflossen, die entstanden, als die eiszeitlichen Gletscher abtauten.

Die im Vergleich zum Urstrom kleine Elbe mündete im Bereich von Torgau in das Urstromtal ein. Da sich dort ihre Strömung erheblich verlangsamte (sie wurde ja vom Schmelzwasser aufgestaut), bildete sich unterhalb von Riesa ein großer Schwemmfächer aus Sedimenten der Elbe aus, in dem alles Material liegen blieb, was die erlahmende Strömung der Elbe nicht mehr weiter tragen konnte. Auf den Ablagerungen des Schwemmfächers bildete die Elbe ein großes Delta; sie mündete im Verlauf der Zeit an unterschiedlichen Stellen in den Urstrom. Auf ehemaligen Sedimenten der Elbe und des Urstromtales breitete sie sich während des Hochwassers im August 2002 weit in die Fläche aus; mehrere Deiche hielten der tagelangen Belastung nicht mehr Stand.

Im Urstromtal fließt die Elbe anschließend langsam und mit geringem Gefälle nach Westen. Bei Dessau wendet sie sich nach Nordwesten und Norden, mit etwas größerer Geschwindigkeit bricht sie durch den Endmoränenzug. Doch nördlich von Magdeburg wird ihr Lauf wieder verlangsamt; dort mündet die Elbe in ein weiteres Urstromtal ein. Auch dort bildete die Elbe ein Delta, dessen einzelne Arme sie noch im Mittelalter nutzte. Dann floss sie manchmal nicht nur von Magdeburg nach Norden, in Richtung Wittenberge, sondern

STADT, LAND, FLUSS

auch in das Tal der unteren Havel bei Rathenow, oder sie machte einen noch weiteren Bogen nach Osten, ins havelländische Luch hinein. Glücklicherweise brachen die Deiche in diesem Gebiet im August 2002 nicht; doch wären die Verhältnisse möglicherweise anders gewesen, wenn auch die Saale noch mehr Wasser geführt hätte und die Deiche im Bereich von Torgau und Wittenberg nicht gebrochen wären.

Mit ganz geringem Gefälle fließt die Elbe von der Havelmündung aus im Urstromtal nach Nordwesten, auf Hamburg zu. Der westliche Teil des Urstromtales ist auf einer Länge von über 100 Kilometern in der Nordsee versunken, als der Meeresspiegel in den letzten Jahrtausenden anstieg. Bis nach Geesthacht östlich von Hamburg läuft die Flut der Nordsee auf und kann das Wasser der Elbe zeitweise aufstauen, vor allem bei Springflut und Nordweststurm. Mit der anschließenden Ebbe strömen dann aber große Wassermengen auf direktem Weg in die Nordsee, sodass sich ein Flusshochwasser der Elbe im Hamburger Raum kaum noch bemerkbar macht.

Die Elbe ist zwar ab Pardubice in Böhmen schiffbar, aber sie hat nie eine annähernd gleich große Bedeutung als Schifffahrtsgewässer wie der Rhein gehabt. Ihre Wasserführung ist geringer, in trockenen Perioden des Jahres ist der Fluss sehr flach. Daher wurde der Fluss ausgebaggert, und er soll auch noch weiter vertieft werden, um einen regelmäßigen Schiffsverkehr zu ermöglichen. Problematisch daran ist aber, dass mit einer Elbevertiefung im Unterlauf nicht nur der Fluss vertieft, sondern auch sein Gefälle noch weiter verringert wird. Eine Elbvertiefung führt daher dazu, dass Wasser noch langsamer ablaufen kann und sich im Winter für längere Zeit eine Eisdecke ausbilden kann. Sie wird zu einer besonderen Gefahr für die Deiche, wenn sie im Frühjahr zu zerbrechen beginnt und ihre Schollen zu wahren Gebirgen zusammengeschoben werden. Bei einem solchen Eisversatz können Deiche zermalmt werden.

Die Oder

Die 854 Kilometer lange Oder, deren Einzugsgebiet 119 100 Quadratkilometer groß ist, ist abgesehen von einem kurzen Abschnitt in ihrem Quellgebiet ein Fluss des Tieflandes.

Charakteristisch ist der Wechsel zwischen breiten Talabschnitten in ehemaligen Urstromtälern, die von Ost nach West verlaufen, mit engeren Durchbruchstälern in südnördlicher Richtung, in denen die Moränenwälle aus den verschiedenen Eiszeiten durchbrochen werden. Genauso wie die Elbe nimmt die Oder daher einen treppenartigen Verlauf: Die Abschnitte in den Urstromtälern sehen auf der Landkarte wie Stufen aus. Bezeichnend für die Oder ist ferner die Asymmetrie des Einzugsgebietes.

Die linken Nebenflüsse des Oberlaufs kommen ausschließlich aus dem Böhmischen Massiv im Süden, von denen die Lausitzer Neiße der bedeutendste ist. Im Tiefland gibt es praktisch keine linksseitigen Zuflüsse. Dagegen sind die rechten Nebenflüsse wichtige Ströme, vor allem die Warthe mit ihrem Zufluss Netze.

STADT, LAND, FLUSS

Die Oder hat genauso wie die Elbe ein sehr geringes Gefälle. Bei Hochwasser drücken die Wassermassen lange Zeit auf die Deiche. Durch sie soll ein Ausufern des Flusses in landwirtschaftliche Flächen verhindert werden, die seit dem 18. Jahrhundert in erheblicher Ausdehnung der Flussniederung abgewonnen wurden. Seitdem lagert die Oder ihre Sandfracht nur in ihrem Bett ab, und seitdem sacken die Polder entlang des Flusses in sich zusammen, weil sie immer weiter abtrocknen. Immer größer wird die Gefahr, dass bei einem Hochwasser oder bei Eisversatz ein Deich bricht, was zu einer weiträumigen Überflutung führen könnte. In Deutschland konnten Deichbrüche bei der großen Oderflut im Sommer 1997 vielerorts verhindert werden, nicht aber in Polen, wo viele Menschen ertranken.

Bei Hochwasser tritt an der unteren Oder noch ein weiteres Problem auf, das an der Elbmündung keine Rolle spielt: Die Oder mündet in die Ostsee, die fast keinen Tidenhub hat.

Zwar kann die Flut das Oderwasser nicht aufstauen, aber der Ebbstrom führt das Wasser auch nicht aus der Odermündung ins Meer hinaus. Küstenparallele Strömungen in der Ostsee plombieren die Mündung der Oder durch einen breiten Sandstreifen, der sich als Teil der Ausgleichsküste bildet; er wird nur an wenigen Stellen des Oderdeltas durchbrochen. Die Strömung der unteren Oder und anderer Flüsse, die in die Ostsee münden, ist derart gering, dass selbst feines toniges Material vor den Mündungen zu Boden sinkt. Nur bei stärkerer Wasserführung kann dieses tonige Material in die

Ostsee gespült werden. Es enthält zahlreiche Schadstoffe, die wie eine Zeitbombe in den Sedimenten der unteren Oder, der unteren Weichsel und der unteren Memel begraben sind, bis ein Hochwasser sie ins Meer spült; der Abfluss der Oderflut im Jahr 1997 in die Ostsee führte zu einer weiträumig feststellbaren Verunreinigung des Meeres.

Konsequenzen für die Zukunft

Überflutungen drohen also in allen vier hier kurz vorgestellten großen mitteleuropäischen Strömen und entlang ihrer Nebenflüsse. Aber ihr Charakter ist verschieden: An einigen Flüssen treten sie kurz-, an anderen langfristig auf. An einigen Flüssen kommt es vor allem zur Zeit der Schneeschmelze (und dann recht regelmäßig) zu Überflutungen, an anderen nur sporadisch, nach besonderen Wetterlagen mit Starkregen, die zu verschiedenen Jahreszeiten auftreten können.

Wir müssen immer damit rechnen, dass es zu einer Überflutung kommen kann. Überflutungen können sich prinzipiell überall dort auswirken, wo in früheren Zeiten (auch vor einer Eindeichung) Fluss-Sedimente abgelagert wurden. Und es muss klar sein, dass in den engen Schluchten am Rand der Gebirge der Wasserspiegel um mehrere Meter ansteigen kann; denn sonst wäre gar nicht zu verstehen, wie diese engen Schluchten entstanden sind.

Wenn durch Hochwasser gefährdete Flächen wieder besiedelt werden und während der Überflutungen zerstörte Häuser wieder aufgebaut werden, muss dies un

STADT, LAND, FLUSS

ter großer Vorsicht erfolgen. Baudenkmäler wie der Dresdner Zwinger müssen besser gesichert werden. Es ist unvernünftig, Magazine von Gemäldegalerien und Bibliotheken in Häusern oder gar deren Kellern zu unterhalten, die von Hochwasser bedroht sind.

Es muss auch darüber nachgedacht werden, dass es vielleicht nicht sinnvoll ist, einen modernen Industriebetrieb in einem Gebäude wieder einzurichten, das im 19. Jahrhundert unmittelbar am Fluss gebaut werden musste, weil man damals die Wasserkraft für den Betrieb der Turbinen benötigte.

Die Schäden, die ein Hochwasser in einem modernen Industriebetrieb mit computergestützter Produktion anrichtet, sind ungleich größer als diejenigen, die in einem mechanischen Betrieb des 19. Jahrhunderts entstanden. Für den heutigen Industriebetrieb ist eine Lage im Tal nicht erforderlich, und daher sollte man ihn an anderer Stelle wieder errichten.

Erst recht sollten auch keine neuen Wohnhäuser in Lagen gebaut werden, die von Hochwasser gefährdet sind. Krankenhäuser mit ihren aufwändigen technischen Anlagen sollten nicht dort liegen, wo Hochwasser droht. Zumindest langfristig sollte man bestrebt sein, sie aus den Tälern auf die Höhen zu verlagern. Und ist es vernünftig, Straßen und Eisenbahnlinien genau dort wieder aufzubauen, wo die Gewalt der Fluten sie zerstörte?

Polderflächen können zwar landwirtschaftlich genutzt werden, aber es muss von vornherein klar sein, dass dies auf eigene Gefahr zu geschehen hat. Man kann in den Niederungen zwar viele Jahre hindurch hohe Erträge an Gras und Getreide erzielen, aber muss dann in Kauf nehmen, dass es bei hohen Fluten oder lange Zeit hoch stehendem Grundwasser zu Ernteeinbußen kommen kann.

Wir brauchen grundlegende Kartenwerke, aus denen die Gefährdungen einzelner Siedlungsbezirke, von Verkehrswegen und von landwirtschaftlichen Nutzflächen ablesbar sind. Auch sollte besser bekannt sein, wie schnell sich die Hochwasserwellen ausdehnen. Das Erstaunen vieler offizieller Stellen darüber, wie schnell sich die Hochwasserwelle von Dessau aus in Richtung Norden bewegte, ist nicht zu verstehen: Aus der Topographie und aus der Vegetation entlang der Elbe ergibt sich eindeutig, dass das Wasser in diesem Bereich nicht so lange stehen bleibt wie zwischen Torgau und Dessau oder unterhalb von Wittenberge. Kartenwerke der Gebiete mit Hochwasserrisiken müssen die Basis sein für ein besseres Katastrophenmanagement, das sich nicht nur auf die Berechnung von Ingenieuren verlassen kann, sondern sich auch auf detaillierte Geländekenntnisse stützen muss, die von Geographen, Geologen und Ökologen vermittelt werden.

Schließlich muss aber vor allem darüber nachgedacht werden, wie man verhindert, dass Wasser zu rasch in die Flüsse und von dort ins Meer fließt. Denn das ausreichende Vorhandensein von salzarmem Süßwasser ist eine grundlegende Voraussetzung für das Überleben aller Kreaturen auf der Welt. Immer mehr wird es darauf ankommen, das Wasser möglichst lange in einem

STADT, LAND, FLUSS

möglichst salzarmen Zustand auf der Erdoberfläche zurückzuhalten, um es als Trinkwasser nutzen zu können.

Zum Erreichen dieses Zieles könnten natürlich mehr Talsperren gebaut werden. Aber, und auch das ist ein Problem bei jeder Hochwasserkatastrophe, Dämme können brechen, oder die Stauseen können überlaufen. Daher muss die Landnutzung so verändert werden, dass möglichst viel Wasser bereits dort zurückgehalten wird, wo es als Niederschlag zu Boden fällt. Gerade in einer Zeit, in der es nicht mehr darauf ankommt, jeden Flecken landwirtschaftlicher Nutzfläche für die Durchsetzung der Ziele einer »Erzeugungsschlacht« zu nutzen, muss mehr an die Speicherung von Wasser im Boden gedacht werden. Die Poren in den Böden dürfen nicht immer weiter durch den Einsatz noch schwererer landwirtschaftlicher Maschinen verdichtet werden, sodass sie immer weniger Wasser aufnehmen können. Gräben zur Drainage des Landes müssen zugeschüttet, Drainagerohre entfernt werden, wenn das Land nicht mehr intensiv genutzt wird.

Immer wieder wird die Forderung vorgebracht, dass die Landschaft nicht weiter versiegelt werden darf. Vor allem heißt dies aber: Asphaltierte und betonierte Bereiche sowie die riesigen Industrieflächen, die nicht mehr genutzt werden, müssen entsiegelt werden, auch wenn sie anschließend niemand nutzen möchte. Es kann dort viel Wasser gespeichert werden. Die Wälder müssen beschleunigt umgebaut werden. Die immer höher aufwachsenden Fichten aus künstlichen Anpflanzungen verdichten den Boden unter ihren hin und her schwankenden Wurzeltellern immer stärker, sodass er immer weniger Wasser aufnehmen kann, und unter den dicht gepflanzten Fichten ist es derart dunkel, dass nur wenig Moos dort wachsen kann, das ja ganz wesentlich zur Wasserspeicherung in Waldökosystemen beiträgt. Ein höherer Anteil an Laubholz sorgt für eine bessere Bodenstruktur, und das Moos kann sich im Unterwuchs der Bäume besser entwickeln.

Hier sollen bewusst nur die Maßnahmen genannt werden, die zu einem besseren Wasser- und Landschaftsmanagement insgesamt beitragen können. Auch wenn sie Tropfen auf den heißen Stein – oder besser: Tropfen in den gelockerten Boden – sind: Sie tragen zu einer Verhinderung künftiger Schäden bei, und daran muss uns entscheidend gelegen sein.

STADT, LAND, FLUSS

LITERATUR

Hahn, A., und E. Neef (1984), Dresden. Ergebnisse der heimat-
kundlichen Bestandsaufnahme. Werte unserer Heimat 42, Berlin.

Kempe, S. (1992), Die Elbe. Der geologische Blick. In: Deut-
sches Historisches Museum (Hrsg.), Die Elbe. Ein Lebenslauf.
Berlin. S. 25-33.

Král, V. (1999), Fyzická Geografie Evropy. Praha.

Küster, H. (1998), Geschichte des Waldes. Von der Urzeit bis
zur Gegenwart. München.

Küster, H. (1999), Geschichte der Landschaft in Mitteleuropa. Von der Eiszeit bis zur Gegenwart. 3. Auflage, München.

Küster, H. (2002), Die Ostsee. Eine Natur- und Kulturge-
schichte. München.

Machatschek, F. (1954), Geomorphologie. Unveränderter
Nachdruck der 5. Auflage, Leipzig.

Marcinek, J., und K.-H. Schmidt (1995), Gewässer und
Grundwasser. In: H. Liedtke und J. Marcinek (Hrsg.), Physische
Geographie Deutschlands. 2. Auflage, Gotha. S. 131-155.

Tümmers, H.J. (1994), Der Rhein. Ein europäischer Fluss
und seine Geschichte. München.

Die Hoffnung stirbt zuletzt

UDO REITER

Die Deutschen – ein Volk von Egoisten, eine herzlose Ellenbogengesellschaft? Spätestens seit der Jahrhundertflut wurden wir eines Besseren belehrt und haben auf eindrucksvolle Weise erfahren, dass es bei uns in großem Maße Mitmenschlichkeit und Solidarität gibt. Allein die Spendenaktion von ARD und Bild-Zeitung erbrachte über 36 Millionen Euro für die Opfer der Hochwasserkatastrophe. Eine unglaubliche Summe, die selbst kühnste Erwartungen übertraf.

Das Sammeln für den guten Zweck hat im deutschen Fernsehen Tradition. So kamen in der Vergangenheit schon viele Millionen für unterschiedliche Projekte zusammen.

Der MDR, der für die ARD die jährliche Carreras-Gala zugunsten Leukämiekranker produziert, hat mit dieser Form von Benefizveranstaltungen gute Erfahrungen gemacht. Rund zehn Millionen D-Mark kamen in den Shows regelmäßig zusammen.

Doch die spontane Benefizsendung »Die Hoffnung stirbt zuletzt«, die am 16. August 2002 innerhalb von nur 24 Stunden für die ARD realisiert wurde, brach alle Rekorde. Was als Initiative der MDR-Hörfunkwellen begann, entwickelte sich in kürzester Zeit zur größten

314

Die Hoffnung stirbt zuletzt

Spendenaktion in der deutschen Rundfunk- und Fernsehgeschichte.

Dieser Erfolg ist nicht zuletzt der Kooperation von ARD/MDR mit Europas auflagenstärkster Tageszeitung, nämlich »Bild«, zu verdanken. Eine hochprofessionelle Zusammenarbeit, eine Allianz von Print, Hörfunk, Fernsehen und Internet brachte dieses Ergebnis zustande. Allen Beteiligten gebührt Dank und Anerkennung.

Doch selbst diese Allianz hätte kaum so viel erreicht, wenn nicht der Wille zum Helfen so stark gewesen wäre. Nicht nur, dass Deutschland – Ost und West – zusammenrückte: Die Flut hat viele Herzen geöffnet; alle haben geholfen, von der Rentnerin bis zum Großkonzern. Das lässt für die Zukunft unserer Gesellschaft hoffen.

»Land unter« – Chronik der Flut
Stefan Militzer

DONNERSTAG, 8. AUGUST

Südböhmen/Tschechien
Starke Niederschläge im Einzugsgebiet der Moldau haben
zum raschen Pegelanstieg am
Oberlauf der Elbe geführt. Die
Tendenz setzt sich an den sächsischen Elbpegeln fort. Aus-
gangssituation (Wasserstände
am 8. August, 7.00 Uhr):

Pegel Schöna: 02,00 Meter,
Pegel Dresden: 01,68 Meter,
Pegel Torgau: 01,38 Meter.

SAMSTAG, 10. AUGUST

Ober- und Niederösterreich
Unwetterartige Regenfälle führen zu schweren Überschwemmungen. Über 7000 Helfer sind
im Einsatz. Die oberösterreichi-
sche Gemeinde Schwertberg

wird teilweise völlig von der
Außenwelt abgeschnitten.
Schwere Verwüstungen auch
auf der Wiener Donauinsel.

Dresden
Hagel und Sturzregen verursachen erste Schäden; der Dresdner Elbpegel erreicht 5,59 Meter. Erste Straßensperrungen in
Ufernähe, die Sächsische
Dampfschifffahrts-Gesellschaft
stellt den Betrieb ein.

Steyr/Österreich
In allerletzter Minute werden
100 Einwohner per Helikopter
vor den Fluten der Enns gerettet.

Ybbs/Österreich
Die Donau steht in der Altstadt,
3000 Bewohner sind eingeschlossen. Donauschifffahrt eingestellt.

SONNTAG, 11. AUGUST

Sächsische Elbpegel, 7.00 Uhr
Schöna: 06,13 Meter
(Hochwasser-Alarmstufe 3)
Dresden: 05,59 Meter
(Hochwasser-Alarmstufe 2)
Torgau: 05,22 Meter
(unterhalb der HW-Grenze)
Am Sonntag stellt sich eine gleich
bleibende, leicht fallende Ten-
denz ein.

Sachsen
Das von Oberitalien über Österreich, die Slowakei, Tschechien
und Westpolen nordwärts zie-
hende Tiefdruckgebiet »Ilse«
bringt vom 11. August bis zum
13. August flächendeckenden
Dauerregen, besonders im
Erzgebirgsraum und in der
Leipziger Tieflandsbucht. Die
gefallenen Regenmengen liegen an einigen Messstationen
bis zu 370 Prozent über dem
langjährigen Monatsmittel.
Innerhalb kürzester Zeit steigt
das Wasser in den Flüssen; es
kommt dort zu Überflutungen,
wo das Oberflächenwasser nicht
ablaufen kann.

Dresden
18.00 Uhr. Nachdem der
Deutsche Wetterdienst vor sehr
ergiebigen Niederschlägen
gewarnt hat, gibt das Sächsische
Landesamt für Umwelt und
Geologie (LfUG) eine Hochwasserwarnung für die Nebenflüsse der oberen Elbe heraus.
Das Amt rechnet nun mit
einem schnellen Wasseranstieg.

MONTAG, 12. AUGUST

Sächsische Elbpegel, 7.00 Uhr
Schöna: 05,51 Meter
Dresden: 05,23 Meter
Torgau: 05,99 Meter

Golzern
An der Mulde ist alles ruhig:
Niedrigwasser! Der Pegel zeigt
nun 1,86 Meter. Dieser Wert
liegt 1,34 Meter unter der
Alarmstufe 1, die bei 3,20 Metern erreicht wird.

CHRONIK DER FLUT: 12. AUGUST

Lauenstein

9.00 Uhr. Die Müglitz hat
Hochwasser-Alarmstufe 1 (0,95
Meter) erreicht. 14.00 Uhr: star-
ker Pegelanstieg auf 1,95 Meter.
Alarmstufe 2 ist erreicht. 14.30
Uhr: konstanter Pegelwert.
Später fällt der elektronische
Pegelmesser aus.

Dresden

Das Sächsische Landesamt für
Umwelt und Geologie gibt eine
Hochwasserwarnung für alle
sächsischen Flussgebiete heraus.
Es werden in kürzester Zeit
Pegel bis zur Alarmstufe 4 er-
wartet.

Chemnitz/Leipzig

Aufgrund der Niederschlags-
prognosen des Deutschen
Wetterdienstes (DWD) gibt das
Staatliche Umweltfachamt
Chemnitz um 7.15 Uhr eine
Hochwasserwarnung für die
obere Weiße Elster, Zwickauer
und Freiberger Mulde heraus.
Es werden Wasserstände der
Alarmstufe 4 und darüber

erwartet. Die Warnung des
Staatlichen Umweltfachamtes
Leipzig folgt um 10.00 Uhr.

Pegel Hainsberg 4

14.00 Uhr. Die Vereinigte
Weißeritz hat einen Pegelwert
von 2,90 Metern erreicht.
Hochwasser-Alarmstufe 4.

Südbayern

Nach heftigen Regenfällen
verzehnfacht die Traun ihren
Pegel. Im Landkreis Traunstein
müssen zahlreiche Einwohner
evakuiert werden. Auch Gar-
misch-Partenkirchen, Rosenheim, Ebersberg und das Berchtesgadener Land sind betroffen.
Passau wird durch die Wassermassen von Donau, Inn und Ilz
überflutet. Schäden gibt es an
rund 350 Gebäuden.

Leipzig

Nach schweren Niederschlägen
laufen im Norden der Stadt viele
Keller voll, Unterführungen müssen gesperrt werden; der Berufs-
verkehr bricht zusammen.

CHRONIK DER FLUT: 12. AUGUST

Ostthüringen
Hochwasseralarm im Altenburger Land. Die Pleiße überschwemmt weite Gebiete; bei Rositz bricht der Damm eines Rückhaltebeckens. Die Weiße Elster führt ebenfalls Hochwasser. Die Pleiße richtet in Gößnitz bei Schmölln schwere Verwüstungen an: Ein am Morgen geräumter Kindergarten und 100 Neuwagen eines Autohauses verschwinden im Wasser.

Olbernhau
Innerhalb von zwölf Stunden gehen 116 Liter Regen je Quadratmeter nieder, 27 Liter mehr als sonst im August. Innerhalb weniger Minuten steigt das Wasser auf der Grünthaler Straße auf etwa einen Meter an. Der obere Teil des Mittleren Erzgebirgskreises ist nur noch mit dem Hubschrauber zu erreichen.

Pegel Munzig
17.45 Uhr. Die Triebisch hat einen Pegel von 3,22 Metern

erreicht. Hochwasser-Alarmstufe 4.

Talsperre Malter
20.00 Uhr – Der Wasserrückhalteraum ist vollständig eingestaut. Es fließen jedoch weiterhin 120 Kubikmeter Wasser pro Sekunde zu. Die Rückhaltebecken im Einzugsgebiet der Gottleuba (Liebstadt, Friedrichswalde-Ottendorf) drohen gegen 24.00 Uhr überzulaufen.

Aue
Hochwasser am Zusammenfluss von Schwarzwasser und Zwickauer Mulde führt zu Überflutung am Bahnhof. Eine im Bau befindliche Brücke stürzt ein.

Erzgebirge
Flöha, Zschopau, Zwickauer und Freiberger Mulde nähern sich im Verlauf des Tages der Hochwasser-Alarmstufe 4 oder überschreiten sie. Starke Hochwasserschäden gibt es um Glauchau, Meerane, Niederwiesa und in Waldenburg. 88 Bundes-,

Staats- und Kreisstraßen sind gesperrt. Der Zugverkehr ist stark eingeschränkt. Der Verkehr der Erzgebirgsbahn zwischen Johanngeorgenstadt und Zwickau wird eingestellt, zwischen Chemnitz und Pockau-Lengefeld ruht der Verkehr.

Vogtlandkreis
Die Talsperren Werda, Muldenberg und Dröda erreichen ihr maximales Fassungsvermögen.

Glashütte
Oberhalb des Ortes bricht um 16.30 Uhr der Damm des Prießnitz-Rückhaltebeckens. Ein riesiger See mit rund 50 000 Kubikmetern Wasser ergießt sich über die stark abschüssige Straße in Richtung Glashütte. Besonders betroffen sind die Häuser an der Dresdner Straße. Am Bahnhof trifft die Flutwelle mit der Müglitz zusammen. Der normalerweise vier Meter breite und 50 Zentimeter tiefe Fluss ist zu einem teilweise 100 Meter breiten und vier Meter tiefen Strom

geworden, der mit einer Wassergeschwindigkeit von 50 Stundenkilometern auf den Ortsteil Schlottwitz zurast. Hier richtet das Hochwasser die gleichen Schäden wie in Glashütte an. Die Bahnstrecke im Müglitztal ist nicht mehr befahrbar.

Müglitztal und Weesenstein
Die Müglitz rasiert neun Häuser, hunderte Bäume und große Teile der Verkehrswege weg.

Sachsen
Überschwemmungen nach anhaltenden Regenfällen im Mittleren Erzgebirgskreis. Betroffen sind Marienberg, Olbernhau, Pockau und Pobershau. Im Kreis Aue-Schwarzenberg müssen 150 Menschen ihre Häuser verlassen.

Landkreis Sächsische Schweiz
Der Landkreis gleicht einem Seengebiet. Die Versorgungseinrichtungen sind weitgehend ausgefallen, die Bewohner retten sich auf die Hausdächer.

CHRONIK DER FLUT: 12. BIS 13. AUGUST

Freital

Am späten Abend läuft die Talsperre Malter über, das Wasser der Roten Weißeritz – über 100 000 Liter pro Sekunde – stürzt durch den Plauenschen Grund in Richtung Elbe. Die Bevölkerung ist völlig überrascht, das Wasser strömt direkt durch das langgestreckte Stadtzentrum. Noch in der Nacht werden die 620 Patienten des Krankenhauses evakuiert.

Döbeln/Roßwein/Waldheim/Leißnig/Eilenburg

Eine regelrechte Springflut der Freiberger Mulde verwüstet die sächsische Kleinstadt Döbeln. Die Altstadt steht teilweise 3,50 Meter unter Wasser: 650 Häuser und 570 Geschäfte sind ruiniert, 350 Hektar der Innenstadt überflutet. Roßwein, Waldheim und große Teile Leißnigs werden ebenfalls verwüstet.

Tharandt

Die Flut der Wilden Weißeritz verwandelt das Badetal, einen Teil der Dresdner und der Pienner Straße zu nächtlicher Stunde in einen Hexenkessel. Vier Häuser stürzen ein.

Coswig

Wegen des Hochwassers und der anhaltend starken Niederschläge werden die Coswiger Elbfähren stillgelegt.

Meißen

In der Nacht zum Dienstag steigt die Triebisch auf über acht Meter Höhe, die Elbe erreicht fast sieben Meter, Tendenz steigend. Die Stadt wird bis ins Zentrum überschwemmt. Im Triebischtal werden Bebauung und Straßen durch die Flutkatastrophe schwer beschädigt.

DIENSTAG, 13. AUGUST

Pegel Munzig

2.45 Uhr. Die Triebisch hat inzwischen einen Pegel von exakt 3,98 Metern erreicht. Jetzt gilt die Hochwasser-Alarmstufe 4.

CHRONIK DER FLUT: 13. AUGUST

Sächsische Elbpegel, 4.00 Uhr

Schöna: 06,22 Meter
Dresden: 06,53 Meter
Torgau: 06,28 Meter

Pegel Zwickau-Pölbitz
5.45–6.30 Uhr: Die Zwickauer
Mulde erreicht den Pegelhöchststand: 4,76 Meter. Der bisherige
Spitzenwert betrug 4,66 Meter
im Jahr 1954.

Pegel Borstendorf
7.30 Uhr: Die Flöha erreicht
den Pegelhöchststand: 3,63 Meter. Bisheriger Spitzenwert im
Jahr 1947: 2,47 Meter.

Pegel Hopfgarten
4.30 Uhr: Die Zschopau erreicht den Pegelhöchststand:
3,03 Meter. Bisheriger Spitzenwert: 2,26 Meter im Jahr 1932.

Pegel Lichtenwalde
8.15–9.30 Uhr: Die Zschopau
erreicht den Pegelhöchststand:
6,36 Meter. Hier betrug der bisherige Spitzenwert: 4,38 Meter
im Jahr 1932.

Golzern
Innerhalb von 34 Stunden – vom
12. August, 10.00 Uhr, bis zum
13. August, 20.00 Uhr – steigt
die Mulde um rund 6,82 Meter
auf 8,68 Meter an. Der größte
Wasseranstieg mit 51 Zentimetern wird zwischen 7.00 Uhr
und 8.00 Uhr registriert. Der
Hochwasserscheitel liegt 3,08
Meter über Alarmstufe 4.

Eilenburg
Seit dem frühen Morgen werden 10 000 Einwohner evakuiert.

Chemnitz
Die Chemnitz erreicht einen
Pegel von 4,01 Metern, überflutet die Stadtteile Klaffenbach,
Einsiedel, Harthau, Altchem-
nitz, Wittgensdorf und Glösa-
Draisdorf. 40 000 Haushalte sind
ohne Strom. Am Nachmittag
entspannt sich die Lage. Im
Chemnitzer Umland – in Wol-
kenburg, Glauchau, Köthens-
dorf, Neukirchen, Claußnitz,
Ottendorf, Krumbach, Burg-
städt und im Landkreis Mitt-

CHRONIK DER FLUT: 13. AUGUST

weida – ist der Fluthöhepunkt ebenfalls erreicht.

Dresden
Evakuierung der gefährdeten Bereiche Friedrichstadt und Löbtau. Unter Wasser: Prager Straße, Zwinger, Großer Garten, Hauptbahnhof, Großbaustelle am Wiener Platz.

Pirna
Die Gottleuba verwandelt sich in eine Sturzflut und gelangt bis in die Innenstadt.

Zinnwald-Georgenfeld
Tief »Ilse« bricht den deutschen Regenrekord. In dem osterzgebirgischen Ort fallen von Montag bis Dienstag in 24 Stunden 312 Liter je Quadratmeter. Bisher galten die am 7. Juli 1906 in Zeithain (heute Landkreis Riesa-Großenhain) gemessenen 260 Liter als Spitzenwert.

Salzburg/Österreich
Alle Salzachbrücken gesperrt, über 1000 Häuser im Wasser.

Tschechien
Im tschechischen Einzugsgebiet von Moldau und Elbe sind extrem hohe Wasserstandsanstiege zu verzeichnen. Vom Tschechischen Hydrometeorologischen Institut (CHMU) in Prag wird für den Pegel Ústí bis zum 14.08.02, 7.00 Uhr, ein Wasserstandsanstieg um mehr als 2,00 Meter prognostiziert. Diese stark steigende Tendenz wird sich an den sächsischen Elbpegeln fortsetzen.

Prag/Tschechien
Die Moldau bedroht die Prager Altstadt; über 50 000 Menschen werden evakuiert, etwa 500 Straßen gesperrt; die Kleinseite wird schließlich überflutet. Das Wasser dringt in die Metro ein.

Bayern
Bei Cham an der Regen bricht ein Damm; 17 000 Menschen werden vom Wasser eingeschlossen. In Passau steht der Pegel mittags auf 10,81 Metern.

CHRONIK DER FLUT: 13. AUGUST

Ostsachsen

Hochwasser-Alarmstufe 4 an der
Großen Röder, dem Röderneu-
graben, der Lausitzer Neiße
und am Weißen Schöps (14.8.).
Es kommt nur zu verhältnismä-
ßig geringen Flutschäden.

Brandenburg

Im Landkreis Elbe-Elster fallen
vom Montagmorgen auf den
Dienstagmorgen (13. August)
114 Liter Regen.

Pegel Nossen

7.30 Uhr: Die Freiberger Mulde
erreicht den Pegelhöchststand –
4,67 Meter.Bisheriger Spitzenwert: 3,90 Meter 1958.

Frankenberg

Entlang der Zschopau und
ihrer Nebenflüsse kommt es zu
Überschwemmungen.

Eilenburg

Die Mulde dringt hier bis in die
Innenstadt ein. Mehr als 10 000
Einwohner müssen fluchtartig
ihre Häuser verlassen.

Grimma

Die »Perle des Muldentals« wird
von einer Flutwelle regelrecht
überrollt. Zahlreiche Häuser
stürzen ein. Mindestens 3000
Menschen werden evakuiert,
dutzende Menschen flüchten
sich auf die Orgelempore der
Frauenkirche. Die Altstadt fällt
jetzt dem Wasser zum Opfer.

Sachsen

Katastrophenalarm in mittlerweile 14 Landkreisen und kreis-
freien Städten; Colditz, Glauchau, Altenberg und Glashütte
sind nur noch aus der Luft zu
erreichen. Dammbrüche in
Erlln, Sermuth und Bennewitz.
Die wichtige Wurzener Muldebrücke (Bundesstraße 6) wird
gesperrt. Das Flüsschen Wyhra
bedroht den Ort Großzössen im
Altenburger Land.

Landkreis Riesa-Großenhain

An Elbe und Röder schwankt
die Hochwasser-Alarmstufe nun
zwischen 3 und 4. Die Jahna-
Brücke in der Riesaer Altstadt

Chronik der Flut: 13. bis 14. August

wird gesperrt. In Leutewitz, von Kreinitz bis Diesbar-Seußlitz, in Heyda und Radeburg, Nünchritz, Niederrödern, Freitelsdorf, Skassa, Böhla, Zottewitz und anderenorts im Landkreis kämpfen die Menschen verzweifelt gegen das Wasser.

Neratovice/Tschechien
Die Chemiefabrik »Spolana« ist überschwemmt. Es wird befürchtet, dass es durch den Austritt von Quecksilber und Dioxin in die Elbe zur Umweltkatastrophe kommt. Der sächsische Ministerpräsident Georg Milbradt ordnet eine sofortige Wasserprobenuntersuchung an.

Mittwoch, 14. August

Sächsische Elbpegel, 6.00 Uhr
Schöna: 07,36 Meter
Dresden: 06,95 Meter
Torgau: 07,57 Meter

Tschechien
Die Wasserführung der Moldau ist weiterhin sehr stark angestiegen, der Hochwasserscheitel hat Prag noch nicht erreicht. Vom CHMU Prag wird für den Pegel Ústí/Elbe bis zum 15.08.02, 7.00 Uhr, ein Wasserstandsanstieg um mehr als 3,00 Meter prognostiziert. Diese steigende Tendenz setzt sich auch an den sächsischen Elbepegeln fort.

Regensburg
Die Donau erreicht den Rekordpegel von 6,60 Metern. 50 000 Sandsäcke können das Wasser nicht aufhalten.

Prag/Tschechien
Das Wasser der Moldau schlägt bereits an die Decken der Brückenbögen; an einigen Teilen der Uferstraße schützen nur noch eigens zum Schutz der Altstadt aufgerichtete Metallwände. Die Flut erreicht bald ihren Höhepunkt.

Sachsen-Anhalt
Erste Ausläufer der Flutwelle erreichen den Landkreis Bitterfeld; Jeßnitz, Raguhn und

325

Bitterfeld werden überschwemmt, Evakuierung von 7000 Einwohnen, Dammbruch zwischen Pouch und Löbnitz mit Überflutung der umliegenden Dörfer. Am Abend bricht auch im Raum Dessau ein Damm, 4000 Menschen müssen evakuiert werden. Auch der Chemiepark Bitterfeld-Wolfen wird bedroht.

Coswig
Die Elbe dringt in die Coswiger Ortsteile Brockwitz und Sörnewitz ein.

DONNERSTAG, 15. AUGUST

Sächsische Elbpegel, 22.00 Uhr
Schöna: 11,10 Meter
Dresden: 08,56 Meter
Torgau: 07,88 Meter

Prag/Tschechien
Über Nacht ist der Moldaupegel stark gefallen; in Nordböhmen steigt der Elbpegel jedoch weiter, die Stadt Ústí (Aussig) wird weithin überschwemmt.

Bratislava/Slowakei
Die Donau erreicht fast die bisherige Rekordmarke von 9,84 Metern, umfangreiche Evakuierungsmaßnahmen.

Bitterfeld
Aus dem 500 Meter breiten Dammbruch im Lober-Leine-Kanal fließen riesige Mengen Muldewasser in das Tagebaurestloch Goitzsche. Wenn das Wasser des 20 Quadratkilometer großen Sees in Bitterfeld einströmt, droht ein Desaster – große Teile der Kommune bilden die tiefste Stelle der Region. Weite Teile der Stadt werden vom Strengbach überflutet, in der Nacht vom 16. zum 17. August tritt das Wasser in die Stadtteile östlich der Leine ein.

Decin (Tetschen)/Tschechien
Fünf herrenlos auf der Elbe treibende Lastkähne werden gesprengt, um die Beschädigung von Brücken zu verhindern.

CHRONIK DER FLUT: 15. BIS 16. AUGUST

Oberes Elbtal

Elbtal akut gefährdet, in Pirna und Heidenau werden 30 000 Menschen evakuiert. Fast alle Orte zwischen der böhmisch-sächsischen Grenze und Dresden erleiden Flutschäden: u. a. Rathen, Krippen, Königstein, Schöna, Pirna, Bad Schandau, Pillnitz. In Wehlen sind von 1800 Einwohnern etwa 600 direkt betroffen.

Dresden

Alle Deiche überschwemmt. Straßensperrungen, Evakuierungen, Zwangsräumungen; um 12.45 Uhr erreicht der Elbpegel die Achtmetermarke und steigt rasant weiter. Niedergohlis, Teile von Altkaditz und Pieschen werden evakuiert, Marien- und Augustusbrücke zur Altstadt gesperrt. Friedrichstadt überflutet, Zwinger, Semperoper, Hygiene-Museum im Wasser.

Dessau

Die Mulde fließt nicht mehr in die Elbe ab, Dessau und »Dessau-Wörlitzer Gartenreich« bedroht.

Wasser steht in den Stadtteilen Waldersee und Mildensee: Die Zugstrecke von Dessau nach Roßlau ist nicht mehr befahrbar.

Landkreis Wittenberg

Katastrophenalarm. 400 000 Sandsäcke zwischen Pretzsch und Wittenberg sollen das Wasser aufhalten. Die Bewohner von Pratau und Seegrehna müssen ihre Häuser verlassen.

Magdeburg

Der Oberbürgermeister, Dr. Lutz Trümper, ruft jetzt den Katastrophenfall aus. Das Pretziner Wehr, südlich von Magdeburg, wird geöffnet, um Schönebeck und die Landeshauptstadt zu entlasten.

FREITAG, 16. AUGUST

Sächsische Elbpegel, 10.00 Uhr

Schöna: 11,75 Meter
(21.00 Uhr Höchststand: 12,02 m)
Dresden: 09,03 Meter
Torgau: 08,29 Meter

CHRONIK DER FLUT: 16. BIS 17. AUGUST

Dresden

Rund 30 000 Menschen aus Übigau, Kleinzschachwitz, Laubegast, Kaditz, Mickten, Trachau evakuiert. Rettungsarbeiten an Zwinger und Semperoper müssen bis zum 17.8., 0.15 Uhr, ausgesetzt werden, da die Elbe den Theaterplatz überschwemmt. Das Neustädter Krankenhaus und zahlreiche Seniorenheime werden geräumt. Elbbrücken und Autobahnabfahrten werden wiederholt gesperrt. Nur die Autobahnbrücke bleibt befahrbar. Zwischen 17.00 Uhr und 18.00 Uhr steigt der Elbpegel dann bis auf 9,25 Meter.

Torgau

Die umliegenden Ortschaften Beilrode, Falkenberg und Döbrichau sind evakuiert. In Torgau werden gefährdete Straßen geräumt. Am späten Abend bricht bei Loßwig ein Damm. Durch die gewaltigen Anstrengungen der Bevölkerung und ihrer Helfer kann die Stadt jedoch gehalten werden.

Bitterfeld

Sechs der zehn Bitterfelder Stadtteile werden evakuiert.

Magdeburg

Die geplante Evakuierung von 20 000 Menschen wird ausgesetzt. Bedroht sind die Stadtteile Cracau, Prester und Brückfeld; der Mitteldeutsche Rundfunk evakuiert sein Landesfunkhaus auf der Elbinsel Rotehorn.

Riesa

Eisenbahnbrücken bei Röderau und Bobersen stürzen ein. Bahnverbindung zwischen Chemnitz und Berlin sowie Leipzig und Dresden ist unterbrochen. Die Ortsteile Nünchritz, Bobersen, Gohlis, Promnitz und Moritz müssen evakuiert werden.

SAMSTAG, 17. AUGUST

Sächsische Elbpegel, 7.00 Uhr

Schöna:	11,75 Meter
Dresden:	09,40 Meter
(Höchststand)	
Torgau:	09,00 Meter

CHRONIK DER FLUT: 17. BIS 18. AUGUST

Dresden

Der Flutscheitel hat die Stadt
am Morgen erreicht. Zu diesem
Zeitpunkt wurden von dem
Fluss bereits etwa 47 Quadratkilometer, das sind 15 Prozent
des Stadtgebietes, überschwemmt.
Die Polizei sprengt in Pillnitz
die »Schandau«: Das zehn
Meter lange Schiff hatte sich
losgerissen und die Albert-
brücke massiv gefährdet.

Coswig

In Sörnewitz, Brockwitz und Kötitz versinken zahlreiche Häuser
metertief im Wasser. Zwischen
Brockwitz und Sörnewitz wird
von den Sörnewitzern ein Damm
in N-S-Richtung quer über das
Feld aufgeschüttet und mit
Sandsäcken verstärkt, um die
Überflutung der Elbgausied-
lung Neusörnewitz und die
Ausbreitung der Elbe in Richtung Nassau zu verhindern.
Knöchel- bis knietief unter Wasser: weite Teile von Kötitz und
dem Stadtzentrum – mit dem
Wohngebiet Dresdner Straße.

Magdeburg

Der »Herrenkrug« und die
Siedlung »Schiffshebewerk«
werden evakuiert.

SONNTAG, 18. AUGUST

Torgau

2.00 Uhr: Der Hochwasser-
scheitel erreicht die Stadt: 9,45
Meter. Die Dämme halten noch
immer dank unermüdlichen Ein-
satzes der Torgauer und ihrer
Helfer.

Sächsische Elbpegel, 10.00 Uhr

Schöna:	10,00 Meter
Dresden:	08,76 Meter
(Höchststand)	
Torgau	09,43 Meter

In den folgenden Tagen stellt
sich eine fallende bis langsam
fallende Tendenz der Wasserführung ein.

Mühlberg

»Das Wunder von Mühlberg«:
Die 5300 Einwohner der Stadt
im äußersten Südwesten von
Brandenburg, im Landkreis

CHRONIK DER FLUT: 18. AUGUST

Elbe-Elster, entgehen knapp der Elbflut. Der Pegel steigt am Sonntag bis auf die Rekordhöhe von 9,98 Metern – die Deichkrone erreicht gerade einmal zehn Meter! Es gelingt, 5000 Schweine und 1500 Schafe in Sicherheit zu bringen.

Sachsen
Erste Schätzungen zur Höhe der materiellen Schäden (ohne Elbtal) liegen vor: 740 Straßenkilometer und 180 Brücken zerstört; Teil- oder Totalverlust von 538 Kilometern Schienen: 20 Prozent des sächsischen Schienennetzes. Etwa 40 000 Menschen wurden evakuiert.

Magdeburg
Der Elbpegel liegt um 9.30 Uhr bei 6,18 Metern.

Wittenberg
Der Elbdamm bei Pratau bricht auf 20 Meter Breite, das Wasser strömt durch den Ort und weiter in Richtung Kemberg. Der kontinuierlich ansteigende Pe-

gelstand in der Lutherstadt Wittenberg: ca. 6,97 Meter. In den folgenden Tagen erreicht die Elbe eine Ausdehnung von bis zu 15 Kilometern, 38 Orte mit mehr als 40 000 Menschen werden evakuiert. Die Stadt Annaburg wird evakuiert.

Prettin
Durch einen etwa 200 Meter breiten Dammbruch fließt das Wasser in Richtung Jessen. Der Ort Rhesen wird eingeschlossen. Weitere Dammbrüche und Überströmungen bei Pretzsch, Mauken und Mühlanger.

Seegrehna
Der Damm ist inzwischen erheblich geschädigt. Das Wasser bedroht Bergwitz und fließt in Richtung Wörlitz. Bei Tageslicht sollen Hubschrauber der Bundeswehr Netzcontainer mit Sandsäcken über der Schadensstelle abwerfen. In Pratau konnte auf diese Weise ein weiteres Aufreißen des Dammes verhindert werden.

MONTAG, 19. AUGUST

Heyrothsberge (Jerichower Land)
In der Nacht zum Dienstag
bricht der Damm in unmittelba-
rer Nähe zur B1 auf einer Breite von 30 Metern.

Landkreis Prignitz
Um 12.00 Uhr muss Landrat
Hans Lange den Katastrophenfall feststellen. 18 000 Rinder
und 3000 Schweine werden
umgesetzt.

Piesteritz
Gerüchte über Explosionsgefah-
ren, drohende Belastung des
Wassers im Bereich der Stick-
stoffwerke Piesteritz werden von
Unternehmen und Krisenstab
dementiert.

DIENSTAG, 20. AUGUST

Bayern
Die Pegel in den vom Hochwasser betroffenen Gebieten
haben fast schon wieder ihre
Normalwerte erreicht.

Magdeburg
Mit 6,70 Metern wird der Pegelhöchststand erreicht, 0,20 Meter weniger als prognostiert.

Prettin/Jessen
Der Deichbruch bei Prettin und
die sicherheitsbedingte Abschal-
tung der Schöpfwerke Schütz-
berg und Gorsdorf verschärfen
die Hochwassersituation. Zum
Schutz des Stadtteils war in der
Nacht der Schutzwall fertig gestellt worden. Der Stadtteil muss
doch evakuiert werden.

Seegrehna/Pratau
Der Dammbruch bei Seegrehna
wird jetzt mit Hilfe von Hubschraubern, die Betonteile bringen, bekämpft. Nach 16-stündi-
ger Arbeit, der Aufbringung von
150 Lkw-Ladungen Schotter
und Bauschutt wird die Aus-
bruchstelle bei Pratau am Vor-
mittag geschlossen werden.

Schnackenburg
In der Nacht zum Mittwoch
erreicht die Elbe am nieder-

CHRONIK DER FLUT: 20. BIS 21. AUGUST

sächsischen Pegel einen Höchst-
wert von ca. 7,50 Metern (1,10
Meter unter der Deichkrone).
Bis 5.30 Uhr stagniert der Pegel,
um 7.00 Uhr sind es 7,49 Meter.

MITTWOCH, 21. AUGUST

Wurzen
Die Muldebrücke wird auf
unbestimmte Zeit gesperrt, da
der Mittelpfeiler gebrochen ist.
Damit kann die B6 in diesem
Bereich nicht mehr befahren
werden.

Vockerode/Dessau
Nach Dammbrüchen bei Wittenberg, vor allem bei Seegrehna,
erreichen die Wassermassen die
A9 zwischen den Anschlussstel-
len Dessau-Ost und Vockerode.

Seegrehna
Die über 100 Meter lange Scha-
denstelle ist vom Land her nicht
zu erreichen. Jetzt versucht die
Bundeswehr, Schwimmcontainer
von der Wittenberger Seite des
Elbufers hinüberzubringen und

an der Bruchstelle zu versen-
ken. Davon erhofft man sich
zumindest eine kräftige Minde-
rung des Ausflusses.

Jessen/Prettin
Einige Landstriche sind bis zu
1,50 Meter überflutet. THW
und Bundeswehr versuchen,
mit kontrollierten Durchbrü-
chen und Wasserumleitungen
die angrenzenden Gemeinden
zu entlasten.

Landkreis Prignitz
In den Ämtern Lenzen/Elbtal-
aue und Bad Wilsnack/Weisen
sowie in Ortsteilen der Stadt
Wittenberge werden Evakuierungen angeordnet, 37 Orte
sind betroffen.

Sachsen, Sachsen-Anhalt,
Thüringen und Brandenburg
Die Pegel gehen überall weiter
zurück. Es werden große Anstrengungen zur Sicherung der
butterweichen Deiche unternommen. Die Aufräumungs-
arbeiten sind im Gange. Am

CHRONIK DER FLUT: 21. AUGUST

Dammbruch bei Seegrehna wird weiter gearbeitet. Einzelne Dammabschnitte werden gesprengt, um das Elbwasser schneller loszuwerden. Allmählich werden auch die Schäden in der Landwirtschaft sichtbar. In Sachsen muss die Ernte auf 50 000 Hektar abgeschrieben werden; in Sachsen-Anhalt sind 60 000 Hektar, in Thüringen 2000 Hektar betroffen.

Norddeutschland

Die Flutwelle der Elbe hat Norddeutschland erreicht. Obwohl die Wasserstände niedriger als erwartet ausfallen, müssen in Niedersachsen, Schleswig-Holstein und Mecklenburg-Vorpommern tausende Anwohner ihre Häuser und Wohnungen verlassen. Mittlerweile 50 000 Menschen, darunter 30 000 Soldaten der Bundeswehr, sind im Kriseneinsatz. Die Flut bahnt sich ihren Weg durch das Wendland, Lauenburg, den Landkreis Ludwigslust, Lüneburg, die Landkreise Lüchow-Dannenberg und Harburg.

KURZVITEN

Die Autoren dieses Buches

MINOU AMIR-SEHHI ist Reporterin beim Mitteldeutschen Rundfunk (MDR).

ANDREAS BÖNTE ist stellvertretender Chefredakteur Fernsehen beim Bayerischen Rundfunk (BR).

THOMAS DELEKAT ist Reporter bei der Tageszeitung »Die Welt«.

ARNDT GINZEL ist Reporter beim MDR.

VÁCLAV HAVEL ist Präsident der Tschechischen Republik.

ALEXANDER IHME ist Reporter beim MDR.

JÖRG KACHELMANN arbeitet als Meteorologe und Moderator für die ARD. Außerdem leitet er den Wetterdienst »Meteomedia AG«.

WOLFGANG KENNTEMICH ist Chefredakteur Fernsehen beim MDR.

PROF. HANSJÖRG KÜSTER befasst sich am Institut für Geobotanik der Universität Hannover vor allem mit Landschafts- und Vegetationsgeschichte sowie mit Grundlagen der Ökologie.

DR. STEFAN MILITZER ist freier Autor (Leipzig).

UWE MÖLLER ist Generalsekretär des »Club of Rome«.

ANKE MÜLLER ist Reporterin beim MDR.

CHRISTOPH PETERS ist Reporter beim MDR.

JOHANNES RAU ist deutscher Bundespräsident.

KURZVITEN

LENKA REINEROVA gilt als Prags
letzte deutschsprachige Autorin.
1999 wurde sie mit dem Weima-
rer »Schillerring« ausgezeichnet.

PROF. UDO REITER ist Inten-
dant des MDR.

MARKUS ROSCH arbeitet als
Reporter beim Bayerischen
Rundfunk.

PROF. HANS-JOACHIM
SCHELLNHUBER ist Direktor
des Instituts für Klimafolgenforschung in Potsdam.

HELMUT SCHMIDT, von 1974 bis
1982 Bundeskanzler, war von
1961 bis 1965 Innensenator der
Freien und Hansestadt Hamburg.

GEORG SCHMOLZ berichtet
als Korrespondent für die ARD
aus Tschechien und der Slowakei.

FRIEDRICH SCHORLEMMER ist
Theologe, Publizist, SPD-Mitglied
und Leiter der Evangelischen

Akademie Sachsen-Anhalt in
Wittenberg.

SUSANNE TRIEGEL ist freie Autorin (Halle).

PROF. FRIEDRICH-WILHELM
WELLMER ist Präsident der Bun-
desanstalt für Geowissenschaf-
ten und Rohstoffe in Hannover.

BASTIAN WIERZIOCH ist Reporter beim MDR.

HENRIK WÖHLER ist Reporter
beim MDR.

BILDNACHWEIS

S. 65: Focus

S. 66: Institut für Meteorologie und Klimaforschung, TU Karlsruhe

S. 67: ZAMG, Austria/Institut für Meteorologie und Klimafor schung, TU Karlsruhe

S. 68/69: Reuters

S. 70 (2): Reuters

S. 71 Action

S. 72: (2): First Look

S. 73 oben: Das Fotoarchiv

S. 73 unten: AP Photo)

S. 74 oben: Herbert Pfarr-hofer/dpa

S. 74 unten: Uwe Malitz/images.de

S. 75: epa apa Rubra/dpa

S. 76 (2): Bilderberg

S. 77 oben: ddp

S. 77 unten: Dr. Jürgen Gebhardt/STERN

S. 78 (2): NLfB

S. 79 (2): LANDSAT 7 ETM+, NASA's Earth Observatory (08/27/2002).

S. 80 (2): Uwe Meinhold/ddp

S. 248: NLfB

S. 249: dpa

S. 250: Franz Böker (BGR)

S. 252: Foto: Bernd Röttger (BGR)

S. 253 oben: Herbert Röhm (NLfB)

S. 253 unten: Bernhard Cramer (BGR)

S. 255: Foto: Norbert Roland (BGR)

S. 257: argus fotoarchiv/Dahl

S. 258: Hennig

S. 259 oben: Norbert Millauer/ddp

S. 259 unten links: Lutz Hennig

S. 259 unten rechts: Laif

S. 260 oben: Sebastian Willnow/ddp

S. 260 unten: ddp

S. 261 oben: Harald Hauswald/Ost-kreuz

S. 261 unten: dpa

S. 262 oben: Jens Rštzsch/Ostkreuz

S. 262 unten: Robert Michaelddp

S. 263: Michael Kappeler/ddp

S. 264/265: Uwe Meinhld/ddp

S. 266: Uwe Meinhold/ddp

S. 267 oben: Roland Magunia/ddp

S. 267 unten: Uwe Meinhold/ddp

S. 268 (2): Uwe Meinhold/ddp

S. 269 oben: Action

S. 269 unten: ddp

S. 270 oben: Jens-Ulrich Koch/ddp

S. 270 unten: Jochen Lübke/ddp

S. 271 oben: Picture Press

S. 271 unten: AP Photo/Christoph Stache

S. 272: Picture Press

S. 275: NLfB

S. 276 und 281: NLfB (Berner)

S. 282:NASA/ISEL Boulder, CO USA